楊海英 主編

有關
內蒙古
人民革命黨
的政府文件
和領導講話

下冊

【內蒙古文革檔案】資料編輯委員會

01滕海清將軍有關內蒙古人民革命黨講話集
主編｜楊海英

編者｜Asuru、Orgen、Seedorjiin Buyant、Uljideleger

02有關內蒙古人民革命黨的政府文件和領導講話
主編｜楊海英

編者｜Asuru、Orgen、Seedorjiin Buyant、Uljideleger

03挖內蒙古人民革命黨歷史證據和社會動員
主編｜楊海英

編者｜Asuru、Orgen、Seedorjiin Buyant、Uljideleger

04內蒙古土默特右旗被害者報告書
主編｜楊海英

編者｜Asuru、Orgen、Olhunud Daichin、Archa

05內蒙古軍區被害者和加害者紀錄
主編｜楊海英

編者｜Asuru、Khuyagh、Altansuke、Tombayin、Delekei

上：北京市內前門飯店。決定大量屠殺蒙古人的中共華北局會議在此召開。

下：中共批鬥大會上的蒙古人高幹。

上：中共宣傳電影《祖國啊，母親》中的一幕，把決心要從中國獨立的蒙古人刻意醜化為「民族叛徒」。

下：在蒙古包內贊揚「偉大領袖毛主席」的宣傳風景。

在困難的環境下堅持著述關於「挖內蒙古人民革命黨員」的阿拉騰德力海。背後是成吉思汗像。

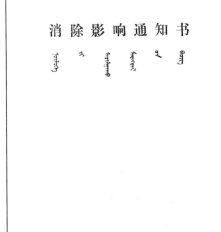

消除影响通知书

ᠨᠥᠯᠥᠭᠡ ᠶᠢ ᠠᠷᠢᠯᠭᠠᠬᠤ ᠮᠡᠳᠡᠭᠳᠡᠯ

中国共产党昭乌达盟委员会

一九七八年　月　　日

　　史凤岐　同志:

　　我盟在一九六八年清理阶级队伍中，在原内蒙古自治区党的核心小组几个主要负责人错误领导下，大把所谓的"新内人党"及其变种组织，把　史珅　同志错挖为新内人党反革命叛国军 假党道 使他蒙受了不白之冤，也使你受到了株连。

　　伟大领袖毛主席、党中央一九六九年五月二十二日曾经批示，纠正这个错误。

　　英明领袖华主席、党中央一九七八年四月二十二日批准的《关于进一步解决好把"新内人党"问题的意见的报告》中明确指出："所谓'新内人党'是根本不存在的；当时决定挖'新内人党'是错误的，是原自治区党的核心小组几个主要负责人，在林彪、"四人邦"反革命修正主义路线影响下，主观臆断，盲目蛮干，大搞逼供信造成的一大错案。"据此，经研究决定，对　史珅　同志的新内人党反革命叛国军 假党道问题予以完全否定，彻底平反，恢复名誉。并彻底销毁有关这一错案的全部材料（包括受株连亲友档案中的这类材料），特告知你所在单位和你本人，消除影响，解除顾虑。

　　让我们团结在以华主席为首的党中央周围，更高地举起毛主席的伟大旗帜，坚持无产阶级专政下的继续革命，加强各族人民的大团结，把千仇万恨集中到林彪、"四人邦"身上，深入批判他们的反革命修正主义路线和破坏毛主席的民族政策的反革命罪行，为夺取抓纲治国的新胜利，建设和保卫好祖国北部边疆，实现新时期总任务而努力奋斗！

中國共產黨昭烏達盟委員會開立的「消除影響通知書」。漢蒙文並列。

序言

楊海英

中國文化大革命期間，共產黨在內蒙古自治區發動了大規模種族屠殺（genocide）。經中國政府操作過後的公開數據呈示，中國政府和中國人（即漢民族[1]）總共逮捕了346,000人，殺害27,900人，致殘120,000人。親自在內蒙古各地做過社會調查的歐美文化人類學家們則認為被中國政府和中國人屠殺的蒙古人受害者總數達10萬人[2]。筆者曾經在日本編輯出版了兩本文化大革命（以下簡稱為「文革」）被害者報告書，通過用社會學抽樣調查方法探討呼倫貝爾盟和基層人民公社的被害者情況，得出的結論與歐美文化人類學家的結論相同[3]。這些數據裡並不包括「遲到的死亡」，亦即致殘者120,000人的命運。蒙古人的民族集體記憶是：「文革就是一場中國政府和中國人合謀屠殺蒙古人的政治運動」。[4]

大量屠殺蒙古人的時候，中國政府設定的罪名為：蒙古人是「內蒙古人民革命黨成員」。內蒙古人民革命黨，於1925年10月在張家口（蒙古語：Batukhalagha，意即「堅牢的關隘」）成立。建黨時得到了前一年即1924年時剛剛獨立的蒙古人民共和國執政黨「蒙古人民革命黨」和共產國際的大力相助。中國國民黨知道蒙古人成立了民族主義的政黨，而此時的共產黨則在南

---

[1] 蒙古人認為所謂的「中國人」是只指漢民族，只有漢民族才是「中國人」。內蒙古自治區和新疆即東土耳其斯坦的維吾爾人，以及西藏的圖博人只是「中國籍蒙古人」，「中國籍維吾爾人」，「中國籍圖博人」，並非「中國人」。這一點亦是國際學術界共識。參見：Kuzmin, Dmitriev, S. V. 2015 Conquest Dynasties of China or Foreign Empires? The Problem of relations between China, Yuan and Qing, *International Journal Of Central Asian Studies*, Vol. 19, pp.59-91.

[2] 參見：Jankowiak, William, 1988 The Last Hurrah? Political Protest in Inner Mongolia. *The Australian Journal of Chinese Affairs*, 19/20:269-288. Sneath, David, 1994 The Impact of the Chinese Cultural Revolution in China on the Mongolians of Inner Mongolia. *Modern Asian Studies*, 28:409-430.

[3] 參見：楊海英編『モンゴル人ジェノサイドに関する基礎資料5—被害者報告書1』、風響社、2013年、1頁。楊海英編『モンゴル人ジェノサイドに関する基礎資料6—被害者報告書2』、風響社、2014年、78頁。

[4] 參見：楊海英著《沒有墓碑的草原：蒙古人與文革大屠殺》，八旗出版社，2014年。

方割據。

由於「內蒙古人民革命黨」裡「人民」即「arad」一詞本身屬於帶有社會主義色彩的新概念，中國知識分子在向蘇聯和世界上第二個社會主義國家學習時把「arad」有時翻譯為「人民」，有時是「國民」。內蒙古人民革命黨在其成立宣言中稱，「中國領土內，各民族各有其自決權」。當時的中國共產黨也於1927年11月時在其「中共中央臨時政治局擴大會議關於中國共產黨土地問題黨綱草案」中特別提到，「中國共產黨認為必須宣言承認內蒙古民族有自決的權利，一直到分立國家，並且要激勵贊助內蒙古國民黨力爭自決的鬥爭」。翌年，「中共中央致內蒙特使指示信」強調，「內蒙民族運動在民族運動上說是很有革命意義的，我們應當積極領導，並作擴大的民族獨立宣傳以喚起內蒙民族的獨立運動」。之後，中共中央又直接給蒙古工作委員會寫信明確區分「中國同志」（即漢人）和蒙古人。提到要依照國際東方部的原則，「建立內蒙民族共和國，承認民族自決權」。毛澤東率領紅軍長逃至陝北延安後，於1935年12月20日頒佈了「中華蘇維埃中央政府對內蒙古人民宣言」：

> 內蒙古民族只有與我們共同戰鬥，才能保存成吉思汗時代的光榮，避免民族的滅亡，走上民族復興的道路，而獲得如土耳其，波蘭，高加索等民族一樣的獨立與自由。……內蒙古民族可以隨心所欲的組織起來，它有權按自己的原則，組織自己的生活，建立自己的政府，有權和其他的民族結成聯邦的關係，也有權完全分立起來。

毛澤東和他的蘇維埃政府在該宣言裡強調的是蒙古人有「獨立與自由」權，至少可以和中國人「結成聯邦」。但是，中共執政後為了整肅蒙古人菁英而故意混淆「內蒙古人民革命黨」和「內蒙古國民黨」，把蒙古人的民族主義政黨和它自己的宿敵「國民黨反動派」聯繫在一起加以整肅。1968年7月20日，中共內蒙古自治區革命委員會正式確定內蒙古人民革命黨為「民族分裂主義政黨」而對蒙古人加以大屠殺。

中國政府和中國人在內蒙古自治區整肅蒙古人的時候，一開始加在蒙古人頭頂上的是「烏蘭夫反黨叛國集團成員」罪。「烏蘭夫反黨叛國集團成員」

主要由自治區西部土默特地區和鄂爾多斯高原蒙古人組成。實際上內蒙古人民革命黨在1925年成立之際，主要領導人多為東部出身知識分子。1968年7月開始，自治區領導人烏蘭夫被政府認定是「民族分裂主義政黨」內蒙古人民革命黨「頭目」之後，自治區東西部地區菁英和普通蒙古人一起遭殃。客觀講，1925年時的烏蘭夫才19歲，當時他叫「雲澤」，還沒有擔當蒙古人民族主義政黨領袖的資格。中共牽強將二者連在一起完全是為了整肅整個蒙古民族。

　　本書主要收集了關於整肅內蒙古人民革命黨的政府文件和中共眾多領導人講話。中共高級幹部的講話帶有特殊政治意義。在一個沒有法制的專制政權之下，領導人物的講話就是法律而帶有生殺予奪之權。講話往往以「意見」、「批示」和「指示」等形式出現，實際上代表政府意志，具有不可抗拒的性質。文件和領導講話從文革時期開始，下限至1979年中共執行部分「平反」政策期。全部文獻曾經用影印方式在2010年由日本風響社以『モンゴル人ジェノサイドに関する基礎資料2─內モンゴル人民革命党粛清事件』形式出版。如果讀者願意目睹文革期間獨特的政府文件印刷方式和用筆，以及當時的蠟版刻印方式的話，可以直接參考日文影印版。此次重新電子輸入時，文革期間專用的簡體字和繁體字一律統一為現行繁體字。除明顯的錯別字以外，未作任何改動。

目次 | CONTENTS

編輯書前註：

本書內容為史料檔案，有些文革時期的詞彙和現今我們所習慣的正確用字並不相同。例如「付主席」（副主席）；「揮午」（揮舞）等等。這些不同的用字，為尊重歷史、呈現特殊的文革文化，我們將予以保留。

52.內蒙革委會接見哲盟上訪團實況

當內蒙革委會首長吳濤、高錦明等同志進入會場時，與會全體成員起立，熱烈鼓掌歡迎。當趙玉溫等人走進會場時，全體上訪人員義憤高呼：趙玉溫必須低頭認罪！趙玉溫不投降就叫他滅亡！會議由高樹華同志主持。

首先由霍風林同志代表哲盟上訪團彙報哲盟文化大革命發生的問題，對滕海清、趙玉溫的嚴重錯誤就行了揭發，批判和控訴。

會議剛剛開始時，趙玉溫極不老實，竟然坐在內蒙首長身旁。全體上訪人員提出強烈抗議後，趙玉溫離開主席臺，靠近牆角附近坐下。

這時吳政委吆喊：陳富隆同志來沒來，怎麼找不見你呀，到前邊來坐呀！

陳富隆同志從群眾中走到主席臺就坐。群眾又高喊：他靠邊站的幹部，沒資格到前邊坐！

當趙玉溫剛在牆角附近坐下，全體上訪人員再次強烈要求趙玉溫站起來，一些被害失去丈夫的寡婦抱著孩子圍上來，趙玉溫被迫站起來接受批判。

這時吳政委說：站一會兒也行，主要是講道理嘛，站坐都可以嘛，聽批評嘛。

當彙報到趙玉溫陷害革命群眾組織，一手炮製的「九‧六」事件時，質問趙玉溫：你臨來時，不是說有充分的證據嗎？你拿出來我們看看。

趙答：沒拿來。

問：你有什麼證據？

趙答：有錄音，交給內蒙革委會了。

這時張佐慶站起來：請問吳政委，高錦明同志是否見過錄音帶？

吳濤、高錦明、高樹華同志說：從來沒有見過。

問：趙玉溫，你有證據你就講嘛。

趙答：我是來接受批判的，不準備講。

問：趙玉溫，你到底被刺沒有？

趙：支吾不語。

問：你到底被刺沒有？

趙答：被刺了。

這時張佐慶站起來：既然被刺，現在讓我們看一看傷疤吧！

趙答：好了，不用看了。

問：你說清楚，用刀子還是用錐子刺的？

趙答：用錐子。

一位受害者站起來說：從古至今，從來沒有說過用錐子刺殺人！

問：刺了多深？

趙答：我不知道（全體哈哈大笑）扎兩下了。

問：你們軍人穿白襯衫，既然被刺，讓我們看一看血衣？

趙答：血衣洗了（全體哈哈大笑）。

問：為什麼洗？

趙答：我沒考慮那麼多，有血就洗了。

問：你拿出什麼證據，說明你被刺？

趙：啞口無言。

這時，張耀揚等受害的同志氣憤地指責說：你拿不出證據，我們能拿出證據。我們這些被打成「大批指」壞頭頭的和「內人黨」分子的有傷疤，有血衣。說著把趙玉溫拉到主席臺前，逼著他看受害者的傷疤和血衣。同時群眾高呼口號：趙玉溫鎮壓群眾罪該萬死！趙玉溫還我親人！

這時吳政委也起身看，很同情，很關切地說：打錯了給平反嘛！

眾問趙：刺你的兇手搞清楚沒有？

趙答：沒有。

問：那你有什麼證據說你被刺了？

趙：不語。

當霍風林彙報到趙玉溫一手炮製所謂喝血事件時問趙玉溫到底有沒有喝血酒這回事？到底哪些人喝血酒？

趙答：哪些人不清楚，不是我問的。

問呂順，呂說記不清了。

問趙玉溫，你不是說喝血酒有錄音嗎？

趙答：我沒聽過錄音。

王志有問：喝血酒到底有沒有？

趙答：問魏文清了，有喝血酒現象（大家大笑）。

問：哪些人喝了？

趙答：喝血酒，有幾個人就說不清楚了。

問：你不是說有錄音嗎，把錄音拿來行不行？

趙答：內蒙軍區有。

王志有同志說：把錄音拿來聽一聽，以調查研究為證嘛。

這時張佐清站起來：請問吳政委，是否知道有錄音這件事？

吳政委說：我不知道。

趙玉溫說：在軍區專案組。

這時群眾讓吳政委寫條子，派人到軍區專案組取錄音。

吳政委說：我不管那個事，讓他自己去拿吧！

這時王志有同志站起來說：那位祕書掛電話叫趙玉溫讓軍區派人明天坐飛機把錄音送來。

（大家熱烈鼓掌，高呼毛主席萬歲！）

王志有問呂順：你們真有喝血酒錄音嗎？

呂順說：有，還不是逼，供、信的錄音。

問：趙玉溫你在電影院做報告不是說顧傑、霍風林、楊成棟等人喝血酒嗎？這事到底有沒有？

趙答：我沒說，我不知道，我沒聽錄音。

當彙報到趙玉溫為二月逆流翻案，一手炮製鎮壓群眾的「四一」決定時，霍風林風問：你不是《大批指》在賓館二樓召開了國民黨黑會嗎？

趙答：我在呼市開會，不知道，是家裡來電報說的。

問：你不是說，《大批指》開汽車去寶龍山，準備打游擊，和阜新主義兵聯合，農村包圍城市嗎？

趙答：我在呼市開會，什麼也不知道。

問：你有什麼證據，說《大批指》給烏蘭夫翻案？

趙答：我沒有證據。

問：你有什麼證據說《大批指》為二月逆流翻案？

趙答：我沒有證據。

問：「四一」決定你打算咋辦？

趙答：革委會研究嘛，大家說咋辦就咋辦。制定時徐玉山同志也在場嘛。

這時徐玉山站起來，嚴屬質問：制定「四一」決定是我說了算，還是你說了算？如果我說了算我現在宣佈撤銷！（大家鼓掌）

問：你們搞了陳福隆、顧傑、霍風林同志的專案小組了嗎？

趙答：有。

問：你把造反派頭頭和革命領導幹部準備打成大型反革命集團，有沒有？

趙答：有。

問：巴盟革委會常委李洪福同志從呼市綁架回通遼並進行隔離、毒打，有沒有？

趙答：有。

問：你把張鳳廷、張傑、王元享、錢卓林等同志送金寶屯「五‧七」幹校勞動，有沒有？

趙答：有。

問：有幾名委員吐出了，有沒有？

趙答：有，錯了嘛，那是機關搞的。

問：誰批准的？

趙答：是我批准的。錯了就檢查，就改嘛。

問：你檢查多少次了？

趙答：我檢查多次了（大家哈哈大笑）。

問：馬福星同志你是怎麼逼死的？

趙答：誰派人抓的怎麼搞的我不清楚。

問：對馬福星的問題怎麼處理？

趙答：聽內蒙的，讓怎麼處理就怎麼處理（眾呼口號：趙玉溫還我血債！趙玉溫還我親人！）。

問：打人兇手張殿豐，讓他當盟革委會常委，民報內蒙，有這回事沒有？

趙答：有。

問：二月逆流的幹將，農牧口偽委員會主任，大喊堅持五月底打倒周總理

的反動口號的潘太玉已納入蒙革委會為委員，有沒有？

趙答：有。（眾呼口號：誰為二月逆流翻案就打倒誰！用鮮血和生命保衛毛主席！保衛黨中央保衛周總理！保衛江青同志！）

問：你把造反派通通趕出革委會，而把站錯隊的都納入革委會，有沒有？

趙答：不知道。

問：你吐和納的委員怎麼辦？

趙答：按內蒙文件辦（呼口號：趙玉溫還我紅色政權！還我長城！）。

問：你大罵高錦明，說高錦明是大壞蛋，高錦明整你二、三年了；權大個也不是好傢伙，雷代夫還沒打倒！這是有沒有？

趙答：有。

問：你被背地整吳濤同志的黑材料，陰謀陷害吳濤有沒有？

趙答案：沒有。

這時霍風林同志說：好，你不用狡賴，等拿出證據來看你怎麼收場。

張傑接著問：你說盟委，盟公署的職工幹部80%以上是「內人黨」，說沒說？

趙答：我說了。

問：你還說哲盟「內人黨」是執政黨，有沒有？

趙答：有，說了。

這時郝廣德同志氣憤地說：你說「內人黨」是執政黨，那麼共產黨呢？！

當彙報道有人把穩、準、狠解釋成：「穩是把鞭子拿的穩穩地，準是指鼻子別打眼睛，狠是打死一個扔出去，打死兩個挑出去，打死三個拉出去」的時候，王志有和郝廣德同志大聲說：這是對毛主席無產階級政策的極大誣衊！（眾呼口號：趙玉溫踐踏黨的政策罪該萬死！趙玉溫還我親人！趙玉溫還我各族人民大團結！）

當霍風林彙報到趙玉溫膽敢動兩個連的軍隊，攜帶三司趙萬田去通遼縣東姜家窩堡抓霍風林，王兆華時，質問你派兵通過內蒙軍區、中央軍委沒有？

趙答：沒有，我們是演習去了。

這時王志有問：你演習帶趙萬田幹嘛？演習是機密嘛，能帶老百姓嗎？還扒炕，損壞莊稼，能這樣練兵嗎！影響挽回了沒有？裏去的人放了沒有？趙玉

溫同志要查一查，得放，得道歉！演習到村莊演習什麼？哪位軍事家給我解釋解釋？

吳政委說：演習可以，不能把扒炕，不能抓人嗎。扒炕，抓人都是錯誤的，極端錯誤的！錯了要賠禮道歉嘛！

霍風林當場念了東姜家窩堡大隊革委會的證實材料。

這時吳政委：秦和放了沒有？抓錯了就放嘛！

趙玉溫還想狡辯，內蒙革委會常委楊萬祥同志站起來作證：去年我們調查了，和霍風林說的一樣……

當控訴到趙玉溫對抗毛主席「五・二二」批示，繼續跳動群眾鬥爭時，霍風林揭發了趙玉溫明目張膽地說：吳濤傳達中央首長指示不如一張傳單。尤其令人不能容忍的是：五月二十七日，呂順在各旗縣革委會負責人的電話會議上，竟然狂妄地宣佈作廢吳政委傳達的中央首長指示。

王志有問題呂順：到底有這事嗎？

呂順站起來答：有！我是說作廢了，不應該說作廢，那是錯誤的。

王志有問：你作廢前請示沒有？

呂答：沒有！有人說乾脆作廢！我就說作廢了。

高錦明同志站起來：誰讓你作廢的？

呂答：是一個工作人員，可能是翟科長。

吳政委非常氣憤地說：完全錯誤的，中央首長指示你們也敢作廢！中央政治局的指示敢不執行！

郝廣德問：作廢這個思想怎麼形成的？慢慢說嘛。

王志有說：呂司令員不要謙虛嗎？說說，誰參加研究的？為什麼作廢吳政委傳達中央首長的指示？

吳政委嚴厲的批評說：九個盟市就你們是頭一份，狂妄，大膽！（大家高呼：誓死保衛黨中央！保衛毛主席！堅決貫徹「五・二二」批示！）

王志有說：你呂順就這麼大膽，還有哪些人和你一起研究了？

郝廣德說：事情是很嚴重的，要弄清楚！

王志有說：今天中央「七一」社論聽了吧？你敢把中央給作廢了？！過程沒講清啊！你向上級講清，也得向群眾講清啊！保證中央指示暢通無阻嘛！

眾人高聲責問：呂順，你們是怎麼策劃對抗「五‧二二」批示的？（呂順低頭不語。群眾高呼口號：呂順必須低頭認罪！趙玉溫不投降就叫他滅亡！）

當揭發翟科長蔑視吳濤同志傳達中央的指示有派性時，王志有、郝廣德說：怎麼？還要否定造反派！無產階級革命派同資產階級就是對立的兩大派嘛。

吳濤政委接著說：中央就是這麼說的，十個人都聽了嗎。革委會成立了，還是要肯定造反派嘛！

郝廣德說：翟科長的事查一查，竟敢批判中央！

當揭發到趙玉溫派宣傳隊下去滅火時，內蒙赴左中宣傳隊指導員鄧永和同志說：你們哲盟先派到左中的由×××率領的第一宣傳隊，是同我們內蒙宣傳隊合作的，而你們後派的由×××率領的第二宣傳隊，是專門同內蒙宣傳隊唱對臺戲的，專門反什麼「右」傾翻案，根本不落實政策。讓你撤第二宣傳隊，結果你撤第一宣傳隊。

內蒙革委會委員，赴右中宣傳隊負責人木林同志接著說：趙玉溫派到右中的所謂落實政策的宣傳隊，專門去肅我們的流毒，說我們把金力俊給搞得灰溜溜的。

當談到趙玉溫陰謀整吳濤同志的黑材料時，一個被害入獄的同志走到主席臺前，憤怒的控訴說：軍管會和群專幾次提審我，先是引誘我交代與內蒙最大的常委的關係，後又逼我交代與吳濤的黑聯繫。還讓我交代反軍黑後臺王志有與北京黑會的關係。

這時王志有同志當場闢謠說：當時我在伊克昭盟。沒在北京。我沒去過北航，關係不密切，他們是天派，我是地派。

接著，王照華憤怒的控訴說：群專和軍管會非讓我交出北京黑會的所謂後臺高錦明、王志有、楊萬祥，陳福龍、霍風林。交不出後臺，趙玉溫就捕了我。

問：趙玉溫你大反高錦明時，以軍分區司政後和支左辦的名義滿街寫大字塊「打倒高盡命」，揪出哲盟的反軍黑後臺，有沒有？

趙狡辯的說：沒看見，不知道。

問：杜志華你是政治部主任，你知道有這個事沒有？

杜答：我先在北京學習，以後回來時看見了，是有那樣的大字塊。

　　然後由徐玉山同志發言，用無可辯駁的事實，證明「四一」決定是顛倒歷史，混淆是非，鎮壓革命群眾的大毒草。接著由活活被奪去了丈夫的寡婦和受害致殘的同志也紛紛起來進行揭發和控訴。

　　彙報結束後，吳政委作了重要講話。

哲盟上訪團印發

1969年7月1日

53.內蒙革委會負責同志接見昭盟上訪團 （1969.07.11）

中共內蒙核心小組副組長，革委會副主任高錦明同志，核心小組成員權星垣同志，常委、祕書長康修民同志，常委郝廣德、王志有、王金保同志，於一九六九年七月十一日凌晨一點四十五分，在內蒙畜牧科學院三樓會議室接見昭盟上訪團全體同志，聽取了上訪團代表的彙報，並作了重要講話。

昭盟赴呼上訪團由各盟市旗縣各地區的上訪代表聯合組成。有盟市旗縣革委會的部分負責同志；有各地區革命造反派組織的頭頭；有工人、貧下中農（牧）革命幹部、革命知識分子、紅衛兵小將的代表；有因滕海清左傾錯誤而無辜受害、致傷致殘的革命群眾及死難者家屬，共一百七十餘人。

被接見的有深受滕海清左傾錯誤迫害的昭盟革委會主任巴圖同志。

被接見的還有革委會副主任李明哲、胡達古拉同志；常委王清海同志，于洛泉同志；委員武志瑞同志；

還有寧城縣革委會委員、全區活學活用毛澤東思想積極分子標兵、原被選定為九大代表後因受害未能出席旳于振山同志；

還有市旗縣革委會負責人趙興東，朝魯，孫秉善，張曉峰等同志，還有赤峰電廠，藥廠革委會杜祥、孫玉榮等同志，以及赤峰地區，平礦等地部分單位的造反派組織負責人。

被接見的還有各旗縣被毛主席從「刑訊室」裡拯救出來的造反派組織頭頭桑布、李健民、苗樹森等同志。

同時參加這次接見的，還有內蒙革委會，內蒙古軍區接待昭盟上訪團辦事組金巴等同志；呼三司赴昭盟調查組負責人李久榮同志等。

還有接受批判的盟革委會副主任周明同志；

趙明哲，王清海，武志瑞代表上訪團作了彙報。平礦，電廠的工人代表對本單位問題也做了專題彙報。與會的全體同志對滕海清，周明等同志的錯誤進行了嚴肅的揭發和批判。

會場上始終充滿了高昂的革命激情。

　　九時許，會議在《大海航行靠舵手》的雄壯歌聲中勝利結束。

高錦明同志講話：

同志們：

　　咱們這個會開的比較晚了，這個時間五個多鐘頭了，我現在也說不出很多意見來。這次聽到昭盟來上訪的同志彙報了很多情況，對我們有很大教育。對在這次清理階級隊伍，特別是在挖「新內人黨」工作當中受到誤傷的同志，向你們表示慰問！對我們的批判表示感謝！（熱烈鼓掌，眾高呼：毛主席萬歲！毛主席萬萬歲！）

　　在前一段，特別是從去年11月以後，在清理階級隊伍工作當中，內蒙革命委員會領導上，特別是核心小組領導上犯了嚴重的做「左」傾錯誤：就是在挖「新內人黨」和所謂其他變種組織這個過程中，有嚴重的逼、供、信和擴大化的錯誤，違背了毛主席的無產階級政策，造成了很嚴重的後果。我們在這一個多月，從五・二二毛主席的批示下達以後，同廣大的革命群眾，各盟市來的革命群眾接觸，我們聽到更多的情況，更多地使我們了解到這次錯誤所造成的惡果。內蒙革命委員會，內蒙革委會核心小組的同志們，下決心按照毛主席的五・二二批示，按照中共中央對內蒙當前工作的指示，特別是二四字的方針來糾正錯誤，落實政策，加強團結，共同對敵。這也是我們落實黨的九大精神，完成黨的九大所提出的各項戰鬥任務所必須採取的步驟。我們在當前，一定要堅決地實現中央領導同志所指出的第一種可能性，一定要堅決粉碎第二種可能性！（極其熱烈的鼓掌）我想，我們上邊有偉大領袖毛主席，有毛主席為首的黨中央，有九大精神、五・二二批示、中央對內蒙當前工作的指示，而且有我們全區的各族廣大革命群眾，經過三年文化大革命鍛鍊的各族廣大革命群眾，聽毛主席的話，照毛主席的指示去辦事，我們能夠實現第一種可能！（眾呼：力爭實現第一種可能！堅決粉碎第二種可能！堅決捍衛五・二二批示！昭盟人民永遠忠於毛主席！）我們就要全區的各族人民大家團結起來，共同對敵，在團結對敵這個大原則下，這個大方向下，我們來批判前一個時期自治區革命委員會領導上所犯的錯誤，總結經驗，落實政策。特別是要給在前一段「左」傾

錯誤思想指導下，誤傷的好同志，包括挖「內人黨」和被打成其他的「反革命分子」，還有一些組織被打成「反革命組織」的，要通通一律按照黨的政策徹底平反！（眾熱烈高呼：毛主席萬歲！毛主席萬萬歲！）和現在還存在著的一切阻力作堅決的鬥爭！一定要按照黨的政策辦事，按照毛主席的批示辦事，對於被誤傷的包括已經死亡的同志，也要給他平反，對他的家屬生活給予妥善的安排。在這方面，內蒙革命委員會制定了一個一六五號文件。對這個文件，我們認為是按照毛主席的五·二二批示的精神，按照中共中央對內蒙當前工作的指示，制定出來的。雖然這個文件當中可能有不足的地方，要通過實踐來逐步的完善，逐步的補充。那麼現在我們大家要堅定地執行，可以解決我們一些共同性的問題，因為這個文件是根據中央指示逐步的具體化的。

當然，我們現在看，我們的工作，經過這一個多月，五·二二批示下來以後一個多月的時間，廣大革命群眾的督促，廣大革命群眾的監督，中央是不斷地在一個多月當中給我們及時的指導，我們取得了一些成績，特別是在批判，糾正錯誤，落實政策這方面取得了一些成績。由於廣大革命群眾擁護中央的指示，被誤傷的同志通情達理，所以我們現在內蒙古自治區形勢是很好的，不管有些什麼支流出現，我們都能夠克服。我們特別在當前要注意團結對敵。總理在六月二十三號打來電話的時候曾經指出來要加強團結，共同對敵，這是我們的大方向，要在這個大方向上，掌握這個大方向上來繼續糾正錯誤，落實政策。因為現在我們是大敵當前，特別是內蒙古自治區處的這個地位。我們是祖國北部邊疆，靠著蘇修靠著蒙修，我們有四千多公里的邊界，現在的蘇修和蒙修是勾結在一起的公開的進行反華活動。（眾呼：打倒美帝！打倒蘇修！打倒各國反動派！）我們說團結對敵，首先就是這個敵，他們是跟帝國主義各國反動派勾結起來共同反對我們偉大的中華人民共和國的。蘇修在黑龍江，在新疆，已經製造了幾次邊境的武裝挑釁。最近在黑龍江又舉行了武裝挑釁。而我們北部這個鄰居就是蒙修，他們在跟蘇修勾結在一起，在外蒙建立了反華的軍事基地，進行軍事演習，他們的目標是針對我們的，針對著我們偉大的中華人民共和國的。我們內蒙的各族人民要看到這個情況，看到這個問題，各族人民團結對敵，是我們當前的主要任務。我們在糾正錯誤，落實政策的時候，必須不要忘記，我們要加強備戰工作，準備迎擊蘇蒙修勾結在一起對我們進行的任

何武裝的挑釁，包括邊界上的武裝挑釁和更大規模的武裝進攻。（呼口號：團結起來！共同對敵！擊退蘇蒙修的武裝挑釁！）把我們的仇恨要集中到對於美帝國主義，對於蘇蒙修各國反動派他們的身上，這是敵我的矛盾；在我們國內要集中到劉少奇、烏蘭夫這一些反革命修正主義分子，這些帝、修、反的走卒他們的身上。雖然說經過三年文化大革命，他們已經打翻在地了，但是他們並不死心的，階級鬥爭並沒有結束，階級鬥爭還是要在新的形勢，新的條件下面進行的，這也是敵我矛盾，我們也需要團結起來，共同對付國內的敵人。（眾呼：團結起來！共同對敵！打倒大叛徒劉少奇！打都大內奸劉少奇！打倒大工賊劉少奇！）我們在團結對敵的原則下，要糾正我們的錯誤，落實黨的政策，也只有糾正錯誤，落實黨的政策，才能更好的團結對敵。不然的話，我們前一個時期的錯誤已經破壞了我們人民內部團結，破壞了民族團結，破壞了軍民的團結，也破壞了領導的團結。（群情激憤的高呼：「重炮猛轟滕老『左』！滕海清破壞民族團結罪該萬死！滕海清破壞軍民團結罪該萬死！）經過毛主席的教導，指出內蒙在清理階級隊伍這個工作中已經擴大話了。毛主席一句話，已經給我們創造了新的團結的條件，並且我們確確實實在毛主席這樣一個教導下邊，我們經過從團結的願望出發，經過批評和自我批評，在新的基礎上要實現新的團結。我們要看到我們錯誤的嚴重性，認識這個錯誤的嚴重性和危險性。黨中央，毛主席教育我們，廣大的革命群眾教育我們，我們要逐步地來認識。不糾正不改正，這個錯誤是不得了的，但是不團結也改正不了這個錯誤，不能改正錯誤！團結起來改正錯誤，團結起來改正了錯誤，才能夠更好地使我們團結。因為我們也要看到，究竟我們這個矛盾，還是人民內部的矛盾，錯誤是嚴重的，但是這個性質並不是說就成了敵我矛盾，是人民內部的矛盾。我們應該按照毛主席所教導的處理人民內部矛盾的公式：「團結——批評——團結」的公式，「懲前毖後、治病救人」，「既要弄清思想又要團結同志」，就是這些方針去進行。所以我們徹底批判錯誤，是為了幫助領導同志改正錯誤，而不是一棍子打死，也不是把我們所有的工作都否定。我們是為了按照毛主席指示「團結起來，爭取更大的勝利」，不能夠因為我們糾正錯誤而搞亂局勢，而影響了我們對敵的鬥爭，對於國外帝修反的鬥爭。特別是當前蘇蒙修，很可能在我們內蒙的邊界上也要製造一些事件，或者是甚至於更大規模的不止是在邊界

上，我們都要做準備。國內的階級敵人也會配合他們的。所以我們在糾正錯誤的時候，我們要完全按照毛主席五・二二批示來進行，因為中央的批示，毛主席的批示，是完全正確的，是完全符合內蒙的情況的。所以在糾正錯誤當中，現在我們已經證明了中央對內蒙各族人民的估計：中央在五月中旬找內蒙核心小組同志去彙報情況給予指示就指出了內蒙的群眾是好的，內蒙的群眾工作的基礎也是好的，打了這麼多「內人黨」，誤傷了這麼多人，我們廣大革命人民的心還是向著毛主席、向著北京，是熱愛社會主義、熱愛祖國的，這實際已經證明了！（群眾激動地高呼：內蒙各族人民永遠忠於毛主席！永遠忠於毛澤東思想！永遠忠於毛主席的革命路線！偉大領袖毛主席萬歲！毛主席萬萬歲！）

經過這一兩個月，從九大算起兩個多月了，從九大閉幕算起；從五・二二批示算起也一個多月了。證明我們廣大革命群眾是能夠按照毛主席指示辦事的，出現一些支流，也要注意，但是這究竟是支流，不能用它掩蓋主流，不能把它當做主流；但是不注意，在某些局部地區，也會使主流受到衝擊。我們在糾正錯誤的時候，必須按照毛主席的教導，嚴格的按照毛主席五・二二批示，中央對內蒙工作的指示來進行，這是按照團結對敵的精神，掌握這個大方向，來糾正錯誤落實政策。同時，我們也要注意到，我們在糾正錯誤落實政策當中，要很快的把各級紅色政權恢復起來。毛主席教導我們：「革命委員會好。」（眾呼：革命委員會好！堅決捍衛各級紅色政權！）我們這個時期的錯誤，對命委員會，對新生的紅色政權，有很大的損害。我們要迅速的使革命委員會恢復正常工作，讓革命委員會能夠確確實實的按照毛主席五，二二批示來糾正錯誤落實政策。對於那些對抗五，二二指示，破壞落實五・二二指示的，我們應該給他們以嚴格的監督，當然這裡邊我們說大多數還是我們自己的人，沒轉過彎來，不理解；也要警惕有少數敵人在這個地方想混水摸魚，破壞五・二二指示的落實，想製造第二種局面。（口號：絕不允許階級敵人陰謀得逞！誓死捍衛五・二二批示！）我們相信：我們經過三年無產階級文化大革命，一千三百萬各族革命群眾現在能夠左右局勢！敵人左右不了我們的局勢了！不是文化大革命初期那個時候，資產階級司令部還沒有打倒，走資派還沒揪來，有些單位的叛徒、特務、反革命分子混到我們的政權裡邊來，他們還起很重要的作用。當然我們不是說今天就搞乾淨了，搞乾淨了是不可能的，按毛主席教導

絕對的純是沒有的，階級鬥爭不能一勞永逸。但是，今天左右局勢的力量是我們自己，我們能夠使毛主席的指示，雖然有阻力、有曲折，但是一定能夠完全貫徹下去。以上邊劉少奇為首的這個資產階級司令部，他在內蒙的代理人烏蘭夫這個反黨叛國集團已經摧垮了，不是他們掌握政權了。現在這個政權是無產階級的，是毛主席司令部下邊的，所以，我想我們應該讓紅色政權發揮作用。把那些吐出去的，不應該吐出去的革命委員會的成員或工作人員，應迅速地給他們平反，讓他們到革命委員會裡邊工作，不能夠再採取猶豫不決了。（熱烈鼓掌。高呼：毛主席萬歲！毛主席萬萬歲！）

我們還不要忘記毛主席的教導，要擁護中國人民解放軍。中國人民解放軍是無產階級專政的柱石，是強大的支柱。中國人民解放軍在幾十年中國革命的過程當中，有巨大的貢獻，是保衛我們社會主義祖國的偉大長城，在無產階級文化大革命當中又立了新功，在「三支兩軍」工作當中取得了很大的成績。現在我們也看到：在前一段犯錯誤的時候，有一些「三支兩軍」工作人員戰鬥在第一線，他們也受了「左」傾錯誤的影響跟著犯了些錯誤。這個責任不在他們，責任在內蒙自治區革命委員會核心小組。對他們，我們也相信中國人民解放軍，即使有些犯錯誤的同志，他們會認識錯誤，逐步地改正錯誤。所以對他們不能夠採取揪住不放，尤其是不能夠再對犯錯誤的同志拉出來像走資派那樣對待。要注意他們的問題是執行的問題，在目前是總結經驗，吸取教訓，認識錯誤的嚴重性和危害性，提高覺悟，跟廣大群眾在一起，批判錯誤，改正錯誤，落實黨的政策。在這方面有些同志做的很好，革命委員會最近準備批發一個文件，就是我們這個內蒙軍區所屬部隊的一個團副政委叫楊啟祥同志，他也曾經在一段工作時間裡執行了「左」傾的錯誤，傷害了自己的階級弟兄。但是，他在五·二二批示下達以後，到他所工作的那個地區，跟廣大群眾在一起，接受批評，做檢查改正錯誤，教育了自己也取得了群眾的諒解。這個同志開始的時候群眾對他不諒解，很有氣，叫他「楊老爺」。最後他逐步就變了，因為他在群眾的教育下邊，根據毛主席的五·二二批示進行了檢查，群眾就叫他楊同志。後來就變成老楊了。他自己回來講，他說群眾揭發批判時群眾哭，他也哭，最後他眼淚也流乾了。等到他檢查的時候，群眾也跟著哭，也掉眼淚，無產階級感情溶合在一起了。這次只去了八天時間，最後群眾說你回

去吧，你到部隊裡邊去準備去殺敵人立新功！我們還是相信我們的解放軍是我們自己的隊伍，喊著：「向解放軍學習！向解放軍致敬！」的口號把他送回來。（眾激動地高呼：向解放軍學習！向解放軍致敬！偉大的中國人民解放軍萬歲！我們歡迎犯錯誤的同志改正錯誤！堅決支持犯錯誤的同志改正錯誤！團結起來共同對敵！）回來以後他深有感觸，向核心小組同志做了彙報，而且自己寫了報告，感覺到受了很大的教育。在這個問題上，同樣的對工宣隊，有的地方還有貧宣隊，也應當採取同樣的態度。工宣隊、貧宣隊其中個別混進壞人的例外，絕大多數都是我們階級的弟兄。在這個錯誤當中，有的頂住了，有的沒頂住，頂住的是少數。有的地方也有這樣的工宣隊，「左」傾錯誤沒執行，或者執行的很不力在那個時侯看著是很不力了，但多數的也是跟著上邊犯了錯誤。在目前來說，也不要掀他們，允許他們改正錯誤，允許他們跟我們在一起落實黨的政策。一時思想不通，應分清敵我，這是我們自己的人，自己的人犯錯誤要幫助他。這樣的精神也適用於前一段挖肅的積極分子。積極分子其中也是絕大多數是我們自己的階級弟兄，混進去的壞人也是少數的。混進去的階級異己分子進行階級報復的，有！這個跟我們自己的階級弟兄犯了錯誤不一樣，那是敵人。但是大多數，絕大多數不是敵人，所以雖然他們也犯了錯誤，我們還是要按照處理人民內部矛盾的原則幫助他們認識錯誤，提高覺悟。不要揪住不放，不要再揪「小滕海清」，搞滕海清的「代理人」，搞什麼滕海清的「爪牙」，把工宣隊叫什麼滕海清的「御用工具」，這不利於我們團結對敵，不利於我們更好的來糾正錯誤落實政策。

廣大革命群眾在這個時期批判錯誤、糾正錯誤當中，可能，事實已經有不同觀點中央領導同志也指出來：不要在批判錯誤問題上爭高低，有的認識得早一些，有的認識得遲一些，這都是允許的。大家共同的在五・二二批示、在毛澤東思想這個基礎上，從團結願望出發。不要再搞群眾鬥群眾，那就不能落實黨的政策，更不要在糾正錯誤當中發展資產階級派性，搞山頭主義，搞宗派主義。這一派受壓了，這回我平了反了，我想再壓另外一派。其實當時受壓的不是在哪個地方都是絕對的一派，比如剛才說到赤峰的情況、昭盟的情況，紅司是受壓的，但是不是中聯就沒有受壓的？你們兩大派，中聯也有，也不要去分你們受壓的輕，我們受壓的重。有的單位可能是這樣的，那一派受壓的重一

些。（于洛泉同志插話：凡是轟周明、疏周明的都壓，不管紅司中聯）是啊，
有的地方是不分什麼，造反派都受壓了，這兩派都是造反派嘛，造反派組織
嘛！（于洛泉插話：周明說我們站錯隊，讓我們殺回馬槍！）那是錯誤的嘛，
現在不搞山頭主義，你們無論如何，希望你們不要借糾正錯誤機會重新把兩大
派又搞得大對立翹來。現在這個現象有，呼和浩特有，這只是我們糾正錯誤過
程當中，應該是暫時現象，不能認為這種現象咱們得長期保存下去呀。長期保
存下去不利，還是大聯合，革命的大聯合，這是毛主席的指示，不是搞大分
裂，不是搞這一派壓那一派。過去的錯誤，「左」傾錯誤當中就有支一派壓一
派，現在再來一個新的支一派壓一派不對的。所以我們既不搞以擴大化反擴大
化，以「左」反「左」，也不要以派性反派性。按照無產階級黨性原則，六家
共同來糾正錯誤，搞聯合，搞命革的大聯合，鞏固和發展革命的三結合。革命
委員會有的地方還存在著，剛才有的同志講，講得對，存在著充實鞏固調整的
問題，也就是補臺的問題，不能拆臺；即使在這個時期有的革命委員會犯了錯
誤，我們也不應該拆臺，而是補，不要借這個機會再進一步把革命委員會搞垮
了，那就對我們整個鬥爭不利！我們要落實的政策還多了，不僅僅是要糾正挖
「內人黨」的問題嘛，在這上犯的錯誤嘛。按著林副主席在九大的報告，我們
還有很多工作，很多落實政策方面的工作要進行嘛。我們現在集中力量搞的什
麼呢，搞的這個挖「內人黨」和跟挖「內人黨」有直接關聯的，搞去年「九月
暗流」──所謂「九月暗流」的問題，錯打的一批人，錯打的一批組織。其實
這些工作做完了，我們當然就可以解決許多問題：比如解放幹部，當然有的不
能夠完全從這裡邊解決。可以做一做可以教育好的子女的工作。民族政策方
面，按著毛主席的民族政策來更好地貫徹執行。至於其他方面還有很多政策問
題需要解決。

　　我們還要注意，別的地方發生了，希望昭盟不發生。過去你們發生過，該
重視。錫盟有武鬥搶槍，昭盟沒有，好！但是不是能避免要靠我們大家努力。
不同觀點允許大家爭辯，逐步統一在毛澤東思想的這個原則下，不能搞武鬥。
現在有的地方搞了武鬥，搶了槍：錫盟、巴盟，昭盟還沒有，沒有好，希望也
不發生。有的地方，在這點上來說，我們現在全區都要注意，要堅決按照中央
《六·六通令》辦事，《七·三》《七·二四》佈告辦事，因為這種武鬥會破

壞第一種可能的實現，就是群眾鬥群眾嘛，最後還要死一批人的。現在，錫盟已經死了九個，巴盟死了幾個，這個數目字不太準確。搶槍以後錫盟死了九個，巴盟也有幾個，數量當然比錫盟小一點。一定要不幹這個事！現在沒有辦法，錫盟派隊伍去解決。要做到這個程度是不好的，做錯了，把槍放下來。錫盟的槍為什麼拿在我們這些革命群眾組織手裡頭呢？搶槍的是革命群眾組織，一個梅花，一個工代會嘛。這槍應該拿在解放軍手裡頭，拿到民兵手裡面，對付蘇蒙修，不能拿到我們手裡頭，你打我，我打你，打了半天，打了自己的階級兄弟。不聽，最後只好出動部隊去解決。現在部隊已經出動了，那當然不是說去部隊去打仗嘛，部隊去宣傳毛澤東思想。什麼部隊呀，中國人民解放軍！徒手去，不帶槍！不帶槍去！（口號：偉大的中國人民解放軍萬歲！向解放軍學習！向解放軍致敬！堅決捍衛《六·六通令》！堅決捍衛《七·三佈告》！堅決捍衛《七·二四佈告》！昭盟革命人民永遠忠於毛主席！昭盟的革命造反派永遠忠於毛主席！）我們部隊應該幹什麼？應該加強備戰，鞏固我們祖國的邊防！不能夠拿我們的部隊去幹這個事呀，但是沒辦法，部隊要幹這個事。我們這個事情說起來是個教訓哪，錫盟的造反派在這件事情上是犯錯誤的！犯嚴重錯誤的！！當然我想，錫盟造反派是會認識錯誤的，回過頭來，將自己的槍交出來，有問題坐在桌子上談判。兩派之間嘛，談嘛，為什麼非要搞武裝鬥爭啊？這個武裝鬥爭是對付敵人的嘛！

我們還要注意，我們要抓革命促生產。不能像有些地方生產停工，運輸中斷，一個時期不工作了，不上班了，不生產了，這叫革命嗎？當然我想，我們廣大群眾對這種現象是不滿意的。有些工廠停工，老工人看見掉眼淚的，真正的工人階級感情，不是說不上班的這就叫革命。毛主席指示叫抓革命促生產，放下生產就叫革命啊？！我們將來吃什麼，穿什麼？我們社會主義怎麼建設，國防怎麼建設？老工人非常痛心的，貧下中農非常痛心的。我們現在已經開始割麥子了嘛，後套開始割麥子了，但是，還有一部分人手裡拿著槍，人家不放心，怎麼割麥子？把革命委員會打跑了，有的縣把革委會打跑了，把武裝部也打跑了，這樣的本事不應該使用來對付我們自己。毛主席教導：「對敵狠，對己和。」我們的狠勁不應使用在自己人身上。對自己人要講團結嘛，對敵人要狠嘛。我們自己拿起槍來把革委會打跑了，這算什麼本事？！我們自己

建立起來的紅色政權，有錯誤有缺點不能拿起武器來讓她去改正。臨河就這麼幹的，巴盟的臨河就是一部分人拿槍把革委會趕跑的，把武裝部搞散了，軍火庫給搶了。我想廣大群眾是很反對這個事情的！不會贊成這個事情的！一部分人一時不清楚，也會清楚過來的。另外就是鬧經濟主義。這股妖風現在破壞我們落實黨的政策，破壞我們糾正錯誤，破壞我們團結對敵，破壞備戰。有些問題，在經濟政策上有些問題，按著毛主席的教導，鬥、批、改階段要逐步解決的。在現在，不是說不解決。我們現在究竟拿什麼問題解決為主？應該很快地落實黨的政策，在這方面糾正我們擴大化的錯誤，糾正我們逼、供、信的錯誤。把抓「內人黨」停下來，按中央三條指示辦事，一停下來，到現在還有沒停下來的，剛才你們講的，什麼五月二十六號還有人在那個地方抓「內人黨」的。（眾插話：六月二十一日），六月二十一日，還在抓「內人黨」，完全無視中央指示。對待無產階級司令部採取什麼態度？怎麼你們那個地方那麼正確，中央指示不正確？！（眾怒呼：堅決捍衛五‧二二批示！誰對抗五‧二二批示就打倒誰！）中央指示第二條要平反，現在有的地方還沒好好平反，還沒平反，還有的地方假平反。剛才有一位同志就講了，給人的材料退還的時候退複製的材料，你留著那個幹什麼？還準備打人「內人黨」啊！將來再把你原始材料拿住打人「內人黨」？！我們已經改錯了，秋後算帳，算帳還得錯，算不了帳！（插話：平莊把黑材料轉移到保衛處軍管機要室）滕海清有一次檢查的時候就說了這個話：說過去這個錯誤我主要負責任，中央指示下達以後，我也負責任，但是你要繼續對抗中央指示我不能負責任。我現在要改嘛，你那要對抗我這還負責啊？！那怎麼負責任？如果說滕海清同志不改，那要負責任，滕海清同志要改正錯誤，做檢查改正錯誤。可底下的一部分人不跟著改，絕大多數人是跟著改的，也有一部分人，少數人一時不通的允許一個時間，但是繼續對抗是對抗誰？是對抗中央！是對抗毛主席！是對抗無產階級司令部！在這個時候，中央的、毛主席的批示，林副主席指示，我們理解的要執行，不理解的也要執行，你不能說我這兒還不懂得呢，不懂的我就不幹。第三條中央指示要放人。毛主席教導我們：除了那些殺人、放火、放毒現行反革命分子以外，要一個不殺，大部不抓嘛！應該放人嘛！現在中央也指示要放人嘛！就有的人到現在不放麼！就得搶嘛！搶不是個辦法，但是這是個逼的辦法麼。張曉峰就

是搶出來的麼，巴圖也是搶出來的麼，還有誰是搶出來的？（笑）（插話：這是逼出來的革命行動！）也不要光提倡這個搶字吧，（笑）我不贊成這個搶！（笑）但我也不批評你們搶！（笑），咱們現在就取這個「和稀泥」（笑），應該主動地各級領導在革命群眾監督幫助之下放人麼！他既便有問題沒搞清楚，關起來，按毛主席的指示不是把有問題的人都關起來麼。我們還要處理好善後，我們有些同志打死了，被逼死了，什麼自殺啊？誰願意自殺啊？都是逼的呀！過得不願意活了！決不能給人按上一條在挖「內人黨」當中自殺的罪過，最後你叛黨了，他不願意呀！所以我們這次，文件裡面，一六五號文件裡面叫做「非正常死亡。」為了文字上不給敵人利用，那怎麼寫呀！給打死的，被逼自殺的，那讓敵人拿住不好，唯叫「非正常死亡」，反正一捉摸就「非正常死亡」，這裡兩種含義：一個是被逼自殺，一個是被打死。對這樣的人，家屬、本人要好好處理人家的平反問題，打錯了嗎，好人嗎，平反嗎，而且要妥善地安排家屬生活。現在有的地方沒有，打了「內人黨」把家屬給攆跑了，有工作給辭退了，讓人失業，不給活路啊？走資派我們最後還要給出路呢何況還是好人呢，是打錯的人呢！我們這些事情，有的地方還沒有認識到，工資不給人家，房子給人捧了。還有極個別的，像臨河有個公社有那麼一個事：男人給人家打成「內人黨」，完了把女人還賣了四百快錢，賣到杭後。這個女人來上訪來告狀。這個簡直想不到，她不是撫恤的問題，他是把人家賣了，這個做的很不好啊！那當然這方面啊，我們自治區還要進一步發佈一些具體辦法，原則有了，一六五號文件有規定。

　　至於昭盟具體問題，你們提出來的這幾個具體問題，有的事情自治區革命委員會應該處理，有的不能完主靠自治區革命委員會。按照毛主席的指示，林副主席的指示，要一個一個地解決，一個一個的學校，一個一個的工廠，一個一個單位來解決。但是不能都在內蒙一個一個地解決，如果都要在內蒙一個一個的那太多了，咱們這鬧不過來。還是按級來解決，應該屬內蒙的內蒙解決，屬盟裡解決的盟裡解決。也要對各級革命委員會說明，各級革命委員會還要有信心。我們內蒙革命委員會就犯了錯誤嘛，我們現在就改嘛！雖然我們現在工作還有很多不得力的地方，但是我們總是要聽毛主席的話要改。盟革命委員會、旗縣革命委員會總是要改的吧？！所以有些問題還要盟裡解決，有

的問題還不是完全內蒙革命委員會來解決的。你比如說巴圖同志這個問題，他這個問題現在基本上咱們搞清楚了，是好人了，不是「內人黨」了！（掌聲）不是敵人了！（熱烈的掌聲）（呼號：強烈要求給巴圖同志徹底平反！強烈要求立即恢復巴圖同志的一切職務！）是被誤傷的同志。這樣的同志還不少了，我想我能點上一些名來，也不需要都點了，有的還點不上名來。假如說你有幾萬的話，我哪知道，連幾千也不知道，點不上幾千的名來。我想找內蒙革命委員會哪個同志在昭盟也點不上幾千個名來。像這類同志很多吧，不一一點名吧！巴圖同志這個問題需要軍區辦手續，軍分區作出決定，軍區辦手續。要作出平反的批准。內蒙革命委員會，（插話：應該在報紙上平反，因為在報紙上打成的）那我還不清楚啊，是不是在報紙上打成的：（笑）（插：在昭烏達報上！）那不要緊，按原則辦事，因為他是軍隊的代表，作為「三結合」裡軍隊代表參加革命委員會的。吳濤同志，今天，啊，這是昨天了，昨天開會以前吳濤同志已經說了，他催過軍區黨委，要很快地研究。但是問題已經明白了，就是辦手續的問題了，也不用著急嘛，就是辦手續了。你們提到胡達古拉同志啊，這是很有名的人物啊。雖然人小吧，人不大但是名不小啊！也是誤傷了嘛，是好同志嘛。胡達古拉同志還受了很多身體上的摧殘，我剛才看了他們旗裡送來的材料。什麼公社？這叫一（插：白音爾登！）啊，白音爾登公社，連那個民兵也都給人帶上了「反革命」的帽子了！這個不知道是哪兒作的決定，我鬧不清楚，是盟裡頭啊，還是內蒙啊？（周明插話：那是下面搞的，我們盟裡已經平反了，但下面沒有平）是經過考驗的同志啊，怎麼一下子就都不信任啊？胡達古拉同志不是咱們偶然發現的人物嘛，徹底平反！恢復名譽！于洛泉同志，這裡都更清楚了，應該立即平反啊，對他的作法很不對啊，把革命小將給遊街，受了很多刑法。應該向這些同志，我們向你們賠禮道歉，我們對不起這些同志！（熱烈掌聲，高呼：偉大領袖毛主席萬歲！毛主席萬萬歲！）

　　還有個別事件，所謂比如昭盟比較有名的「九三」事件。把九三事件後來說成是反革命事件，這是錯誤的！不是反革命事件！！熱烈鼓掌，呼口號：內革核心小組給「九三」事件平反好得很！昭盟革命造反派永遠忠於毛主席！永遠忠於毛澤東思想！永遠忠於毛主席革命路線！）這個事情的錯誤不僅僅是政治上的錯誤，而且組織上也有錯誤！這個據我所了解，昭盟革命委員會把

「九‧三」事件說「反革命事件」並沒有經過內蒙批准，更沒有經過中央批准。不能夠隨便把文化大革命方面這樣一個群眾性的問題，隨便宣佈成反革命事件，（群眾激憤：堅決揪出泡製「九。三」事件陷害革命群眾的罪魁禍首！誰陷害革命造反派決沒好下場！）同志們，同志們，我給你們潑點水，你們別上綱上得這麼高。允許人家犯錯誤嘛！（笑）犯了錯誤你們就提那麼高的綱啊？咱們還是要團結的精神，「團結——批評——團結」公式，按毛主席的指示辦。九‧三事件你們紅司也有錯誤，于洛泉你檢討了好幾回了嘛！你當我面也檢討過嘛！你們現在你說完全正確應該百分之百？不對，你有錯誤，「九‧三」事件你們有錯誤的。（于洛泉插：我們向來不迴避！）向來不迴避，現在你也不要翹尾巴。（于插：那周明把我們……）不是反革命事件那就完全正確？那不對！（于插：我們沒說）那就對了。（于插：我們貼大字報檢查。）哎這好，因為你們檢查好幾次了，是不是？說你們這是嚴重的政治事件，政治上的錯誤也沒有什麼，我看恰如其分，是恰如其分的。說成是反革命事件是不對的，而且因為這個事件牽連了很多人，牽連了很多人，這些人都應平反！那現在查明了，沒有什麼幕後策劃，這個就這些紅衛兵小將一衝動犯了一個錯誤，我原也信親著，我也跟你們檢查：我也不信那，我總覺著這裡面有幕後，這點昭盟革命委員會可能也受我的影響。我去了，那時我就說過：我說這個事件要追查。（于插：你沒有責任，你受周明蒙蔽。）不，不，不，你不要替我承擔責任，是不？（大笑）我有我的責任！我有懷疑，現在查明了，我們解除懷疑，懷疑是錯誤的，沒有幕後，就是這些小將們在那裡一衝動，就幹了這麼個錯事。砸公安處，你不要解釋什麼砸總部，反正你把文件也給人家翻出來了，現在還丟了。份數不同，你說四份，（指于）別人說不是四份，反正丟了一些。不能砸公安機關，國家專政機關，它有什麼錯誤，有什麼缺點，砸的方法是不對的。今後還是這樣，對咱們無產階級專政工具，咱們得愛護啊，那裡面有壞人是另外一個問題，是不是？有壞人咱們揪壞人，不能採取這種辦法，不能夠對我們自己的無產階級專政的工具有所損害。（下面小聲說：裡面有黑材料。）那你小聲說我也聽見了，黑材料不是理由。王巧雲坦白了，他們原來並不知道有黑材料，那是副產品，後來發現的，這底我摸著了。于洛泉他倆一天來的，一天來說的那個事，是不是那麼回事，于洛泉？（于插：不是。）

（大笑）不是？（大笑）（于插：那天晚上進行接見的。）新馬家黑店，這個我負責，我去的。（于插：不對，你說這樣搞下去不就成了新馬家黑店了嗎？）你，你別打斷我的話。我是六月份去昭盟，聽到了那麼件事，木蘭旅館窩藏了那個韓楓，什麼人哪？打死尹國輔（插：不是韓機是王雲）打死尹國輔那夥子人，王什麼？（插：王雲）那可能鬧錯了，我反正記那個頭是韓楓。韓楓究竟是好人是壞人啊，當時我認為是壞人來著，也可能鬧對了，也可能鬧錯了。打死尹國輔是不對的，那是拿刀子捅的，不是一般的打死，我看了照片了，背後有個大窟窿啊，不是一般武鬥失手啊！那是有意的殺人啊！拿刀子拔不出來，轉了一圈轉出來了，不然的話，出不了那麼個窟窿。一刀子哪能出了一個窟窿呢，那照片我都拿回來了。〔紀錄整理者注：在場的林西上訪代表寫信給高錦明，權星垣同志，對尹國輔是否被刀子所殺提出了不同看法，並要求內革派人重新調查。高錦明同志當即批示如下：×××同志，我如果講錯了一這是可能，因為我是聽說的，也看過照片，（但是也可能記錯了）如果是錯了，以此條更正之。請認為需要時，即將此條送盟革委會作為我的更正。高錦明七月十一日〕他還藏了材料還幫助轉移，我就根據這個情況，下邊我說了這麼句話，這句話起了很壞的作用。我說的什麼「這是新馬家黑店」，你說（指于）「有可能」，我記得沒有說「可能」倆字，就是「馬家黑店」，就是這樣說的。在這件事情上起助長了擴大化，我承擔責任，我向你們認錯，這個不能完全怪昭盟革命委員會。（周明：我們有錯誤，我們搞擴大化。）同志們，你們在這個問題上你們可以繼續批判我，我有這個，要說算罪魁禍首吧，在這個問題上我是罪魁禍首。我是在大會上講的，其它的問題還有很多啊，總之受了誤傷啊。今天于振山同志還沒有講，沒講他的事，儘講了別人的事，是不是？于振山同志，你講了半天是講了別人，沒講你自己。當然還有一些同志，受害者，或者咱們叫誤傷者，這誤傷者比較好聽一點，這個受害者啊，也不太合適吧，被誤傷的同志，被誤傷的家屬，還有很多同志沒有來得及發言。

對穆林同志這個我漏掉了，穆林同志是在這場錯誤裡頭犧牲了自己的性命的，那這個根本談不到自殺嘛，這就是打死的嘛！事後人家都取正確的態度，到現在沒給平反，是不是？平了沒有？（眾：沒有）還沒平反，應該平反！現在證明了一個問題啊，我們解放幹部也是不夠的，穆林同志早就應該解放，我

們早解放了也可能好一點。（眾：解放了也可以揪出去嘛！）嗯？！當然也不能完全保險了，解放了再回去。（穆林女兒插：帶「反革命」袖章埋上了）嗯！這是一個很沉痛的教訓啊，整個來說是一個很沉痛的教訓，對待穆林同志啊！當然還有別的地方一些問題，電廠的問題，平礦的問題；當然還有一些別的單位的問題。剛才舉的單位很多，還有什麼二中啊，赤峰師範啊，一中啊，這都是給人戴上了很不好的帽子了。一中變成什麼，烏蘭夫什麼，剛才說什麼？（眾：「黑據點」），這是不對的嗎！電廠變成了什麼？（眾：資本主義復辟。）資本主義復辟！平莊礦是存在著支一派壓一派的現象，我去過一次，我呆的日子很短，我很抱歉，沒有看透，下車伊始就講了一通話，你們說講話還正確，我很忱心，這裡邊誰知道正確不正確。很可惜，把一面紅旗砍倒了，古山二井啊，應該恢復名譽。古山二井是咱們一面旗幟啊，不容易產生這一面旗幟。（熱烈鼓掌，口號：給古山二井恢復名譽好得很！翟際幅砍掉三級革委會樹立的一面紅旗罪該萬死！）這樣，咱們還是什麼一點好，冷靜點，大家還是本著團結—批評—團結的公式，懲前毖後，治病救人，內部矛盾，我們要聽毛主席的話，照毛主席的指示辦事。

平莊的問題瀋陽軍區已派了部隊去啦，聽說情況有好轉，相信他們會按照八三四的經驗去處理平莊的問題。平莊是我們內蒙的第一大礦啊，在現有的煤礦裡計劃數字最高。現在產量是一前些日子基本沒有了，現在還有沒有？最近生產了吧？（答：最近好一點）最近好一點啊，希望大家很快地補上這個損失，這個損失是領導上造成的，但是怎麼辦呢？還是我們人家來補吧！赤峰電廠關係十分重要，赤峰電廠要一停電，許多工業都完了。你們最近怎麼樣？停了沒停啊？（趙明哲：最近沒有停）沒有啊？好！（呼三司李久榮同志：始終沒有停）始終沒有停啊？唉，前幾天怎麼傳——是謠言是怎麼的，說赤峰電廠停電了！（李久榮：趙明哲同志做得很好，聽說這種謠營以後馬上就給家裡去電話。）啊，還是要搞好你們赤峰電廠的聯合，你們電廠兩派直到現在一直沒有聯合起來！（電廠工人：社會上有人插手。）也要責備點自己，也不要光推外邊挑動，你們是掌權的嗎，你們還是多數嘛！（眾：工宣隊把權都搶了，把他一指趙明哲也打成「內人黨」了。）你現在就有權了嘛，你還是盟革委會的副主任，電廠的主任嘛！（郝廣德：主任嘛，拿出氣魄來掌權嘛！電廠工人：

工宣隊表態了，好人壞人還沒看清呢，掌得了嗎？！郝：工宣隊還沒撤呀？電廠工人：現在還沒撤呢！于洛泉：工宣隊是周明派的！）周明同志有錯誤，周明同志應該向同志們好好作檢查，好好地聽取同志們的批評意見，要堅決改正自己的錯誤，不應該再繼續把這個錯誤延長下去啊！對昭盟文化大革命已經造成了損失，但是也要考慮到周明同志的錯誤不是孤立的，是跟著我們內蒙革命委員會領導上犯的錯誤，在這裡邊要考慮到他也是執行者。他要好好檢查，有進步我們大家應該幫助，歡迎，他要不好好檢查，你們繼續批判他，嚴格地批判他，（眾熱烈鼓掌）我們希望他能夠按照毛主席的指示，按照毛主席五‧二二批示，迅速地改正錯誤，立功贖罪！我說這麼些，很長了，有錯誤的地方一定會有。我說這麼些話，可能說一些錯話，說了錯話請同志們批評！我說完了

（長時間熱烈鼓掌）

（根據錄音整理，未經本人審閱）

權星垣同志講話：

我沒有話可講了。同志們，剛才高錦明做了系統的講話，我完全同意，這個基本精神事先核心小組開會討論的。同志們，如果贊成他這個講話的話，就堅決地辦，符合毛澤東思想，有利於把「五‧二二」批示落實的更好，完了。

（熱烈鼓掌）

郝廣德同志的講話：

一、必須徹底批判滕海清。滕海清同志很長時間以來，犯了一系列很嚴重錯誤。我發表自己的看法。

他的錯誤是左傾機會主義的錯誤（鼓掌），他極其惡劣地多次歪曲、封、捏造無產階級司令部的指示。（口號；重炮猛轟滕海清！誓死保衛毛主席！滕海清捏造中央指示罪該萬死！）比如說，「內蒙的共產黨就是內人黨」，就是他的話，他捏造為謝副總理講的；比如說，說高錦明同志有歷史問題‧有三反言論……很多，說他搞了反覆，就是他捏造的，是強加於康生同志的，強加

於康老的。還有很多錯誤的歪曲的、封鎖的。我認為這個錯誤很嚴重的。滕海清同志到內蒙來，在一個時期按照中央的指示辦了，做了很多工作，也取得了很多成績，後來，不按照中央的指示辦了，並且捏造中央指示，欺騙廣大群眾，結果就犯了錯誤，給革命造成了嚴重的損失。他另搞一套，背著中央另搞一套，他用極其混亂的「挖烏蘭夫黑線、肅烏蘭夫流毒」，代替毛主席提出的大批判和清理階級隊伍；他用滕辦小山頭搞祕書專政，代替革命委員會；他用所謂批判右傾機會主義，代替十二中全會的傳達；他用編造出來的一個「九月暗流」來為二月逆流翻案。（口號：滕海清大搞獨立王國罪該萬死！）他用所謂「九月暗流」的路線整風，代替我們黨內的四十八年的兩條路線鬥爭史的學習。十二中全會以後，全黨、全軍、全國都學習我們黨的四十八年兩條路線的鬥爭歷史，他用內蒙所謂「九月暗流」的兩條路線鬥爭代替這個問題。後來就發展成了自己的、混亂的謬論，代替了黨的方針政策。比如說，毛主席講敵人是百分之一，百分之二，百分之三，百分之四，再多不能超過百分之五，他竟敢到很多單位，說這個單位百分之五十是壞人，那個單位百分之六十是敵人毛主席講穩準狠，準是關鍵，他就來個狠是基礎。由於他長時期地大搞一言堂，破壞革委會一元化的領導，使內蒙文化大革命的大好形勢被他遭踏了，把幾十萬廣大革命群眾打成了「反革命」，破壞了軍隊的團結和軍隊的穩定；破壞了革委會的核心的團結；破壞了廣大革命群眾的團結；破壞了民族的團結。很長時間以來，使內蒙的局勢很不穩定，最大地破壞了我們內蒙的反修備戰。這是關於滕海清的錯誤。

滕海清的錯誤是嚴重的，給我們全區的文化大革命和各條生產戰線帶來的惡果是嚴重的。他在理論、思想、政治上流毒很廣，遍佈全區，對他的謬論必須徹底批判！這樣才能從根本上，從政治上、思想上，給被誤打成反革命的廣大群眾平反。我們的大批判還要繼續搞。為什麼我們有些同志文化大革命三年來，運動初期打成「反革命」，批判了反動路線，二月逆流又打成了「反革命」，有的打成四次「反革命」、五次「反革命」，打成「反革命的材料還是運動初期的材料又翻出來了。有些同志要材料，精神的力量必須由精神的力量來摧毀，燒了文字上的材料，燒不了他腦子裡的反動的腐朽的思想。必須批判，不破不立，破，就是批判。（口號：高舉革命批判的大旗，徹底肅清滕老

「左」的流毒！）用毛主席提出的大批判的辦法，就能夠最迅速地糾正錯誤，落實政策。這是關於批判。

對於滕海清同志，我們還是按照毛主席的教導，懲前毖後，治病救人，儘管九大召開之後，五‧二二批示下達之後，滕海清同志的態度很不老實，很不好，繼續耍陰謀。但是我們廣大革命群眾仍然希望他早日地認真地檢查自己的錯誤，接受群眾的批判，還不放棄幫助教育，使他改正錯誤，採取懲前毖後、治病救人的態度。

第二，關於當前的幾個問題，講一講。

最近一個時期來，有的人，把矛頭指向內蒙古自治區革命委員會、革命委員會核心小組，放肆攻擊革命委員會按照中央指示制定的一系列的文件，正確的文件。（口號：堅決支持內革核心小組的工作！堅決捍衛紅色政權的革命權威！堅決執行內革制定的一系列正確的文件！）這些人，反對批判滕海清的錯誤，反對革命委員會的集體領導，他們認為只有滕海清的一言堂繼續下去那才是正常的。我們在呼和浩特市，這是內蒙的政治中心、首府，各種思想都是很活躍的地方，反映的也很靈敏，請大家注意一下，這樣做下去，是沒有什麼好處的。再就是武鬥歪風，這幾天，在呼市的街頭，明目張膽的持刀傷人，搶劫革命委員會的汽車，扣壓革命委員會的常委、群專的工作人員、公安局的一些工作人員，扣押、毆打；他們想用武鬥惡化內蒙局勢。由滕海清長期以來破壞的局勢，現經中央指示，內蒙革委會核心小組的大量工作，正趨於穩定，走向穩定。他們想用武鬥打破推翻這個成績，推翻糾正錯誤、落實政策的成績，破壞逐步走向穩定的局勢。這個我們革命群眾要擦亮眼睛，密切注意這個形勢的發展。為落實五，二二批示，按五‧二二批示迅速糾正錯誤、落實政策，按中央提出的二十四字方針，解決內蒙的問題，奪取文化大革命的全面勝利，每個革命同志應該做出應有的貢獻。

第三，昭盟的問題，我不大了解。聲明一下，調查不夠。先說一下克什克騰旗的問題。對克什克騰說幾句話。克三司、一〇二七，還有克一司，都來了吧？我認為你們都是革命群眾組織，應該團結起來。在內蒙處理克什克騰旗問題的時候，已經形成了比較好的聯合，但是後來好像被有人破壞了。我覺得包玉山同志和盟裡的周明等負責同志都有責任。包玉山同志在文化大革命初

期就有錯誤，群眾批判了他反對了他，他應該有所進步，有所提高，不應該支一派壓一派。我在革委會成立之後，曾給包玉山同志和盟裡寫過不止一次信，指出過他這個問題，讓他注意，他一次也沒有回答我。包玉山同志對於他本人的處境應該考慮到因為滕海清同志的錯誤所造成的嚴重後果，他自己的胳膊也被人打斷了，是不是？也被抓「內人黨」打斷了，在這個問題上，他也受到了這個錯誤的傷害嘛。他應該想一想，克什克騰旗一○二七被打成反革命組織，抓了人，每天跪在群專，抓起來。比如一個馬塞生同志因為整了他的材料，到赤峰抓起來，我打電話讓放都不放。一個馬守喜同志，父親和哥哥都是解放軍烈士，都是被國民黨殺害的，也打成了「現行反革命」。（代表揭發包玉山調動民兵進城鎮壓造反派的事實。）……劉國任當然也有責任嘛。那裡包玉山同志如果出來講話，因為那一派反對過你，批判過你嘛。你應該出來講話嘛，為什麼不講呢？講過幾次呀？為什麼不回答呀？我給他寫了不是三封信就是四封信，為什麼不回答這個問題？你把那麼多群眾打成「反革命」，每天跪在街頭上……克旗的群專回去好好檢查一下，什麼亂七八糟的。另外有一個情況，就是包玉山在統戰部被揪成「內人黨」之後，支持包玉山那一派也受了壓。（阿拉坦插話）你是阿拉坦吧？你也受害的，你對克三司的群眾有錯誤沒有？（答：有）你應該認識自己的錯誤。克一司的同志來了沒有？你這兩派是你壓我，我壓你。要看清，這個帳要記在滕海清同志身上。他在整個內蒙就是這樣搞的，今天支持這派壓那派，明天支持那派壓這派，結果反映在克旗這個地方，就是這樣幹，不要再繼續上當了！希望克三司、克一司、一○二七團結起來，共同批判錯誤，糾正錯誤，落實政策，來穩定局勢總結經驗，吸取教訓、共同對敵。克一司、克三司、一○二七都是革命群眾組織，都有錯誤。一○二七在大聯合的時候，另拉山頭，有錯誤，應該承認錯誤，這三個組織都有些錯誤，都不能否定。有的在這個問題上錯了，有的在那個問題上錯了，這不是各打五十大板。我認為你們應該團結起來，聯合起來，如果從今天開始，在解決克旗問題上，再產生這一派壓那一派，哪一派壓對方的一派就要犯錯誤，我們不支持，不同意克三司去壓克一司，也不同意克一司去壓克三司。我今天對包玉山同志提出批評，我希望克三司、一○二七、不要利用這個問題去壓克一司的群眾。如這樣做，克三司、一○二七的同志們將來要犯錯誤。再重複一遍，

如果一派再去壓一派要犯錯誤的。再一個，在左旗問題上說一句話。五八派大小頭頭都被揪了，其中有七名是顧向良同志在大會上點了名的，是不是事實，請周明同志查一查，如果這樣，顧向良同志應該檢查錯誤，擔負責任。（群眾熱烈鼓掌）。

王志友同志講話：

昭盟啊，我去過。去過調查了解也不怎麼樣，調查也不是很好的，去過一段工作做的不太好。昭盟革委會裡往外吐人我是感到吃驚呀！關天寶同志不錯嘛，也吐掉了，解決武鬥受傷，還挨鬥了，是嗎，周明同志？（面向周明）巴圖也沒有證據，主任也拿掉了。有人說內蒙怪事多了，內蒙的奇事確實是多。革委會主任這東西你也沒有什麼證據，聽聲就拿掉，這玩意也太不嚴肅了。現在問誰，誰沒證據，問誰誰沒材料。我是多方打聽，巴圖要是壞人，咱們大家一塊揪他。都沒貨！要這麼搞的話，那怎麼搞文化大革命？拿群眾開玩笑，拿革委會當兒戲！要這麼幹下去啊，那就危險了。再不糾正，我們廣大群眾對滕海清同志錯誤的批評、批判就是語言稍微激一點，那也尚不可，你想想，拿這個開玩笑！（長時間熱烈鼓掌。口號：毛主席萬歲！毛主席萬萬歲！）革委會搞成這個局面，確實要很好地批評滕海清同志的錯誤。批判滕海清，滕海清講了：批判滕海清那些同志當中，那些人當中保證有壞人，肯定有壞人，那就是，保證有壞人！但不批的有沒有壞人呢，也肯定有！不能用這個來區分，周明同志，我說的對不對呀？不可能截然分開，壞人都跑到批判滕海清錯誤一邊了？不會！不會！不可能！不用這區分！將來真備不住在批判滕海清錯誤這一部分人群當中抓出一兩個壞人來；也備不住，同樣在不批判這個人群中也可以抓到那麼一兩個。這你不能這樣講，我們不能用這個來區分，也不能太過分地注意廣大群眾批判滕海清語言過激，行動太強烈了，哎，不得了！相信廣大群眾，對五‧二二批示理解的最深刻。毛主席講最聰明的人是有實踐經驗的戰士，人哪，一把自己估計得很高貴的時候，那時就蠢了！毛主席講高貴者最愚蠢，卑賤者最聰明！你自以為能夠指教別人，最深刻理解五‧二二批示的時候，往往是理解錯誤的時候。相信群眾，群眾不理解五‧二二批示嗎？

那關了七個月的人對五・二二批示理解至少要比我王志友深，我沒關七個月。（熱烈鼓掌）應該有這個態度嘛！沒這個態度還行？巴圖同志跟周明同志比起來，對「五・二二」批示理解我看不一樣吧？關天寶，關天寶就有深刻體會。聽說關天寶姿態很高，那很好嘛！這說明他能理解「五・二二」批示，廣大受害者今天態度不是很好嘛！很通情達理了！那天高錦明、滕海清，霍道余同志我們在一起接見寡婦上訪團的一部分同志，說半小時就半小時，就談半小時，過了半小時就讓滕海清同志走了，具體問題由下邊談，這半小時那些同志也哭了嗎！當然她們很傷感嘛！滕海清同志講了幾句話。她們還是通情達理，你還要這些人怎麼樣？一個寡婦四個小孩，我們要有無產階級感情呀！你讓這些人也不能哭，也不能鬧，那還得了？人民政府不允講老百姓喊冤叫屈，什麼政府？說喊冤叫屈這個詞說得不好，自然老百姓直觀的東西他就要說嘛！允許嘛！人民政府嘛！保護人民嘛！人民受了些冤枉，就喊一聲冤嘛！哪像滕海清同志說了，我給你平反，你得感謝我，這種十足的老爺態度還行呀！這根本不是共產黨了！（熱烈鼓掌）這是國民黨態度！共產黨對老百姓什麼態度？對人民群眾要保護、要愛護，他受了冤屈要給他作主，給他伸冤，這叫共產黨。對人民群眾的態度嘛！這個東西可不得了，如果沒有這態度，你周明同志可得警惕了。周明同志你可是要認真理解一下「五・二二」批示。這一派群眾過去炮轟周明。我在昭盟的時候，不能因為他過去炮轟你，你就來一下子。你周明同志還是有錯誤的，初期執行資反路線，二月逆流時晃晃蕩蕩，（眾插：這一次又狠殺了回馬槍）這一次你執行了一些錯誤，但不在你，主要是滕海清同志，可是也得好好理解。你周明當好幾年祕書長，我這問你多次，我講話背後咱們也是這麼講，當面也是這麼講，不搞兩面派，不搞小動作，你當了多年祕書長，內蒙黨委鬥爭情況多少知道點吧！這個「歷史的誤會」——《從二月逆流到九月暗流》，這個胡說八道的東西你自己看了之後，我看你那個講話表示很深刻的讚同。你回去以後好好思考思考，在這個問題上你就沒群眾聰明，當時在赤峰地區我相信有不少群眾對這篇文章那是抵制的，你當時就不那麼聰明，（于插：我們抵制四次常委擴大會，把我們三家無革派打成了「反革命」組織）就是呀，顯然當時被打成「反革命」的要比你打人聰明的多！所以我覺得……昭盟更多咱也了解的不多，我也同意高錦明同志所說的。你于洛泉也不

要翹尾巴，要（郝笑）學習。我和于洛泉接觸過，屁股坐不穩，好多事情也不動腦筋，這毛病有，我發現在有所改正。但是來吧？前進不大，造反派嘛，大小是個頭頭，在赤峰地區也很有影響，你也得學習文章，搞得深刻扎實，也別現在起來怎樣怎樣，不要。要團結群眾嘛，趙連成今天沒來吧？要團結趙連成，注意了，要團結起來嘛。共同批判滕海清同志的錯誤，有人說團結，共同批判滕海清同志的錯誤這個口號錯了，這有什麼錯誤？可不是團結起來批判嘛，共同團結起親，共同對敵，絲毫不對立，這有什麼壞呢？大家團結起來，批判滕海清同志的錯誤，糾正錯誤，落實政策，好不好？（眾說：好）還是你一半批，我一半不批好啊？這是個很簡單的道理。一比就清楚了吧。這跟團結起來，共同對敵沒矛盾嘛。哪有矛盾？誰能舉出例子截然對抗？誰能說說？說不出來道理。尤其是糾正這種機會主義性質的錯誤，還是得團結呀！他是機會主義的嘛，是主觀主義的嘛，它是片面的嘛，是唯心的嘛，這點背定了。那天我跟周明討論，唯心主義導致機會主義，周明說是是。周明的主席語錄學的不少呀，你是主觀主義，唯心主義，你把敵情、把文化大革命都用唯心主義那套估計了，不是機會主義那是什麼呢？就是機會主義的。說個什麼機會主義就違背「五‧二二」批示？一丁點就違背「五‧二二」批示嗎？不違背嘛。中央就說過嗎，他搞祕書專政嘛。不違背。當然也不能無限上綱，上得老高老高，大帽子底下開小差，你也沒事實，那就不好。但是恰如其分的批判，不是粗暴的，客觀的科學的分析那是允許吧。說他是機會主義的東西，至少他的思想有不少機會主義的思想，這可以吧？總不算過分吧？不算過分。滕海清同志的品質，比較惡劣，這是眾所周知的呀，翻手為雲，覆手為雨，有人說，你這詞用的高，但是不這樣用詞的話，那今天一個樣明天一個樣吧？（眾笑）這個眾所周知吧？有沒有這麼搞的呀？那在一塊討論的，那第四次常委擴大會議以前有個常委會議紀要，滕海清同志在家講了話，這個霍道余跟我講了多次了，霍道余對這件事情挺惱火，那是滕海清同志在家定下來的調子、常委開的會，高錦明同志自己主持，然後發的紀要。高錦明同志開會講了一通話，但是你說的那話百分之百的正確，那個誰也不敢講，講一段話難免出現一些錯誤，綜合起來，總的立場觀點還是對的吧？那個東西是符合中央當時佈署的。（郝廣德：是反對擴大化的）是反對擴大化的吧？是糾正左的偏向的吧？這個中央也肯

定了。事先，滕海清同志似乎，當然現在看來滕海清同志心裡是反對的，當時表面上，嘴巴上答應了，回來，非把人家打成「右傾機會主義分子」不罷休。在北京跟吳濤同志商量的也不是那麼回事。吳濤同志還說，有錯誤嘛，回來跟核心小組談談就行了，滕海清同志也同意了。回來，不管三七二十一，也不管你吳濤怎樣了，於是乎，「右傾機會主義分子啦」，「總代表」啦，安上什麼「二代王爺」啦，都上來了。一天一個主意，誰也跟不上。他（眾笑），你說這算什麼？這不叫翻手為雲，覆手為雨，至少也叫今一個主意，明天一個主意。這個品質就不好，這個品質不好吧？挺惡劣。應該批判。叫流毒那當然不好，可以叫，但是根據這個思想的影響，那是比較厲害呀！錯誤的思想的影響是比較厲害的吧？呼盟就比較厲害。據說有類似滕辦這樣的東西。上行下效，上有號者，下有甚者，從來是這樣。上邊無緣無故，高錦明同志就沒了，靠邊「稍息」，據說是高錦明同志發高燒的時候，三十八度多，醫生給各報告，滕海清同志是「寬大為懷」，原來是每天鬥一次，滕海清同志這次是寬大為懷，批准為隔一天鬥一次，（眾大笑）……滕海清同志這麼批判的。你滕海清同志有病大家不是很什麼嘛，這次批判滕海清同志怎樣啊？沒怎麼樣嘛！最多不過是站起來一小下，然後還是坐下。這玩藝，怕比呀！滕海清同志過去那是姿態很高呀！他說：你們這些幹部，群眾那麼多反對你們，看你們精神狀態不好呀！滕海清同志由北京回來以後，就沒有發現他精神狀態好。這玩藝，整群眾的時候，英雄得很，群眾批判自己的時候，簡直是個草包的要命。類似這樣的例子，有這麼幾個：哲盟的趙玉溫，錫盟的趙德榮，包頭的陶繼凡都屬類似這種人物，（插話：昭盟還有周明！）周明同志我不大了解，周明同志今天態度是算比較接待的其他人要好，這承認，我承認。（大笑）我認為周明同志今天的態度還不錯，我們所以覺得群眾今天要批判滕海清同志的錯誤，無非是要清除滕海清同志錯誤的影響。給青年的一代不要帶來壞的。大家都學滕海清今天一個主意，明天一個辦法，那不好批判呢，批倒了，把這種錯誤批掉了，年輕人不學這個，學好的，這不是好事嘛？你培養接班人怎樣培養？不批判怎麼行呀！你學滕海清那麼幹還得了呀！那不行，在這種問題上，不要難為情。你們回去，和趙連城同志，特別周明做做趙連城同志的工作，大家一起糾正錯誤，落實政策，沒什麼壞處，你非要把那些無辜的好人打成「內人黨」那

算高興了？證明你正確了？大家一平反，你說給敵人翻案，這有什麼好處呀？
現在街上出標語了，……吳濤、高錦明難逃，這是什麼意思？我就沒有見著過
他寫一次滕海清罪責難逃！那是河西「新紅聯」寫得標語，那我清楚。一句也
沒有批判過滕海清錯誤，你那如；我這個人說話可能道貌岸然了，你那如各打
五十大板呢，這也說得過去吧！從沒有這樣做過，從沒有揭露過。滕海清搞什
麼活動？有人知道很多嘛！為什麼不揭露？為什麼不拿出來見見太陽？從不這
樣做。結果吳濤、高錦明罪責難逃，那是貼得那麼高，很積極，而且是把人家
剛貼的大字標語蓋上，人家一不高興，把刀子拿出來給人家動武，這個東西你
說不行吧？這說明批判滕海清還不夠。你以為夠，我看還不夠，還得批，錯誤
的影響還是要很好得批。所以，昭盟回去還要很好地批判滕海清同志的錯誤，
落實政策，團結起來，共同對敵嘛！這才行，你像穆林同志，打死了，還沒平
反呢！你共同對敵，死的時候還戴著反革命袖章進去的呢，你共同對他呀，還
是對誰呀？你還沒糾正呢，穆林的家屬到現在還是「反屬」呢，你還得對她？
團結起來共同對敵，對穆林的家屬幹起來那不行呀。巴圖同志還沒有復職呢，
剛搶出來的。你團結起來，共同對敵，對誰呀，我看你那篇文章（指《二月逆
流到我盟最大的反革命兩面派》）那上頭夠厲害，照那篇文章來說，巴圖應該
粉身碎骨。（眾笑）那東西你說對誰呀？你還沒糾正呢，當然巴圖同志也是高
姿態了，當然也得高姿態，我相信會高姿態。你得給人家糾正了才能高姿態
呀！才能共同對敵呀。咱們不會說話，咱們都是小老百姓，說話說實的，只會
扎扎實實的，你得給他平了反，他是好人，然後大家團結起來，共同對敵吧？
你不平反怎麼能團結？你不給他平反，我就不能跟他團結，你怎麼團結？巴圖
是昭盟「內人黨」的總書記，你跟他團結還得了呀？「內人黨」，滕海清同志
講了，是烏蘭夫的反黨叛國集團，因為他是昭盟的一個「書記」，你跟他在一
塊團結能行嗎？你不給他平反？要認真給他平反，沒有的事，你給他去消，在
群眾當中講，巴圖沒那回事，這樣群眾才知道，巴圖也是好同志了，不要打他
了。過去打，打錯了，你把那些材料弄出來，你光說不行，咱說實際的工作，
不要做那些不實際的工作。實際的事情，希望做些實際的工作，一條一條給他
落實。你比如說，整了哪些穆林同志的黑材料，他黑在哪裡，哪點是陷害，你
到群眾中一說，群眾就明白了，你不說，你空口說，穆林是好同志嘛，清了，

那不行；你得說清，哪條不存在，哪條是搞了陷害，那才行。（長時間熱烈鼓掌）你這樣的話，群眾就團結了。哎呀，哪點搞錯了，你像剛才人家問你「內人黨」的那個展覽，你周明就應該檢查錯誤了，你很清楚，那自治聯合會的旗子一展覽，當時你沒頂住？你應該檢查你為什麼沒頂住呢？你這一檢查，群眾就覺得，噢，對了！周明你明明知道，你把它拿出來展覽。（高錦明：周明同志，你過去沒看見過這個旗子嗎？周明：我沒提過意見。）（眾大笑）（王清海：周明什麼事都幹出來了。……不管邪風，正風，反正哪邊風硬往哪邊跑！）通過這樣一來，把這個事情講清，把這個思想說清，今後周明同志也不會幹什麼了，年輕人當中樹立一種正氣，我知道了，以後不能說假話，說了假話你看看現在，對不對？在年輕人當中樹立一種正氣嘛！你周明同志就有這個責任了，你要向群眾講清，這自治聯合會旗子當時我怎麼沒注意把這個展覽出來了？（大笑）這就好了，對不對？在年輕人當中，以後要提再發生這種展覽，你們雖然沒見過，也知道，我們這次文化大革命知道這回事，對不對？都可以做證人，這就好，只有這樣，才能把不存在的問題澄清。你這澄清，群眾就團結了。你在那裡囫圇吞棗，那不行，你得澄清，眾要求就要求澄清。他不放心，就不放心你不給他澄清，他別的沒有什麼要求。……這樣切實的工作，昭盟革委會回去後要安排好，一條一條，這又有什麼辛苦的？有人叫辛苦，當然我也是叫辛苦。有的組織的一些頭頭，也要做切實工作。像于洛泉同志，只要周明同志認真檢查錯誤，剛才高錦明同志講了，你一定要好好幫助他，作工作啊，找他談心啊，于洛泉！（于洛泉：多咋他改正錯去）……唉，你先跟他談八次心，周明不檢查，你不就更有理啦！（眾笑。于洛泉：周明當我們面講的非常好聽，背後一調屁股就不是他了。）一樣嘛，趙明哲同志也出來工作，你積極地大膽地工作嘛，該平反的就叫他如實地給人家平嘛（于洛泉：我們水平沒有周明高。）唉，怎麼能那麼說，這次看出來周明沒你們水平高，這個問題上，對不對周明？（笑）承認在這個問題上周明沒你們聰明。我講話肯定有錯誤，哪次都說了，有錯誤大家批判，也可以寫大字報，完了。（熱烈鼓掌）

54.關於對昭盟革委會、烏盟革委會請示報告的批覆（1969.07.05）

內蒙古自治區革命委員會文件

內蒙革發〔69〕189號

關於對昭盟革委會、烏盟革委會請示報告的批覆

昭盟革委會、烏盟革委會並各盟、市、旗、縣、公社革委會、內蒙直屬各單位：

經中共中央一九六九年六月三日批准，我區在挖「新內人黨」工作中被打死、被逼自殺的好人按「因公死亡」給予撫恤。昭盟革委會、烏盟革委會分別對國家機關、企事業單位和農村牧區人民公社如何執行中央批示提出了請示報告，茲批覆如下，望認真執行，抓緊做好政策落實工作。

一、昭盟革委會提出的國家機關、企事業單位執行內蒙革發〔69〕165號文件第三條的意見是符合中央有關規定的，請認真執行。

此外，實行勞保條例的企事業單位「對因傷致殘者的生活要予以妥善安排」問題，應按照中華人民共和國勞動保險條例有關因工負傷致殘的規定加以解決。不實行勞保條例的國家機關和事業單位，對因傷致殘者要盡量給予安排適當工作，工資照發。對其中完全喪失勞動能力、長期不能上班超過六個月以上者，從第七個月起按病假長休待遇執行。

二、烏盟革委會核心小組關於農村牧區人民公社執行內蒙革發〔69〕165號文件所提的具體意見是可行的，在執行第二條意見時，應考慮到農村牧區的實際情況，對於一些沒有公益金的重災隊、連續受災隊，所需醫療費由當地民政部門在「社會福利支出」、「其他社會福利費」項下酌情給予補助。在執行中遇到什麼問題，望及時報告。

內蒙古自治區革命委員會

一九六九年七月五日

附：昭盟革委會、烏盟革委會請示報告

附件一：昭盟革委會請示報告

內蒙革委會：

為了貫徹執行內蒙革發〔69〕165號文件第三條規定，認真落實政策，我們隊「因公死亡」待遇問題查閱了有關文件，擬發通知各單位執行，特請示：

一、國家機關和不執行勞保條例的事業單位工作人員「因公死亡」後，按照內務部一九五〇年十二月二十一日公佈的「革命工作人員傷亡褒恤暫行條例」，對死者家屬進行一次性撫恤。撫恤標準按一九五五年三月二十八日內務部內廳〔55〕字194號和一九五五年五月十九日內務部內優〔55〕字第176號文件執行。

死者所遺家屬生活上有困難的，按一九五七年四月二十七日內務部、財政部、國務院人事局給內蒙、吉林省的覆函和一九六四年二月二十一日內務部、財政部給廣東省財政廳覆函的原則，原工作單位根據從嚴的精神，給予定期或臨時補助。遺屬生活費用，居住旗、縣、以上城鎮的按每人每月10元，居住農村、牧區每人每月6元計算。

二、實行勞動保險條例的單位的工人、職工「因公死亡」的待遇，按中華人民共和國勞動保險條例實施細則草案第六章第22、24、25條規定執行。

實行勞保條例的單位的臨時工、季節工及使用人員「因公死亡」，按勞保條例實行細則草案第九章36條第三款規定執行。

三、關於死者供養親屬範圍，按勞保條例實施細則草案第十一章規定執行。

四、為了正確執行政策，統一掌握實施撫恤方法，我們意見，凡按「因公死亡」待遇者都要經一定機關批准。旗、縣以下單位由旗、縣革委會批准。盟直單位：國家機關和不執行勞保條例的事業單位工作人員由盟革委會政治部審核批准。凡實行勞保條例的單位，由所在單位革委會報盟革委會生建部審核批准。

昭盟革委會

一九六九年六月二十四日

附件二：烏盟革委會請示報告

內蒙革委會：

在挖「新內人黨」中，農村、牧區人民公社社員因逼供信而致傷致殘的好人，原則上由社、隊負責治療、撫恤和做好其他善後工作。

一、凡在挖「新內人黨」中被打、被逼而造成非正常死亡的好人，應按「因公死亡」進行撫恤，開始由國家一次性撫恤生活費150元、喪葬費100元。死者家庭生活，按死者生前同等勞力，採取國家與集體相結合的辦法，在年終分配時一次機遇工分補助，必須不低於當地一般社員生活水平，直至其子女能負擔家庭生活為止。今後，其子女已有勞動力並從事勞動者，則視其收入，在不低於當地一般社員生活水平的前提下，適當減少其原工分補助。

二、凡在挖「新內人黨」中被打傷者，應給予治療，經費從公益金中開支，需去外地治療者，由當地醫療機構辦理轉院手續，路費和醫療費給予報銷，治療期間按同等勞動力給予工分補助。

三、凡在挖「新內人黨」中因傷致殘者，治療期間的待遇同上條。生活困難者視其殘廢程度給予適當照顧，年終分配時給予一次工分補助，其勞動所得工分加上補助工分應不低於當地一般社員生活水平。

四、對被錯打成「新內人黨」者，在關押期間的誤工，按同等勞力照記。

當否，請指示。

烏盟革委會

一九六九年六月十一日

已發：昭盟、烏盟革委會，各盟、市、旗、縣、公社革委會，

內蒙各直屬單位。

共印二〇、〇〇〇份。

內蒙古自治區革委會辦公室祕書組

一九六九年七月十日發出

55.吳濤等同志接見內蒙軍區政治部學習班的講話（1969.07.06）

—根據七月六日在軍區大禮堂為司令部全體幹部職工家屬所放的記錄整理—

時間：七月六日晚十時至七月七日下午二時（共接見十六個小時）

地點：三〇師禮堂

出席者：內蒙軍區吳濤政委、劉華香副司令員、肖應棠副司令員、王弼臣副政委、郭雲昆政治部主任接見政治部學習人員

吳濤政委指示：

同志們！接受同志們批評教育，向受害者致以慰問！

首先感謝我們偉大領袖毛主席給受害者平反。

偉大領袖毛主席指出內蒙在清理階級隊伍中犯了擴大化的錯誤。內蒙的錯誤，偉大領袖毛主席是知道的，黨中央是知道的。同志們的平反是毛主席給平反的。毛主席對我們非常關懷。中央對內蒙作了數次指示，有的我們也不知道，當然現在才知道，我們堅決按毛主席指示，「24字」方針解決內蒙問題（讀24字方針）。

要加強團結，共同對敵，必須糾正錯誤，糾正錯誤必須批判錯誤，不批判錯誤，閉門思過不能就能錯誤。

犯了嚴重的逼、供、信，擴大化的錯誤，傷害了一部分自己的階級兄弟，給革命事業造成很大損失，給內蒙地區造成極為嚴重後果：打擊自己的階級兄弟，破壞了軍政關係，破壞了民族之間的關係，造成部分階級兄弟由於逼、供、信（而）非正常死亡，錯誤非常嚴重。必須給受害者徹底平反，政治上要恢復名譽，把挖內人黨黑材料當眾燒毀，自己寫的材料交給本人。批判錯誤必須把頭腦（裡）內人黨肅清。如果腦子（裡）認為別人是內人黨，就沒法相信他。平反的同志大部分要復職，除個別正職（要）安排以外，絕大部分要恢

復原職。對於死亡者是由於抓內人黨，逼、供、信造成非正常死亡（者），要給予「因公死亡」待遇。由於逼、供、信造成的死亡，（是）把自己階級兄弟誤傷造成。造成死亡，由於武鬥，逼、供、信是非常嚴重的錯誤。進行武鬥絕大多數人是好人犯嚴重錯誤。總理講對犯錯誤的人要總結經驗，吸取教訓。必須吸取教訓。逼、供、信是把資產階級的東西拿出來了，把封建的東西拿出來了，法西斯的東西拿出來了。犯錯誤的人必須總結經驗，吸取教訓。不總結經驗，不吸取教訓是不行的。對下不追究責任，主要責任我們負。擔必須總結經驗，吸取教訓，認識錯誤嚴重性，提高覺悟，這樣（就是）對他們不追究責任。如果沒有吸取教訓，怎麼能糾正錯誤？怎麼能團結？不追究責任，就是組織上不給處分，但對錯誤要有認識，（要）吸取教訓。

這場鬥爭我個人有嚴重錯誤：發現了逼、供、信，擴大化，為什麼不堅決制止。八月份（去年）錫盟、呼盟打人我追查時，但還不行，不能制止全軍區。鬥爭也不利，沒有堅持原則。

有些問題提法，口號，有當時聽到（的），有的是比較（晚）聽到的，說什麼內蒙古文化大革命以前，沒有兩條路線的鬥爭，只有烏蘭夫黑線。這是非常錯誤的。內蒙的天是毛澤東思想的天，廣大群眾是堅持毛澤東思想的，有人把內蒙幹部都推向烏蘭夫，說內蒙沒有兩條路線鬥爭，這是極端錯誤的⋯⋯。挖烏蘭夫黑線，提「挖肅」口號，中央批評這口號是非常混亂的。過去我們水平低，沒提出來。中央指出清理階級隊伍，就是把叛徒、特務、死不改悔走資派清除出去。打倒烏蘭夫完全正確，但說，烏蘭夫黑線又粗又長這都是擴大化的基礎。如說烏蘭夫黑線又細又短就不擴大化。明班子暗班子，沒兩條路線，只有烏蘭夫黑線，這完全是反毛澤東思想的，這在內蒙必然（要）打擊一大片。「共產黨支部就是內人黨支部」，說是謝副總理講的，謝副總理什麼時候說的？這有很大迷惑性，我就不相信。

「內蒙騎兵部隊是烏蘭夫部隊」，「內蒙邊防站是內人黨邊防站」，這樣就錯了。毛主席教導要相信兩個95%，有人就反對逼、供、信，有人講打死兩個沒有什麼了不起。「人命關天」呀！毛主席還教導「大部不抓，一個不殺。」這是什麼指導思想？

今年一月在招待所開會把保衛部長叫去，當張南生的面暴跳如雷，氣壯如

牛；現在批判錯誤，見見群眾膽小如鼠。過去暴跳如雷盛氣凌人啊！群眾是通情達理的。我接見四十多次，群眾非常通情達理的。

把我們的戰備計劃，汙衊是叛國計劃，這是政治上陷害。中央軍委開會那些地方小三線，研究（時）全體委員參加的，團以上都參加，這是革命的計劃。

一九六四年毛主席視察黃河，讓許多人參加工作，樊尚科參加，也有人參加，說樊尚科叛國計劃，什麼叛國計劃！那是保衛毛主席計劃。這些不能給你向群眾講。路都看了，這是革命計劃，保衛毛主席計劃，什麼翻出多少糧食！現在還儲存糧食，冤枉人啊！冤枉人啊！

說我也搞叛國計劃，是革命計劃。把德王埋的槍說成內人黨（的）槍，一月份開會非讓我看，我沒看，那不得了，指名讓我看，真有屬害的。我看（了）沒表態，人家不滿意呀！

我檢查自己，一沒堅持原則，沒堅持鬥爭，這是最大失職。鬥爭可能失敗多，可報中央。北京軍區我彙報了。中央沒彙報。同志們給我寫的信，受害者寫的信，我沒看都送中央了。

李希盛我明知道他是好人，當然李希盛有錯誤，但他是好人，我堅決肯定他。我（在）各種會議上說，（他）不能送（進學習班）。還送（了）。他有錯誤，在政治部開展批評我們都參加。結果送去了，遭毒打，搞什麼東西呀！怎麼搞（的）呀！六七年從北京回來，軍隊比較亂……（沒聽清），李希盛是內人黨有什麼證據呀！要平反的，對這些問題我想起來，（自己）犯錯誤，沒堅持原則，沒堅持原則。這是對打錯誤（插話……聽不清）。過去凡是跟著我在一起工作的人，都抓起來了，就是剩我一個了。他不敢抓，抓我要經過中央批准。這是什麼問題？把我最近（的）人都抓了，包括革命……（沒聽清），把我的祕書也抓起來了，現在這兩個祕書也快了，這是什麼問題？

我想對問題要吸取教訓，要吸取一九六七年教訓。總的我得負責，特別我要多負責。作為政委（我）不能糾正錯誤，就是失職。

怎麼辦？按毛主席教導，按二十四字方針解決問題。我們應該向前看，向前看我的心情非常愉快的，堅定信心的，如果光回頭看，都要總結經驗。那些事越講越有氣。越講越不好過，對那些要吸取教訓。向前看要加強團結，必須

按二十四字方針解決內蒙問題，加強團結，糾正錯誤，把好同志當內人黨打，怎麼團結？內蒙部隊、內蒙天是毛澤東思想的天，毛澤東思想照亮了內蒙古草原。烏蘭夫二十年罪惡很大，烏蘭夫打著紅旗反紅旗，他有影響，但不能和毛主席的威信在內蒙比。內蒙解放二十年，是毛澤東思想統治二十年。內蒙部隊同樣是中國人民解放軍一部分，別的說法都是汙衊。

內蒙軍區政治部是解放軍政治機關，黨的機關。說內蒙軍區政治部是黑窩子，是極端錯誤的，內蒙幹部同樣是毛澤東思想哺育的幹部。黨中央、毛主席信任我們的。那樣說內蒙軍區幹部80%不能用，那是錯誤的，反毛澤東思想的，這些必須從政治上肅清。這樣搞把自己解放軍、戰友傷害了，這樣就不行了。所以說要相信我們自己，和全軍黨一樣的。

共產黨支部不是內人黨支部，那種把共產黨支部說成內人黨支部（是）完全錯誤的。黨內有壞人，軍隊有壞人，但是畢竟是一小撮。我們平反給一大片平反。有人說一風吹！沒有，沒有！烏蘭夫、奎璧、吉雅泰沒吹。內蒙不存在一風吹，存在打錯了平反。

按主席教導，中央指示辦，總結經驗，加強團結，共同對敵。毛主席提出團結起來爭取更大勝利，是毛主席根據國際國內形勢提出來的。林副主席對團結都有一系列指示。當然團結在毛澤東思想基礎（上）團結，不能把人達成反革命不平反團結。在毛澤東思想（基礎上）團結，再一個必須糾正錯誤。不糾正錯誤，怎麼能團結？給予新人，糾正錯誤，才能團結。同時必須落實政策，落實政策才能團結。大敵當前，必須團結，有反美帝蘇修的任務。在烏蘭巴托北賽罕省敵人在搞軍事戰場準備，搞反華，發現一個較大軍事機關，這個機關比一、二年前都大，毛主席指示，防止敵人從北線打進來，必須加強團結，民族加強團結。毛主席的民族政策必須要貫徹，少數民族說本民族語言完全合法的，憲法規定的，不允（許）懷疑的。

團結問題必須帶有偉大戰略意義的，只有團結，才能糾正錯誤。團結犯錯誤的，絕大多數好人犯錯誤，包括改正錯誤。不能以擴大化反擴大化。不能抓兇手，軍隊打死51人不能抓，這個問題請示了總理。抓起碼抓五十一，全區抓多少？教育改正錯誤，允許犯錯誤。允許改正錯誤，不能推（向敵人方面）。把人民內部矛盾與敵我矛盾分開，對犯錯誤的人要實行「懲前毖後，治病救

人」，從團結願望出發，經過批判和鬥爭，達到團結。

「五‧二二」批示後，經過四十幾天工作，內蒙貫徹「九大」精神，按「五‧二二」批示作了很多工作。首先停止了擴大化，現⋯⋯（聽不清），過去一直反右，現在覺醒了，反「左」了。

加強各方面團結，兩個月前把我們同志打成反革命，就這麼團結？正在糾正錯誤，給好多同志平反，不當敵人看待，這就是增強團結。擴大化就不團結，把好多牧民、民族幹部打成反革命，那怎麼團結？

一元化傾導，民主集中制領導比以前好。以前獨斷專行，飛揚跋扈，各分區也有。

當然存在嚴重問題，是貫徹中央指示，落實政策還有很大阻力，有的地方不大，有的地方存在搶槍，武鬥。錫盟、巴盟我們正在採取措施。錫盟打死九人工代會一（？）人，梅花二人。我們派人做工作，還要派部隊去。

經濟主義妖風要制止。

上訪人員還沒有回去，下去串聯人沒回來。

革委會失靈。

中央為了解決內蒙問題，中央辦毛澤東思想學習班，真正的毛澤東思想學習班。去600人，按二十四方針解決內蒙問題。努力實現第一種可能，我們這樣作的。廣大群眾這樣作的。

同志們，在嚴重錯誤下，同志們被打成反革命，後果非常嚴重的。沒有堅決按毛主席指示辦事，這是對毛主席不忠（的）表現。現在加強戰備，解決問題，要走向工作崗位。

革委會提出來過去支左人員因被打成內人黨，回去的（指回軍區），如革委會政治部，現在歡迎支左人員回去工作，這是非常對的。

被誤傷的同志也要工作，加強團結，當然主要不在你們方面。很多同志回部隊和幹部戰士打成一片。部隊工作非常需要同志們回去，這樣才能真正落實政策，真正加強團結，共同對敵。

四十幾天做工作，仍然沒擺脫被動局面，被動那（裡）來的？是由於犯嚴重錯誤來的。沒有犯了嚴重錯誤還（是）主動的。

歡迎同志們的批判錯誤，打錯的平反。共產黨支部不是內人黨支部，要平

反，要恢復工作，要堅決落實政策。這時期工作被動，要和大家見見面。今後繼續這樣作。

（司令部學習班提出要求接見時）要見！要有安排。我天天接受教育，司令部，後勤部機關，巴盟我們都準備一見。

大家要支持革委會工作，支持軍區工作。

由於逼、供、信造成非正常死亡的子女，黨組織負責，培養成人。好了，講這些，完了。

（請劉副司令員指示）：

劉華香副司令員：

同志們，我簡單發表一點一見：

首先向受害同志表示賠禮道歉！

這一次擴大化的錯誤，逼、供、信是嚴重的錯誤、我們軍區黨委、常委完全負責任。我也有責任，有很大的責任。（對）同志們（的）批評表示誠懇接受。昨晚到現在我受（到）很大教育，生動的一課。對不起受害者。

我一九五二年來到內蒙軍區到現在十七年，沒能和這個嚴重錯誤作鬥爭，把好同志打成內人黨，我們（要）很好檢查。作一個沉痛（的）經驗教訓。（今後）不犯錯誤，好好學習毛主席著作，希望同志們能對我監督。死51個，（是）歷史上沒有的，非常嚴重。我表示接受同志們批評。

肖應棠副司令員：

向受害家屬、受害者表示問候，賠禮道歉。

同志們對我的批評、幫助完全接受。文化大革命前一段翻了方向路線錯誤。前一階段清理階級隊伍沒按毛主席指示，犯了逼、供、信，擴大化錯誤，把敵情估計過高了，把許多好同志打成敵人了。希望同志們對我嚴屬批評。使我很快認識錯誤，改正錯誤，團結起來，共同對敵，和同志們戰鬥在一起，把保衛任務搞好，改正錯誤，希同志們批評。

這裡吳政委作指示，按吳政委指示作好……（質問，一直聽不清）。

王弼臣副政委：

同志們，時間關係，表一表態。

我誠懇接受衷心感謝受害同志和家屬批評、教育。

前一階段批了嚴重逼、供、信，擴大化錯誤，對不起大家，向大家賠禮道歉。

前一階段犯的錯誤嚴重的，我個人負很重要責任。教訓深刻的，個人毛澤東思想水平不高，世界觀沒有徹底改造。不能用毛澤東思想對待一切。個人說過一些錯話，作過一些錯事。

對社會要調查研究，發現問題糾正上很不利。對擴大化問題，逼、供、信，經過一段時期發現了，常委會上我提出過自己見。如對專案辦公室，我去年十一月前，發現清理階級隊伍，專案辦公室有問題。常委領導專辦，還是專辦領導常委？我提出過四次一件：第一次……第二次……第三次……第四次……（口音聽不清），把保衛部李部長當第一副主任，我提出來，沒有人擁護。

「五·二二」批示前，我提出過專案辦公室不改組，我不通過。專案辦公室不改組問題，我正式向常委提出意見，我管不了。我到北京軍區專門談過這個事……（均聽不清）

56.康修民同志在錫盟各旗縣上訪團彙報會上的講話（1969.07.13）

（一九六九年七月十三日夜在地質局禮堂）

同志們：

我看今天咱們先達成一項協議，怎麼樣？中央有個規定，像我們這樣一些人講話，不能錄音的，中央有規定的，希望我們今天不要錄音了，咱們按中央的指示辦事。

今天我們這個會開的時間很長。雖然時間很長，但是我們了解同志們還有很多話要說，沒有來得及說，有話想說的還可以書面材料，交給我們看，我們一定認真看，用嘴說就叫話，寫出文章就是材料，文字材料一念就是話了，希望同志們有話想說沒說的，還可以寫材料。

我們今天這個會，不是自治區革委會一定的負責同志來接見的會，不是這樣的會。叫接見這個字眼呀，只能是中央的領導同志可以用。像我們這樣的一些人，不能對自己的階級弟兄，自己的同志叫作「接見會」，不能這樣叫囉。我們是有不同程度的缺點錯誤的人，我們來到這裡，是聽取大家的意見，聽取大家的批評，接受大家的教育的。

在今天這個會上，有許多同志發了言，發表了意見，對我們的工作進行批評，使我們受到了很大教育，感謝同志們。

在五月中旬，自治區革命委員會核心小組的同志們，到了北京，中央政治局的同志，中央的領導同志接見了自治區革命委員會核心小組的同志們。以毛主席為首林副主席為付的黨中央，中央政治局的同志們，都已經明確地指出了蒙族的廣大革命人民是忠於毛主席的！這是黨中央、毛主席、毛主席為首的無產階級司令部對我們蒙古民族的莫大關懷，莫大的鼓舞，莫大的信任。我們相信，我們蒙古族的廣大革命人民一定會在偉大領袖毛主席這樣關懷信任下，更好地加強蒙漢民族的團結，各個民族的團結。

在前一段的工作當中，內蒙古自治區的領導上在「左」傾思想指導下犯了

嚴重的逼供信和擴大化的錯誤，在清理階級隊伍當中，犯了這樣的錯誤，造成了嚴重的後果。我們對不起那些受迫害的同志們，對不起那些受害的同志們，對不起我們廣大的革命群眾，今天我們代表革命委員會向我們受害的同志賠理道歉。

我們偉大領袖毛主席「五‧二二」批示下達以後，中央對內蒙當前的工作指示下達以後，我們內蒙各族廣大革命人民群眾遵照著偉大領袖毛主席和黨中央的教導，進行了大量的工作，在糾正前一段所犯的錯誤，消除前一段錯誤所造成的嚴重後果這些方面，都取得了很大成績。

由於自治區領導上過去犯了錯誤是嚴重的，這個後果不是一下子就能消除的。也由於我們工作的不力，工作上也還有些缺點和錯誤，所以現在貫徹中央指示，貫徹偉大領袖毛主席的指示，貫徹中央指出的二十四字方針，都還是不夠有力的，在糾正錯誤、落實政策，貫徹二十四字方針這些方面，還都存在著很大阻力。我們相信，在偉大領袖毛主席和黨中央的英明領導下，這些阻力一定能夠克服的！

我們當前的任務是堅決貫徹「九大」精神，堅決落實偉大領袖毛主席的「五‧二二」批示，切實貫徹執行中央對內蒙當前工作的指示，切實貫徹執行二十四字的方針，我們力爭第一個可能、力避第二個可能。

不久以前，周總理明確指出，內蒙在前一階段狠抓了糾正錯誤，落實政策，這點是有成績的，在當前特別要狠抓加強團結，共同對敵，這是大方向。我們一定要按照周總理的指示，繼續糾正錯誤，落實政策，要狠抓住加強團結，共同對敵這個大方向去開展工作。我們內蒙這個地方地處祖國北部邊疆，是反蘇蒙修的邊防前哨，就更應該強調加強團結，共同對敵。蘇蒙修勾結美帝國主義聯美反華，多次在中蘇邊境上進行挑釁，現在正在加緊侵略活動，一面不斷製造邊境事件，一面加緊進行著侵略，不斷進行大規模侵略活動。在這種情況下，我們各族革命人民也必須加強團結，共同對敵。我們的仇恨要集中到美帝身上去，集中到蘇修蒙修身上去，集中到劉少奇身上去，集中到烏蘭夫身上去，集中到叛徒、特務、死不改悔的走資派、沒有改造好的地、富、反、壞、右和各種反革命份子身上去，集中到各種反動派身上去。要加強團結，共同對敵，就必須繼續糾正錯誤、落實政策，全面地貫徹執行二十四字的方

針。下邊我說些具體問題，同志們提出來很多意見，根據這些意見說一些具體問題。

第一個問題，就是迅速收繳錫盟被搶去的武器彈藥，制止武鬥。不管那一派搶奪部隊的武器、彈藥、都是不能允許的。一定要認真貫徹執行「六・六」通令，「九・五」命令、「七・三」佈告和「七・二四」佈告，堅決不允許搶奪部隊的武器，一定要把武鬥搞臭！內蒙古自治區革命委員會和中國人民解放軍內蒙古軍區已經派了軍區的付參謀長樊尚科和自治區革命委員會常委那順巴雅爾同志到錫盟去解決收繳武器，制止武鬥問題去了。我們相信，錫盟的革命群眾組織，錫盟的各族廣大革命人民群眾一定會同樊尚科同志、那順巴雅爾同志共同努力把收繳武器，制止武鬥的問題解決好。我們知道，來訪的牧民同志們過去沒有參加搶奪部隊武器，沒有參加武鬥，並且今後繼續不參加搶奪部隊武器的這種錯誤行動，不參加武鬥這種錯誤的行動，同志們，你們這樣做和今後繼續這樣做，都是對的，都是好的。

第二個問題，堅決繼續糾正錯誤、落實政策。在清理階級隊伍當中被誤傷的好同志，首先是對於錯打成「內人黨」的同志，包括雖有這樣那樣的錯誤，但仍屬人民內部矛盾的人被打成「內人黨」的都必須堅決、迅速、徹底予以平反，恢復名譽！在反高錦明所謂右傾機會主義路線，在反所謂「九月暗流」當中被扣上各種政治帽子，或者被停職，被吐出這樣的同志都必須堅決、迅速、徹底予以平反，恢復名譽。

凡是革委會工作的同志，無論是革命委員會的領導成員或者是工作人員，平反以後都要復職，或者另行分配相應的適當的工作。錫盟革命委員會有幾個常委同志，這次都是誤傷了的，今天我在這裡代表自治區革命委員會宣佈給予下列幾名同志平反，平反以後，嘎拉增同志原來是常委、核心小組成員，恢復核心小組成員的職務，原來是革委會的常委，恢復革委會常委的職務，原來是政治部主任，恢復政治部主任的職務。馬克勤同志原來是常委，恢復常委職務。賽音特古斯同志原來是常委，恢復常委的職務。潘福錦同志照常工作，楊小舟同志被遊鬥了，我們對不起這位同志，向這位同志賠理道歉，平反，原是錫盟革委會常委，照常擔任常委的職務。向以上這幾位同志賠理道歉（康鞠躬行禮）。請以上幾位同志到臺上來。（熱烈鼓掌，口號）關於高萬寶扎布的問

題，同志們提出了很多意見，我們一定要重視同志們的意見，我們一定抓緊時間研究，迅速落實有關問題，在短時間內按毛主席的政策作出正確的決定，向大家公佈。

革命群眾組織被打成反革命組織的一律平反，恢復名譽。凡是被整、被錯關押的同志都要按照毛主席的政策，應該放出的都要放出來。在平反工作中，被平反的同志本人寫的材料都要發給本人，整這些同志的材料都要當眾銷毀，這些材料都不准轉移、複製。

被誤傷致死的好人都按黨的政策給予撫恤，被打致傷的同志都按政策給這些同志把傷治好。撫恤和治療費的開支問題，內蒙革委會不久要發一個統一辦法，凡平反、撫恤、治療，按我們制定的辦法在全內蒙範圍內都必須遵照執行。被誤傷的好同志在被揪鬥期間和揪鬥後損失的財產，要按政策給予賠賞。不是牧主的被錯劃成牧主的要改正過來，被沒收的財產要退還。阿巴嘎旗現廠會是革命的會議，不是黑會，不是內人黨會！

第三個問題，加強各級革委會的工作，革命人民群眾都要支持各級革委會的工作。

第四個問題，要正確對待犯錯誤的同志，對「左」傾嚴重錯誤思想指導下犯的擴大化和逼供信錯誤的同志，要按照偉大領袖毛主席教導「團結——批評——團結」對待，要按照偉大領袖毛主席「懲前毖後」的方針辦事。

第五個問題，軍宣隊、工宣隊、貧宣隊他們都做了大量的工作，是有成績的，有的是做出了出色成績的。軍宣隊在三支兩軍工作中，是立了新功的。由於我們自治區領導犯了錯誤，他們有的是抵制的，就是有的執行了一些，責任由自治區領導上承擔，就行了，讓他們總結經驗、改正錯誤、認真落實政策就行了，不要追究他們的責任，不准揪小滕海清。

第六個問題，堅決擁護偉大的中國人民解放軍。中國人民解放軍是毛主席親手締造的，林副主席親自指揮的，是偉大的中國人民軍隊。中國人民解放軍在三支兩軍中是立了新功的。偉大領袖毛主席教導我們：「沒有一個人民的軍隊，便沒有人民的一切。」我們相信偉大的中國人民解放軍，要向解放軍學習，要搞好軍民團結。不准衝擊軍事機關，部隊駐地，不准到軍隊揪人。

第七個問題，各革命群眾組織都要遵照偉大領袖毛主席教導，搞好革命大

聯合。

第八個問題，要認真搞好鬥批改，抓革命、促生產、促工作、促戰備，就地鬧革命，業餘鬧革命，節約鬧革命，盡量減少上訪。錫盟有很長的邊界線，是很重要的邊防，希望同志們把問題提出來，我們盡可能把解決的問題解決。希望同志們盡快地回到本地區就地鬧革命，抓革命、促生產。錫盟各旗縣的問題，我們相信錫盟革委會能按中央的政策，按照毛主席的教導、解決好的。

第九個問題，人民公社、牧場、生產大隊、生產隊的領導權要由貧下中農（牧）來掌握。貧下中農（牧）的同志們，要按照毛主席的教導加強團結，團結一切可以團結的力量。下鄉知識青年應遵照偉大領袖毛主席教導，很好的接受貧下中農（牧）的再教育。

第十個問題，是一個很重要的問題。我們一定要遵照偉大領袖毛主席教導，加強民族團結。各民族都要遵照偉大領袖毛主席教導，更好地加強團結，加強各民族的團結，共同對敵，爭取更大的勝利。

讓我們共同高呼：……（略）……

我今天在此對大家提的問題說這些意見，不妥的地方希批評。

57.中國共產黨中央委員會佈告（1969.07.23）

中共中央文件

各省、市、自治區革命委員會、各大軍區、各總部、各軍、兵種、各野戰軍、各省軍區、各軍分區、各縣人武部：

現在將我們偉大領袖毛主席親自批准的七‧二三佈告發給你們，希望大量印發，組織同志們認真學習，堅決執行，並且在群眾中廣泛宣傳，做到家喻戶曉，但不要廣播，不要登報。

中國共產黨中央委員會
一九六九年七月二十九日

附毛主席批示照辦的中共中央七‧二三佈告全文

毛主席批示：照辦。

中國共產黨中央委員會佈告

中國共產黨第九次全國代表大會以來，在偉大領袖毛主席關於「團結起來，爭取更大的勝利」的號召鼓舞下，全國形勢大好。山西省同全國一樣，形勢也是好的。但是，在太原市、晉中、晉南的部分地區，混在各派群眾組織中的一小撮階級敵人和壞頭頭，利用資產階級派性，蒙蔽一部分群眾，抗拒執行中央歷次發佈的通令、命令、通知和佈告，犯了一系列及其嚴重的反革命罪行：

一、組織專業武鬥隊，搞打、砸、搶、抓、抄，危害人民生命財產安全，破壞社會革命秩序。

二、抗拒實行中央決定的革命大聯合、革命三結合的方針，破壞已經實現

革命大聯合、革命三結合的革命委員會，另立山頭，製造分裂，提出「武裝奪取政權」的反革命口號，向無產階級進行反奪權。

三、衝擊人民解放軍機關、部隊，強隊人民解放軍的武器裝備，毆打、綁架、殺傷人民解放軍指戰員。

四、破壞鐵路、公路、橋樑，武裝襲擊列車，搶奪交通工具，搶劫旅客財務，危害旅客生命安全。

五、搶佔國家銀行、倉庫、商店、私設銀行，搶劫國家大量資財。

六、用武力強佔地盤。構築武鬥據點，實行反革命割據，殘害人民群眾，向群眾敲詐勒索，派糧派款。

七、煽動，威脅工人停工停產，煽動農民進城武鬥，破壞工農業生產和國家計劃。

中央認為，這一小撮階級敵人和壞頭頭破壞落實「九大」提出的各項戰鬥任務，破壞無產階級專政，破壞無產階級文化大革命，破壞社會主義建設的罪行，是違反廣大人民利益的，山西廣大人民極為痛恨。為此，中央決定：

一、中央重申過去發佈的「七‧三」「七‧二四」佈告和其他通令、命令、通知，任何組織和個人都要堅決、徹底、全部地執行，不許違抗。

二、雙方立即無條件停止武鬥，解散各種形式、各種名稱的專業武鬥隊，排除一切武鬥據點，上交一切武器裝備。凡放下武器的，或回原單位，或由解放軍進行集中訓練。

武力強佔地盤、拒不執行本佈告、負隅頑抗者，由人民解放軍實行軍事包圍，發動政治攻勢，強制繳械。逃跑流竄者，由人民解放軍實行追捕，歸案法辦。

隱藏、轉移武器、利用國家的工廠和物資私造武器的行為，都是嚴重的犯罪，必須依法論處。

三、解放軍的武器、彈藥、車輛和其他裝備物資，一律不准侵犯。

搶奪解放軍的一切裝備，必須無條件地全部退回。對挑撥軍民關係的階級敵人，要給予堅決打擊。

四、立即無條件恢復鐵路、公路交通運輸、撤消同蒲路南段非法的「三‧一八次」列車。

衝擊車站，襲擊列車，破壞鐵路、公路運輸，搶劫車站物資、車輛，搜查、搶奪旅客財務，都是土匪行為。對極少數壞頭頭和反革命分子，要逮捕法辦。

五、銀行、倉庫、商店等國家財產，任何人不得霸佔、搶掠。要嚴辦搶劫國家財產的主犯，追回搶劫國家的一切物資和資金。

六、對殺人放火和其他罪大惡極的現行犯罪分子，應當發動群眾檢舉；對確有證據者，要列出他們的罪行，交給當地群眾家家戶戶討論，並依法懲處。

七、對煽動、威脅職工離開生產和工作崗位的壞人，必須依法懲辦。至於一般受欺騙而離開生產和工作崗位的群眾，應進行教育，動員他們回本單位抓革命、促生產、促工作。自佈告公佈之日起，逾期一月不回工廠生產、不回機關工作者，工人、支援停發工資、如繼續頑抗，長期不回者，責成山西省革命委員會視情況給予紀律處分，直至開除。

對回本單位的人應當歡迎，保證其人身安全，不許歧視和打擊報復。如加迫害，必須追究責任，嚴肅處理。

八、凡分裂革命大聯合、破壞革命三結合的行動，另立的山頭，一律都是非法的，中央概不承認。重新拉起的隊伍，都要立即解散，實行歸口大聯合。

黨的政策歷來是：坦白從寬，抗拒從嚴，首惡必辦，脅從不問，受蒙蔽無罪，反戈一擊有功。兩派中的壞人，由兩派群眾各自清理。要執行毛主席的無產階級政策，嚴格區分兩類不同性質的矛盾，團結一切可以團結的力量。對一小撮敵人要堅決打擊，同時也要執行毛主席的「給出路」的無產階級政策。

中央相信，山西兩派群眾都是革命的。中央號召山西的工人階級、貧下中農和廣大革命群眾、革命幹部，更高地舉起毛澤東思想偉大紅旗，在山西省革命委員會的領導和人民解放軍的支持下，認真落實「九大」提出的各項戰鬥任務，發展、鞏固革命大聯合和革命三結合。奪取無產階級文化大革命和社會主義建設的更大勝利！

一九六九年七月二十三日

內大革命委員會
駐內蒙古大學工宣隊翻印

58.關於進一步貫徹落實「九大」精神和毛主席 「五‧二二」批示及中央對內蒙當前工作 指示公告（1969.07.24）

內蒙古自治區革命委員會文件

內蒙革發〔69〕200號

在黨的「九大」精神和偉大領袖毛主席「五‧二二」批示的光輝照耀下，我區各族革命人民高舉毛澤東思想偉大紅旗，在糾正錯誤、落實政策方面，取得了很大成績，形勢大好。但是，我們的工作做的還不夠，問題還不少。為了進一步貫徹落實「九大」精神和毛主席「五‧二二」批示及中央對內蒙當前工作的指示，**「團結起來，爭取更大的勝利。」**特發以下公告：

一、加強團結，共同對敵。這是我區當前運動的大方向。

我區地處邊疆，蘇蒙修正主義叛徒集團正在加緊勾結，配合美帝，瘋狂反華，連續進行軍事挑釁，陰謀侵犯我國。我們一定要加強戰備，保衛社會主義祖國，一定要把好祖國的北大門！這是全區各族人民的主要任務。大敵當前，加強團結尤為重要。沒有團結就沒有革命，沒有革命就沒有勝利。一切言論和行兇都要緊緊圍繞這個大方向，決不要做親者痛、仇者快的事。

前一段自治區革委會在清理階級隊伍中，犯了嚴重的逼供信和擴大化錯誤。這是新生革委會工作中的錯誤，是人民內部矛盾，在糾正錯誤時，必須堅持**「團結──批評和自我批評──團結」**的公式，要以團結為前提，從團結的願望出發，**「懲前毖後，治病救人」**，糾正錯誤，落實政策。不同觀點的群眾，都要從大局出發，以團結為重，不利於團結的話不說，不利於團結的事不做，要求大同、存小異，不斷用毛澤東思想克服各種錯誤思想，鞏固和發展革命的大聯合，各級領導和當地駐軍，要積極引導廣大革命群眾，認清當前國際形勢，增強戰備觀念，在城市、農村、工廠、機關、學校，都要造成一個團結對敵的濃厚氣氛，把仇恨集中到美帝、蘇（蒙）修和叛徒、內奸、工賊劉少奇及其在內蒙的代理人烏蘭夫等一小撮階級敵人身上。

二、要繼續認真地落實毛主席的各項無產階級政策。

全區各地和各單位，都要堅定不移地、不折不扣地貫徹執行偉大領袖毛主席「五‧二二」批示中和中央對內蒙當前工作的指示，並按照自治區革委會和內蒙古軍區六月九日發出的165號文件精神，落實政策，做好在前一時期清理階級隊伍工作中被錯打成「新內人黨」（包括錯打成其他反動組織的成員和錯戴上其他政治帽子的）的同志的平反工作和善後處理工作。對於被錯打的同志平反以後，應在政治上充分信任他們，以加強團結。被錯打了的同志在平反以後，也要積極主動地與其他同志團結起來，去爭取更大的勝利。

三、偉大領袖毛主席教導我們：「**革命委員會好**」。全區無產階級革命派和各族革命群眾、各地駐軍，要大力支持各級革命委員會的工作，維護革命委員會的權威，積極協助各級革委會創造「**緊張而有秩序的工作**」條件。前一段在自治區領導同志的「左」傾錯誤影響下，有些革委會也跟著犯了程度不同的錯誤，責任主要由自治區革委會領導上承擔。廣大革命群眾對他們應從愛護、支持的態度出發，幫助他們總結，吸取教訓，迅速落實黨的政策。

當前，有少數人任意衝擊革委會，圍攻、毆打革委會工作人員，隨便進駐革委會辦公室，甚至搶、砸、封革委會文印、檔案、財務等，使有些革委會不能正常工作。這都是錯誤地，都是不符合毛澤東思想的，都應立即制止，堅決糾正。既往不咎，今後再發生類似問題，則必須予以追究。

革委會要實行一元化領導，糾正錯誤，落實政策的工作，必須在革委會領導下進行，各級革委會的工作人員，都應活學活用毛澤東思想，堅守崗位，行使職權，正確對待群眾，加強同群眾的聯繫，在當前的大風大浪中經受鍛鍊，加強自身的思想革命化。

四、工人階級進入上層建築各個領域領導鬥批改，這是我們偉大領袖毛主席二十世紀六十年代的又一偉大創舉，這是一個新生事物。工人、解放軍毛澤東思想宣傳隊，是在偉大領袖毛主席的號令下，進駐學校和其他上層建築各個領域以來，狠抓宣傳毛澤東思想，狠抓階級鬥爭，做了大量工作，取得了重大成績。在前一段清理階級隊伍中，因受「左」傾思想的影響，有的也做了一些錯事，責任由自治區革委會領導上承擔，工人、解放軍毛澤東思想宣傳隊是沒有責任的。一個新生事物在前進中出現這樣那樣的缺點、錯誤是難免的，決

不許藉故圍攻、揪鬥工宣隊、軍宣隊，或把工宣隊誣之為「×××御林軍」、「×××御用工具」等等。在糾正錯誤的過程中，必須充分注意，嚴格防止以擴大化反擴大化。

工宣隊、軍宣隊經過一段學習、調整後，要抓緊對所進駐的上層建築領域中各單位的鬥批改的領導工作，充分發揮工人階級的領導作用，並且在鬥爭中不斷提高自己的政治覺悟。

各級革委會和軍事機關要加強對所派出的工宣隊、軍宣隊的領導。

五、減少上訪人員。為了貫徹執行中央關於就地鬧革命、節約鬧革命、業餘鬧革命的指示，各地上訪人員都應盡快返回本地區、本單位去。落實政策，解決問題，都必須一個一個單位地去做，都要依靠在本單位解決。確實需要到上級革委會陳述集體性意見的，也只能派少數代表，同時，在反映情況和要求解決問題過程中，要聽從革委會關於接待時間的統一安排和解決問題的步驟和辦法。今後屬要求解決個人問題者，主要應由本單位處理和解決，非上訪不能解決者，也只限本人或其家屬。對於現在已經擅自離開自己的工作或生產崗位者，有關單位革委會有權規定適當時間，限期返回，過期不歸者，要以曠工處理，今後凡是無辜擅自離開工作和生產崗位者，要一律停發工資。

六、立即收回各群眾組織派下去的串聯人員。各群眾組織的串聯人員，在文到之日起五日內返回。各地革委會和駐軍應動員他們回來，勸說無效者，由各地革委會和駐軍就地把他們集中起來辦學習班，爾後送回。

必須堅持革命大聯合，堅決執行偉大領袖毛主席關於「**各工廠、各學校、各部門、各企業單位，都必須在革命的原則下，按照系統，按照行業，按照班級，實現革命的大聯合，以利於促進革命三結合的建立，以利大批判和各單位鬥批改的進行，以利於抓革命、促生產、促工作、促戰備。**」的指示，堅決反對重拉隊伍，另立山頭，搞資產階級派性活動。對於文化大革命運動中已經解散的群眾組織，現在又成立起來的一律不予承認。對於在這次糾正錯誤中組織起來的「聯絡站」，「戰團」等組織，也應迅速解散。

七、各級革委會和廣大革命職工要努力搞好「**抓革命，促生產**」。目前，我區有些地方若干工農業生產處於停頓和混亂狀態，必須迅速改變，特別是一些停了產的工廠，必須立即恢復生產。交通運輸工作要保證正常進行，並努力

提高運輸效率。在抓好生產的同時，也要抓好人民生活。負責組織生產、管理人民生活的部門和職工，在任何情況下，都要以毛澤東思想掛帥，主動克服困難，保證生產的正常進行，保證人民群眾的正常生活。

要嚴厲打擊經濟主義妖風。關於工資福利問題，職工的復職復工問題，修改合同工、臨時工的規定和從鄉村返回城市等，目前，一律不予解決。各級革委會和廣大革命群眾都必須堅決貫徹執行中共中央在一九六九年一月十一日關於反對經濟主義的同志，「在經濟問題上，過去有些不合理的東西，中央將在無產階級文化大革命中進行調查研究，吸取群眾的合理意見，提出解決的辦法。在中央沒有提出新的辦法以前，暫不變動。」目前，這一方面的一些問題，需要在我們前一時期在清理階級隊伍中所犯的錯誤得到糾正之後才能著手解決。各地各單位的革命職工相信領導上回逐步合理解決的，對於少數人因要求解決這些問題而採取圍攻、毆打革委會領導人員的做法是錯誤的，應加強教育並防止壞人挑撥破壞革命，破壞生產。

八、「**加強紀律性，革命無不勝**」。要在廣大幹部和職工群眾中，開展加強組織紀律性的教育，要反對無組織無紀律，反對無政府主義，反對極端民主化。提倡集體主義，提倡集中統一，提倡革命性、科學性、組織紀律性。「**紀律是執行路線的保證**」，要以表現好人好事為主，同時對違犯紀律屢教不改的要嚴格執行紀律。要把加強組織紀律性，提到在無產階級專政下繼續革命的高度來認識，提到忠於毛主席，忠於以毛主席為首、林副主席為副的黨中央的高度來對待。強調全黨必須服從統一的紀律，全黨必須服從中央。

九、加強無產階級專政和社會治安工作。嚴厲打擊階級敵人乘機進行破壞活動和翻案活動。堅決執行中央六・六通令、七・三佈告、七・二四佈告。堅決反對打、砸、搶、抄、抓，更不允許搶奪人民解放軍的武器。各級革委會要對廣大群眾遵守國家法律、法令的教育。各級公檢法軍管會要嚴格履行自己職務，對於各種違法行為，必須依法懲處。

十、堅決做好「**擁軍愛民**」工作。偉大的中國人民解放軍，是毛主席親自締造、林副主席親自指揮的保衛偉大祖國的鋼鐵長城，在偉大的無產階級文化大革命運動中建立了豐功偉績，各級革委會、各族革命人民必須相信、依靠、學習偉大的中國人民解放軍，支持、幫助解放軍的「三支、兩軍」工作，任何

人決不能做損害解放軍威信事情。

人民解放軍「三支、兩軍」人員和工人、解放軍毛澤東思想宣傳隊，要高舉毛澤東思想偉大紅旗，模範地帶頭執行「五‧二二」批示，積極認真地做好不同觀點的群眾的思想政治工作，像八三四一部隊一樣對不同觀點的群眾，實行「三個原則」、「九個一樣」，一碗水端平。團結起來，爭取更大的勝利。

內蒙古自治區革命委員會

中國人民解放軍內蒙古軍區

一九六九年七月二十四日

（可以張貼，但不要登報，不要電臺廣播）

內蒙古自治區革命委員會辦公室祕書組

一九六九年七月二十五日發出

共印二〇、〇〇份。

59.中央學習班辦公室主任聶濟峰同志接見 權星垣等同志講話精神（1969.07.25）

最高指示

辦學習班是個好辦法，很多問題可以在學習班得到解決。

中央學習班辦公室主任聶濟峰同志接見權星垣等同志講話精神

（權星垣同志十一日傳達）

內蒙辦學習班是第二次，第一次是高碑店學習班，這也是全國第一個學習班，解決文化大革命初期所發生的問題。後來毛主席說：「辦學習班，是個好辦法，很多問題可以在學習班得到解決。」的最新指示發表，全國大量的辦。這是革委會成立之前，主要解決革命的大聯合三結合問題。現在辦學習班是九大之後，內蒙辦學習班是毛主席林副主席批准的。主席對各省市自治區三京辦學習班很關懷，這是落實毛主席最新指示的革命措施，是毛主席偉大戰略部署。要落實九大精神，解決內蒙的矛盾。

學習班領導小組問題

學習班教導小組是為學員服務，向黨負責，做學員工作。

中央學習領導小組組長是林副主席，副組長是陳伯達、康生、江青、黃永勝。成員有謝富治、姚文元等，實際上是中央政治局負責。內蒙班具體負責的是謝富治、黃永勝、葉群、吳法憲、李德生五同志。中央領導小組下有辦公室協助工作。

中央很關心內蒙，不能再繼續亂下去了。為辦好學習班做好準備，要有計劃，現在要著手考慮。你們比較了解情況，也可能與中央要求有差距，要通過

現象看到本質。要調查研究，學習班總人數有多少？都是什麼情況？為什麼觀點不一致？爭論實質是什麼？必須摸準，要摸得準、深，才能解決好，否則結局不好。

學習班的目的和任務

從根本上要做到用毛澤東思想統帥一切，解決好永遠忠於毛澤東思想，毛主席革命路線的問題。具體應用毛澤東思想解決內蒙擴大化問題，解決無產階級專政條件下繼續革命的問題，解決整黨建黨問題，解決黨的組織紀律問題，解決團結對敵問題，抓住了這些問題就抓住了大方向，要高舉「九大」團結起來，爭取更大的勝利的旗幟，把學習班辦成團結勝利的█████████[1]「五統一」，用毛澤東思想統帥一切。

學習班的方法和步驟

方法就是：「活學活用、群眾路線」八個字。學習班不要怕亂，矛盾的雙方都來，把矛盾帶來才能解決，關門鬧「四大」，一種觀點就解決不了問題。要把大家的思想提高到「九大」的水平，上升到「九大」水平才能解決內蒙問題，就事論事解決問題落後了。告狀材料送辦公室，保證送到中央。學習班的步驟：（1）帶著問題學文件；（2）提出問題聽中央首長指示；（3）座談討論，提高認識；（4）鬥私批修，從世界觀解決問題。這幾個步驟是互相穿插、反覆深入地進行。中央首長什麼時候接見指示，看你們能不能提出問題，提得准不准，這叫爭取教導，當然中央會接見的。

學習班要有臨時黨委負責整黨建黨工作，這個不能強調「三結合」，不必人多，3-5人就可以了。共產黨員帶頭學號，號召大家做到名副其實的共產黨員，通過這個解決黨的領導問題。

時間大約二個、三個月，希望你們在國慶節解決問題，否則國慶節怎麼觀禮呀！內蒙地處人們反修前線，亂的時間長了不好。這期學習班老同志是第二

---

[1] 編按：此處史料辨識不清，以█代替。

次進「抗大」，年輕同志是第一次住「抗大」，把這次學習班要辦成等於住一期黨校。先來的要歡迎後來的。

內蒙師院東縱翻印

69.7.25

60.關於執行內革〔69〕186、189號文件中幾個 具體問題的補充通知（1969.07.30）

內蒙古自治區革命委員會文件

內蒙革發〔69〕204號

各盟、市、旗、縣、公社革委會，內蒙直屬各單位：

各地在執行內蒙革發〔69〕186、189號兩個文件中，關於對在前一階段清理階級隊伍中誤傷的貧下中農（牧）、學生、城市貧民、下鄉知識青年治療問題，提出了一些意見。經研究作出如下補充通知：

一、關於撫恤、喪葬、治療的範圍、標準，應按內蒙革發〔69〕189號文件附件執行。

二、所需經費，自治區已籌集專款下達，各盟市要具體安排，嚴格掌握使用，不能與正常的民政事業費混淆。

三、對於來內蒙古自治區上訪的人員中，有關醫療費方面的問題，由內蒙革委會接待站規定負責處理。

內蒙古自治區革命委員會

一九六九年七月三十日

內蒙古自治區革委會辦公室祕書組

一九六九年七月三十一日發出

共印二〇、〇〇〇份。

61.關於堅決貫徹執行中共中央關於變更內蒙古自治區行政區劃的規定的通知（1969.07.30）

內蒙古自治區革命委員會文件
內蒙革發〔69〕206號

最高指示

備戰、備荒、為人民。國家的統一，人民的團結，國內各民族的團結，這是我們的事業必定要勝利的基本保證。

團結起來，爭取更大的勝利。

關於堅決貫徹執行中共中央關於變更內蒙古自治區行政區劃的規定的通知

各盟市、旗縣、公社革委會，並報北京軍區、中央：

一、為了便於領導和加強戰備，經偉大領袖毛主席、林副主席批准，決定把我區東、西兩段部分行政區劃作跨區調整，即：東段的呼倫貝爾、哲里木、昭烏達三盟全部劃歸東北；西段的巴彥淖爾盟的額濟納旗、阿拉善左旗、阿拉善右旗劃歸甘肅、寧夏，這是非常英明的決定。我們堅決擁護，堅決照辦。

二、根據中央決定，北京、瀋陽、蘭州軍區一九六九年七月十七日至二十三日在北京共同召開了變更內蒙古自治區行政區劃的交接會議。會議在認真學習、深刻領會中央這一英明決策的基礎上，對交接事宜進行了充分討論，並一致通過了「關於變更內蒙古自治區行政區劃交接工作會議紀要」。「紀要」規定：

「根據中央的規定精神，經與有關方面協商，將呼倫貝爾劃歸黑龍江省，其中突泉縣和科爾沁右翼前期劃歸吉林省的白城專區。哲里木盟劃歸吉林省。昭烏達盟劃歸遼寧省。巴彥淖爾盟的額濟納旗和阿拉善右旗劃歸甘肅省，阿拉

善左旗劃歸寧夏回族自治區。阿拉善右旗的局部調整，由蘭州軍區會同甘肅省、寧夏回族自治區革委會商定。」

「按著一九六九年國民經濟計劃，內蒙古自治區原計劃分配到移交地區的生產、基建、物資及工礦企業的勞動指標，繼續執行。一九六八年前財政決算中遺留的問題，由內蒙古自治區負責解決。一九六九年財政計劃，按原定計劃移交。」

「會議商定，從現在起，接收單位即開始對移交單位實行全面領導，各項交接工作力爭在八月十五日前完成，」

由北京、瀋陽、蘭州軍區共同召開的變更內蒙古自治區行政區劃的交接會議，是一次具體貫徹執行「中共中央關於變更內蒙古自治區行政區劃的規定」的會議，是一次高舉毛澤東思想偉大紅旗，突出無產階級政治，落實「九大」精神，增強團結的會議。會議通過的「紀要」完全符合中央的決定和實際情況，我們堅決貫徹執行。

三、要廣泛深入地宣傳偉大領袖毛主席和林副主席批准的具有偉大戰略意義的決定，做到家喻戶曉，深入人心。使廣大幹部和群眾深刻認識，這一決定是毛主席的偉大戰略部署，是為了便於領導和戰備的需要，是反帝反修的需要。它在政治上、軍事上、經濟上都有偉大的意義，是完全符合全國人民和內蒙古自治區各族人民的根本利益的。同時，要教育各族革命群眾，提高革命警惕，嚴防國內外階級敵人乘機造謠破壞，堅決粉碎敵人的一切陰謀活動，

四、在接交工作中，要高舉毛澤東思想偉大紅旗，突出無產階級政治，活學活用毛澤東思想，按照「九大」精神，從革命利益出發，從各族人民的根本利益出發，堅決貫徹執行中央規定和北京、瀋陽、蘭州軍區共同召開的「關於變更內蒙古自治區行政區劃交接工作會議紀要」。要發揚共產主義精神，提倡顧全大局，把困難留給自己，堅決反對本位主義。對移交地區的一切人員、財物，任何人不得以任何藉口進行轉移和抽調。

五、自八月一日起，自治區所有機關和單位都再不准處理和解決移交地區的一切問題。現在正著手處理和解決的問題，可將情況介紹給有關省區繼續辦理。自治區所有機關和大衛派往移交地區的毛澤東思想宣傳隊，調查組和進行其他工作的組織和個人，都應立即調回，返回前，應向有關省區的有關單位進

行彙報，聽取批評。一些群眾組織派往移交地區的串聯人員，必須立即返回。

六、東北和西北地區，在以毛澤東為首、林副主席為副的黨中央領導下，無產階級文化大革命取得了偉大的勝利，生產蓬勃發展，形勢大好。我們深信，移交地區在有關省區的強有力的領導下，一定能夠更高地舉起毛澤東思想偉大紅旗，按照「九大」精神，和偉大領袖毛主席的《五‧二二》批示及中央對內蒙當前工作的指示，加強團結，糾正錯誤，總結經驗落實政策，穩定局勢，共同對敵，進一步鞏固和發展革命的大聯合和三結合，加快鬥、批、改的步伐，取得更大的勝利。

七、通過自治區行政區劃的變更，使我們進一步加強了毗鄰兄弟省區的聯繫，創造了我們進一步向他們學習的有力條件。今後，我們能夠在以毛主席為首、林副主席為副的黨中央的英明領導下，更好地向各省區學習，在社會主義革命和社會主義建設中，在反帝反修的偉大鬥爭中，和他們親密合作，互相支援，並肩作戰，爭取更大的勝利。

內蒙古自治區革命委員會

一九六九年七月三十日

62.關於認真學習、廣泛宣傳、堅決執行中央「七‧二三」佈告的通知（1969.8.1）

內蒙古自治區革命委員會文件

內蒙革發〔69〕208號

最高指示

加強紀律性，革命無不勝。人民靠我們去組織。中國的反動分子，靠我們組織起人民去把他們打倒。

團結起來，爭取更大的勝利。

關於認真學習、廣泛宣傳、堅決執行中央「七‧二三」佈告的通知

各盟市、旗縣革委會，各軍分區、各旗縣人武部：

一、我們偉大領袖毛主席親自批示「照辦」的中國共產黨中央委員會「七‧二三」佈告，是我們進一步貫徹落實「九大」提出的各項戰鬥任務，鞏固和發展無產階級文化大革命偉大勝利的重要文獻，使我們進一步鞏固與加強無產階級專政的有力武器，也是我們進一步貫徹執行毛主席「五‧二二」批示和中央對內蒙當前工作的指示的有力武器。這個重要文獻，完全適合內蒙古自治區的實際情況。各級革委會、各軍分區，人武部駐內蒙古自治區中國人民解放軍全體指戰員、各族革命群眾，都必須認真學習，深刻領會，廣泛宣傳，條條照辦，堅決執行。

二、對這一重要文獻，各級革委會、各軍分區和人武部，要立即組織廣大幹部和各族廣大革命群眾認真學習，深刻領會它的偉大意義、精神實質和所規定的政策。同時，要大量印發、張貼，大張旗鼓地反覆地進行宣傳，做到家喻戶曉。要放手發動群眾，形成強大的堅決貫徹執行「七‧二三」佈告的社會輿論，依靠廣大革命群眾，徹底批判資產階級派性和無政府主義思潮，提臭各種

違犯革命紀律、破壞革命秩序的行為;揭露混在群眾中的一小撮階級敵人抗拒執行「七‧二三」佈告和中央歷次發佈的通令、命令、同志、佈告的種種反革命罪行,堅決依法予以懲辦,以維護革命、生產秩序,鞏固和加強無產階級專政。

三、各級革委會、各軍分區和人武部,當前要突出地抓好學習、宣傳、貫徹執行「七‧二三」佈告的工作。一切革命工人、貧下中農、貧下中牧、革命軍人、革命幹部和革命知識分子,都應當成為貫徹執行「七‧二三」佈告的模範,保證「七‧二三」佈告條條落實,句句照辦。執行不執行「七‧二三」佈告,這是對偉大領袖毛主義和以毛主席為首、林副主席為副的黨中央忠不忠的問題,是對毛主席革命路線和毛主席各項無產階級政策的態度問題。

一切革命的同志們,立即行動起來,堅決、徹底、全部執行「七‧二三」佈告及「九大」提出的各項戰鬥任務和毛主席「五‧二二」批示與中央對內蒙當前工作的指示,僅僅掌握加強團結,共同對敵的大方向,加強戰備,準備打仗,繼續認真做好糾正錯誤,落實政策的工作,狠抓革命,猛促生產,各族革命人民在毛澤東思想基礎上緊密地團結起來,奪取新的更大的勝利。

內蒙古自治區革命委員會
中國人民解放軍內蒙古軍區
一九六九年八月一日

包頭礦務局工代會翻印
一九六九年八月十三日

63.關於堅決貫徹執行中央「七・二三」佈告的再次通知（1969.08.05）

內蒙古自治區革命委員會文件

內蒙革發〔69〕214號

我們偉大領袖毛主席一九六九年七月二十三日親自批准「照辦」的中國共產黨中央委員會佈告，是以毛主席為首、林副主席為副的黨中央的英明決策，是鞏固無產階級專政，奪取無產階級文化大革命更加偉大勝利的重要措施，是深入發動群眾，團結起來，共同對敵，爭取更大勝利的動員令，是穩定局勢、加強戰備的強大動力，完全符合內蒙古自治區的實際情況，任何組織和個人都必須堅決、徹底、全部地貫徹執行。

近來，我區在黨的「九大」精神和偉大領袖毛主席的《五・二二》批示的光輝指引下，在糾正錯誤，落實政策方面，取得了很大的成績。但是由於我們的工作不夠得力，阻力和干擾較大，以致《五・二二》批示還沒有很好落實，內蒙局勢還沒有穩定下來。因此，我區各級革委會、各地駐軍、工人、解放軍毛主席思想宣傳隊、各革命群眾組織，在當前的首要任務，是大力貫徹「七・二三」佈告，同時繼續貫徹落實毛主席《五・二二》批示和中央對內蒙當前工作的指示，要牢牢掌握加強團結，共同對敵的大方向，認真糾正錯誤，總結經驗，落實政策，使內蒙的局勢迅速穩定下來，加強戰備，準備打仗。

內蒙革委會和內蒙軍區七月二十四日的公告，是符合中央「七・二三」佈告精神的，應繼續堅決貫徹執行。

目前，要動員全區各族革命人員和解放軍全體指戰員，立即掀起一股大宣傳、大學習、大落實「七・二三」佈告的高潮。

一、要立即掀起一股大張旗鼓的、廣泛深入的、群眾性的宣傳運動。要調動一切革命力量，利用各種宣傳工具，進行半個月的集中宣傳，然後轉入持續宣傳。要求各級革委會大量翻印「七・二三」佈告，廣泛散發和張貼；要充分發揮各級有線廣播站的作用，每天反覆廣播；各個機關、部隊都要出動宣

傳車，同時要大量地組織宣傳隊、宣傳組合文藝團體，到附近的工廠、礦山、街道、農村、牧區以及一切有群眾的地方，反覆宣講，真正做到家喻戶曉，形成廣大群眾的宣傳、學習、落實「七‧二三」佈告的熱潮。加強無產階級專政，加強組織紀律性，堅決反對無政府主義和經濟主義妖風，抓好典型，進行教育。

二、要大辦辦好以學習「七‧二三」佈告為主要內容的毛澤東思想學習班。從佈告到達之日起，全區各級革委會、各部隊、工人、解放軍毛澤東思想宣傳隊、各革命群眾組織，都要立即進行認真的學習，要深刻領會「七‧二三」佈告的偉大意義、精神實質和所公佈的政策。結合本地區、本單位的實際情況，制訂出貫徹落實的有力措施，堅決執行，立竿見影，收到實效。在兩派對立情緒大的地區和單位必須要求他們分別舉辦學習班，直到歸口聯合起來為止。在停工、停產的單位，要組織全日學習班，使他們立即復工復產；全日學習班要一直辦到他們復工復產，然後轉入業餘的學習班。

三、要採取一切措施，切實保證「七‧二三」佈告的迅速落實。必須加強無產階級專政，各級專政機關的工作人員和軍管人員，要以無限忠於偉大領袖毛主席的赤誠忠心，堅守崗位，切實負起責任，嚴厲打擊一小撮階級敵人的破壞活動。

堅決反對武鬥，必須立即無條件地解散武鬥隊，拆除武鬥工事，必須立即向當地駐軍領導機關和革委會全部繳出搶劫的武器、彈藥、車輛和搶劫的國家和個人的一切財務。

堅決反對反革命經濟主義妖風，停工、停產的工、礦、企業、事業單位，都必須立即復工。對於策劃和煽動停工、停產、停運的破壞社會主義的反革命和其他壞分子，必須予以嚴懲。

在認真實現了革命大聯合的工廠，可在革委會領導下組織工人糾察隊護廠。在農村、牧區組織民兵護秋、護畜群，並監督勞動紀律、學習紀律的遵守和「七‧二三」佈告的貫徹執行。要說服不同觀點的群眾，立即解放批滕聯絡站和五‧二二戰團和在糾正錯誤過程中重新樹起的隊伍，以及改頭換面恢復起來的組織，按照偉大領袖毛主席的教導實現革命的大聯合。要勸說上訪群眾盡快返回本地區、本單位，實行偉大領袖毛主席教導的「就地鬧革命」。或者由

當地駐軍和革委會負責給他們舉辦毛澤東思想學習班，動員他們返回。

最近不少下鄉知識青年返回城市，這是非常錯誤的，一定要重返崗位，不可遷就。

四、各級革委會要切實加強貫徹執行「七‧二三」佈告的領導。革委會的工作人員、「三支」、「兩軍」人員和武裝部的人員，都要發揚「一不怕苦，二不怕死」的革命精神，堅守工作崗位，積極做好工作。一切革命的同志都應該信任、支持各級革命委員會，維護革命委員會的革命權威。不准以任何藉口揪鬥、圍攻、毆打中國人民解放軍指戰員和革命委員會工作人員。各級革委會和軍事機關要及時掌握運動的發展情況，及時抓好活思想，積極做好群眾的政治思想工作，堅持「三個原則」、「九個一樣」，「要一碗水端平」。廣大革命群眾對「七‧二三」佈告是熱烈擁護、堅決貫徹執行的，但也要充分估計到貫徹「七‧二三」佈告會遇到很大阻力和干擾的，一定要堅定不移地客服一切阻力，排除一切干擾，依靠和動員廣大革命群眾，堅決地、不折不扣地把「七‧二三」佈告貫徹執行。

各盟市要將運動情況每兩天向內蒙革委會、內蒙軍區報告一次。

內蒙自治區革命委員會
中國人民解放軍內蒙古軍區
一九六九年八月五日

內蒙古自治區革委會辦公室祕書組
一九六九年八月八日發出
共印三〇、〇〇〇份。

64.給鐵路、煤炭、工業交通戰線革命職工及有關革委會、軍管會、革命群眾組織的一封信（1969.08.12）

內蒙古自治區革命委員會文件

內蒙革發〔69〕217號

鐵路、煤炭、工業交通戰線的革命職工同志們，各有關革委會、軍管會、革命群眾組織的同志們：

中共中央非常關心包鋼、一、二機廠、三〇三廠等重點企業的抓革命，促生產。為了保證這些企業的動力供應，國務院決定從區外給包頭每天發五個運煤的專用列車，這是對自治區工業生產、鐵路運輸的極大關懷，極大鞭策，極大支持和鼓舞。自治區革委會、內蒙軍區認為我們必須深刻理解中央的關懷，理解保證國家重點企業生產的重要意義。為此，我們懇切地希望：

一、首先要保證鐵路運輸暢通，要使運煤專列能按時發送運行。同時要盡快使現在寄存在鐵路各戰線的車輛加速運轉。

二、包鋼、電站及有關企業和鐵路職工要大力協同，保證煤車及其他運輸車輛及時裝卸，隨到隨卸，加速機車、車輛的周轉。

三、工業生產是關係祖國國防和關係國計民生的大事，煤炭是工業的糧食，是人民生活的重要資料，我們希望自治區煤炭戰線、鐵路、工業交通部門的革命職工同志們，在各級革命委員會領導下，以大局為重，以革命利益、人民利益為重，加強團結，克服現有的一切困難，堅決和經濟主義、無政府主義的妖風作鬥爭。在這關鍵時刻，更需要遵循我們偉大領袖毛主席的教誨「一不怕苦，二不怕死」，「抓革命，促生產，促工作，促戰備」，為全面落實「九大」精神，落實偉大領袖毛主席批示照辦的「七·二三」

佈告和偉大領袖毛主席《五‧二二》批示，為祖國、為人民的需要貢獻一切
力量。

內蒙古自治區革命委員會
中國人民解放軍內蒙軍區
一九六九年八月十二日

包頭礦務局革命委員會翻印
一九六九年八月二十日

65.呼和浩特市革命委員會 呼和浩特軍分區 關於當前加強民兵工作的指示（草稿） （1969.08.15）

最高指示

帝國主義者如此欺負我們，這是需要認真對付的。我們不但要有強大的正規軍，我們還要大辦民兵師。這樣，在帝國主義侵略我國的時候，就會使他們寸步難行。

林副主席指示

我們要把各方面的工作做，做好反對侵略戰爭的準備，做好對付突然事變的一切準備。如果打起來，只要我們有準備，最後勝利一定是我們的。

當前，世界人民的革命鬥爭形勢一片大好，但是美帝國主義、蘇修社會帝國主義為了擺脫其內外交困、走投無路的困境，都在瘋狂地擴軍備戰，妄圖發動侵略戰爭。特別是蘇修社會帝國主義，今年以來，大肆進行反華戰爭叫囂，在中蘇中蒙邊境集結大量軍隊，趕運作戰物資，積極進行戰爭準備，不斷製造邊境入侵事件，頻繁舉行以我國為假想敵的軍事實戰演習，嚴重威脅著我國的安全。

偉大領袖毛主席最近號召我們：「**要準備打仗。**」林副主席指示：「我們要做好充分準備，準備他們大打，準備他們早打。準備他們打常規戰爭，也準備他們打核大戰。」我市地處反修前哨，是祖國的北面門戶，面對蘇蒙修的戰爭挑釁，我們絕不可以放鬆警惕。我們必須堅決貫徹落實毛主席和林副主席的上述教導和指示，緊急行動起來，積極加強戰備，做好粉碎美帝、蘇修軍事進犯的準備。為此，特對我市的民兵工作，做作如下指示：

一、普遍進行民兵戰備教育

民兵戰備教育，要以毛主席在「九大」期間一系列最新指示為指針，以毛主席**「要準備打仗」**的偉大教導和人民戰爭思想及林副主席「九大」政治報告的有關部分為根本內容，結合進行階級教育，形勢教育和革命英雄主義教育。使廣大民兵進一步認清美帝、蘇修的侵略本性和紙老虎本質，只要帝修反存在，就始終存在戰爭的危險性；認清美帝、蘇修都是我們的主要敵人，而蘇修又是對我們威脅最大的敵人。把民兵的戰備觀念樹得牢牢的，把對美帝、蘇修的階級仇恨搞的深深的，做到常備不懈，一聲令下，召之即來，來之能戰，戰之能勝。

民兵戰備教育，要與正常的民兵政治思想教育結合進行。要採取各種形式，針對民兵的活思想，組織民兵活學活用毛主席著作，用毛主席無產階級專政下繼續革命的理論武裝頭腦，提高階級鬥爭和兩條路線鬥爭覺悟，發揚革命英雄主義精神樹立「一不怕苦、二不怕死」的徹底革命精神和敢打必勝的堅強信念。要注意防止教育的片面性，既不要把敵人力量講得過高，產生恐懼心理；也不要把敵人力量估計過低，麻痺大意。

民兵戰備教育，要與我市當前貫徹落實「九大」精神和「五‧二二」批示，「七‧二三」佈告結合進行。凡是較好落實了黨的政策，民兵工作基礎較好的單位，要把民兵戰備教育迅速抓起來，逐步深入、持久下去，做到家喻戶曉，人人皆知。凡是正在落實黨的政策或民兵工作基礎較弱的單位，也要進行這項工作。要結合宣傳落實「九大」精神，落實黨的政策，做過細的群眾工作。教育群眾，大敵當前，要以大局為重團結起來，共同對敵。也可以在骨幹和積極分子中，先開展戰備教育，提高戰備觀念，然後不斷擴大教育面，為廣泛開展戰備教育創造條件。

搞好戰備，首先要做好思想上的準備。民兵戰備教育，是進行全民動員，做好思想準備的重要一環，各級革委會，工宣隊，支左部隊，一定要以高度的政治責任感重視這項工作，抓緊、抓深，抓細，抓好。

二、整頓健全民兵組織

我市各級民兵組織，從無產階級文化大革命以來絕大部分單位都進行了整頓或重建，取得了一定的成績和經驗。尊重偉大領袖毛主席「**民兵組織一定要搞好**」的教導，必須進一步做好組織整頓工作。民兵整組工作，是加強戰備的組織準備，是搞好組織落實的重要內容。凡是局勢較穩定，已具備整組條件的單位，都要在已有的基礎上，結合本單位的鬥批改，特別是結合整建黨，對民兵組織進行一次整頓。暫時還沒有具備整組條件的單位，而其中又特別要整頓好基幹民兵。凡在文化大革命中經過整頓或重建的民兵組織，這次都必須在原有的基礎上整頓，不能打亂重建。

整頓民兵組織，要突出無產階級政治，先進行思想動員，組織民兵學習，開展革命的大批判，在這個基礎上充分發動群眾，僅僅依靠工人階級，貧下中農，實行開門整。要認真貫徹黨的階級路線，嚴格掌握基幹民兵的政治條件，只要政治條件好，身體健康，年齡不大幾歲也可以編入基幹民兵。要切實注意政策，對可以教育好的子女或者犯了錯誤的好人，要視其表現，區別對待。確實表現好的，經工人、貧下中農同意，可以參加基幹民兵。

民兵組織要簡便易行，便於領導，便於活動。但行政組織、生產組織和民兵組織要分開，不能互相代替。基幹民兵和普通民兵要分別編組。民兵符合持槍條件者，一律編入基幹民兵。

民兵幹部，要按照毛主席培養無產階級接班人的五個條件和林副主席選拔幹部的三條標準進行選配，要經過充分協商，民主選舉，上級批准。民兵軍事幹部，要採取少兼職及多配副職的辦法，行政生產領導幹部，盡量不兼或少兼民兵幹部，需要兼的，可以兼任副職。幾幹民兵連（排）的幹部，也要直接配備，盡量不由民兵營（連）的幹部兼任。民兵政治幹部，在沒有整建黨的單位，可以暫缺，也可以代理。

整頓後，要注意鞏固提高，開展「四好」、「五好」活動，充分發揮民兵組織在抓革命、促生產、促工作、促戰備中的帶頭作用。

三、搞好基幹民兵準備團（營）的組建工作

組建基幹民兵戰備團（營），是根據毛主席關於戰爭打起來，組建地方部隊，小縣一個營，中縣二個營，大縣一個團的指示採取的重要措施。基幹民兵戰準備團（營）是戰時組建地方部隊的一種過渡形式，是擴建野戰軍的基礎，是堅持當地對敵鬥爭的骨幹力量。

參加基幹民兵準備團的條件，年齡一般18歲到25歲，復退軍人可以到30歲，男性。政治條件可以參照新兵條件，身體條件按新兵目測標準。編組以後要落實到人，原則上不集中，不脫產，每年要有計劃的組織集訓。

戰備團（營）的主管幹部由現役幹部兼任，副職和連以下幹部從復退軍人和民兵中選配。

為了取得經驗，有去郊區、紅旗區先行試點，其他各區也可以自行試點。試點工作要求於10月底前完成任務。至明年看，把我市的基幹民兵戰備團（營）全部組建起來。

四、進行民兵軍事訓練

民兵整組以後，又在突出政治的前提下進行適當的軍事訓練。城市主要進行防空教育及與此有關的技術戰術訓練；農村要進行反空降、反坦克和單兵的技術戰術訓練。手中武器的訓練待發下民兵武器後再進行。

五、加強領導

搞好戰備工作，是反侵略戰爭的需要，是鞏固無產階級專政的需要，是革命的需要，是一項極其嚴肅的政治任務。這項工作，在當前情況下，不是可有可無，而是形式逼人，一定要引起高度重視，迅速抓起來。思想上重視不重視，搞得好不好，是繼續革命的思想牢固不牢固，對人民是否高度負責的問題，是對毛主席的態度問題。當前各方面工作很多，任務很重，各級革委會、軍管會一定要提高認識，統一思想，統籌安排戰備工作，把民兵工作納入議事日程。要成立戰備領導機構，市戰備領導機構正在籌組，各區也要成立相應的機構，合基層單位也要有人分管戰備工作。要加強對基層武裝部的領導，充分

發揮其作用，不經批准不能撤銷；人員不健全的要迅速調整或選配。沒有專職武裝幹部的單位，要有人分管民兵工作。

工作上要注意抓基層，重視培養典型，認真總結經驗。內蒙軍分區和北京軍區予定今冬召開活學活用毛澤東思想積極分子代表大會，我們要積極做好各方面的工作以實際行動迎接兩個「積代會」的召開，並要及早考慮代表的評選問題。要深入基層，加強具體指導，一個一個單位做過細的工作，扎扎實實地把民兵工作做好，把我市建設成為祖國北部邊疆反侵略戰爭的鞏固基地。

一九六九年八月十五日

66.軍區作戰值班室李參謀來電話轉告 內蒙革委會核心小組給劉華香等同志的 一封信（1969.08.16）

8月16日20時40分，軍區作戰值班室李參謀來電話，轉告內蒙革委會核心小組、軍區常委在京開會的給劉華香等同志的一封信。〈8年[1]15日23時40分，吳濤政委祕書任相先來電話記錄〉

劉華香、李樹德同志並軍區常委：

為了進一步貫徹「九大」提出的各項戰鬥任務和各項無產階級政策，進一步落實毛澤東「五・二二」批示，徹底糾正錯誤，落實政策，加強團結，共同對敵，加強戰備，準備打仗，進一步貫徹「五・二二」佈告，加強無產階級專政，剎住反革命經濟主義妖風，對反對無政府主義，迅速穩定內蒙趨勢，核心小組和軍區常委在京開會的同志認定：

1，堅決地、迅速地動員上訪人員回去，就地解決問題，經過宣傳動員，到8月15日還沒有返回本單位的上訪人員要區別不同情況，採取具體措施，要你們迅速返回本社區、本單位，就地鬧革命，就地解決問題，要記真正的受害者同鬧經濟主義的人區別開，對受害者主要是做工作，要動員他們聽毛主席的話，顧全大局，迅速返回本地區、本單位，由當地革命委員會派人來把他們接回去，落實政策，做好幕後工作。對於鬧經濟主義、鬧無政府主義的人員要嚴格一些，要他們無條件的回去，經過教育不走的要強制集訓，學「七・二三」佈告，先搞一個問題突出點，在集訓期間，要規定幾個〈如不准串聯，不准外出，不准會客，不准無理取鬧等〉，堅決遵守，不得違犯。在集訓期間除了不拿工資的真正的受害者以外，吃飯一律自備，自己掏糧票。集訓的目的是要他們迅速返回本單位抓革命，促生產。

這項工作由貫徹執行「七・二三」佈告指揮部負責，由劉華香同志擔任指

---

[1] 註解：編按：此處應為「月」。史料原文如此，予以保留。

揮部主任，李樹德同志擔任副主任，並吸收獨立師王副師長和呼市軍分區幾名領導同志參加。

下設辦事機構，以軍區司令部內衛科為主，再從獨立師和呼市軍分區吸收若干人員加強之。

在呼市地區辦三個學習班：三○師辦一個，獨立師辦一個，七工區辦一個。每一個學習班要配一個連的兵力（包括幹部、戰士），來擔負這個任務。在包頭地區總的由李質和候雙祿同志負責，下設辦事機構，由包頭軍分區機關負責。

在包頭地區也辦三個學習班：由包頭軍分區和獨立師駐包頭部隊辦一個，九工區辦一個，高炮師辦一個。

2，進一步加強市革委會機關和軍事機關的警衛，保證正常工作秩序，任何人不准藉故衝擊軍事機關和革命委員會機關，如有違者，初則進行說服教育，如果說服無效，對於煽動和帶頭鬧事者堅決地抓起來查辦。從8月16日起：

進一步加強內蒙軍區機關、內蒙革委會機關和新城賓館的警衛。

軍區的警衛由警衛官負責；內蒙革委會機關的警衛由三○師派一個連擔任；新城賓館的警衛獨立師駐賓館的連負責。

包頭市革委會機關的警衛工作，獨立師駐包頭部隊派出一個連擔任，包頭軍分區抽出一個連擔任維護社會治安；包頭市檢法軍管會，由九工區派一個排的兵力加強警衛，協助軍管會行駛職權。

重點警衛單位〈如內蒙革委會、軍區〉每一個班崗哨要配半個班。

須大力宣傳貫徹執行「七‧二三」佈告，加強無產階級專政，維持社會革命秩序。革命委員會、公檢法軍管會和部隊聯合起來和擾亂破壞社會秩序的各種階級敵人和挑動武鬥、打人兇手、搶劫和破壞國家財產的肇事者要嚴厲打擊，決不能手軟。駐呼市、包頭和集寧地區的部隊都要「傾巢出動」，大力宣傳「七‧二三」佈告，必須派出大量的宣傳隊、宣傳車，加強巡邏，維護社會治安。

敬祝毛主席萬壽無疆！

滕、吳、高、權、李、肖、何

包頭礦務局革命委員會政治部翻印

一九六九年八月十七日

67.李樹德同志在內蒙、呼市兩級革委會召開落實「七・二三」佈告宣傳會議上的講話（1969.08.18）

同志們！首先讓我們共同敬祝偉大領袖毛主席萬壽無疆！萬壽無疆！

我同意高增貴同志的總結發言。我本來沒有多少話可講，會上工作的同志讓我講，就講講。這個會開得很好，討論和提出了呼市地區的一些重大問題，也提出了對我們的善意批評，對我們幫助很大。實質上這些問題帶全區性，不僅是呼市。最近中央召集了內蒙革委會核心小組、軍區和盟市革委會、軍分區的負責同志到中央開會，也就是為了解決內蒙問題，去了二十多天，會議基本上開完了，他們很快要回來。中央有什麼指示，我們知道一些，但不完全，就是知道一些，又不允許向下講，只指定了幾個人知道，不准你們向下傳達，等我們回去後按中央部署統一向下傳達。昨天有人說用你們的話講就行了，我不能這樣做，這不是怕負責任，因中央有部署，哪些應講，哪些不應講，中央站得高，看得遠，我們的經驗是按中央的辦，就勝利；不按中央的辦，就要失敗，這次犯錯誤是有深刻教訓的。

中央這次所作的指示，回來傳達，採取了措施以後，內蒙的局勢會發生很大變化，局勢會很快穩定下來，我們犯了錯誤，使革命受到損失，我們落後了。但是有「五・二二」批示和「七・二三」佈告，我們相信，經過努力，可以迎頭趕上去。當然我們說，這是一個方面，另一個方面，阻力干擾還是很大的，鬥爭也是很尖銳的，不是一帆風順的，但大勢所趨，任何力量也阻擋不了，因為各族人民是忠於毛主席、聽毛主席話的，中央的聲音傳回以後，就會立即照辦。

我是犯了錯誤的，我有責任，應該接受群眾的批評教育，應該向同志們檢討，今天時間來不及，就當前內蒙形勢講些情況，供同志們參考，不對的地方，請批評。

一、我們應當堅信「九大」精神，堅信「九大」提出的各項任務，堅信毛主席「五・二二」批示，堅信中央對內蒙工作指示和「七・二三」佈告一定

會在內蒙全部徹底貫徹執行，這是任何力量也阻擋不了的。儘管還有這樣那樣的阻力、干擾，但大勢所趨，不可抗拒。因為內蒙人民是堅決聽毛主席話的，廣大幹部和工人、貧下中農是聽毛主席話的，這是中央一再講的，說內蒙的各族人民群眾是好的，毛澤東思想在內蒙是占統治地位的，有些抗拒和破壞，是一小撮敵人在干擾，廣大群眾是好的，是落實「九大」精神的，阻礙「五‧二二」批示執行的一小撮人只是暫時起作用，他們終究會被揪出來的，是會受到專政的。我們應該堅信內蒙的形勢會穩定下來，會按中央指引的軌道向前發展。有些單位出現反革命經濟主義妖風，有的工人就起來抵制嘛！這是工人階級的本質，是忠於社會主義的好戰士，那種挑動策劃破壞社會主義建設的是極少數，終究會被揪出來的，山西、保定的問題不是很清楚的嗎？真正造共產黨的反、造無產階級的反的人是極少數，這些問題會很快被廣大革命群眾揭發的，相信中央指示的無窮威力，相信廣大各族群眾，一小撮敵人是跑不了的。我們黨四十八年的根本經驗就是這一條，只要按毛主席的指示辦，革命就勝利，事業就發展，否則就失敗，這是大局。

二、貫徹「九大」精神和貫徹毛主席「五‧二二」批示是一致的，把二者對立起來的說法是錯誤的。我們犯了擴大化錯誤不糾正，政策怎麼能落實呢？糾正了錯誤，才能團結起來。「九大」時毛主席說：「團結起來，爭取更大的勝利」嘛！有人把「五‧二二」批示和貫徹「九大」精神對立起來，是錯誤的。這二者的關係是相輔幫成的。在這個問題上，我們這次會議介紹經驗的單位，也證實這一點，他們就是因為貫徹「五‧二二」批示，給誤傷的同志平反道歉，糾正了我們領導所犯的錯誤，這樣的單位，革委會有權威嘛！大家不是要搞垮革委會，而是要糾正錯誤，如果我們有點黨性，有點無產階級感情，為什麼不同情呢？怎麼能不給他們平反、恢復名譽呢？這是「五‧二二」指出的嘛。在這個問題上，只要我們確確實實克服資產階級派性，增強無產階級黨性，就應該主動地積極地去解決。錯誤是我們犯的，我們要共同吸取教訓，認真落實「五‧二二」批示。我們從中央回來接見了六十場，他們大部是受害者，這些人通情達理、顧全大局的，使我們很受教育，很受感動。我們把情況反映給中央，中央說這是偉大的人民，他們沒有跑到外蒙，而是到呼市，到北京，這是對毛主席最大的忠。許多地區也說明這個問題，凡貫徹「五‧

二二」批示，局勢都很好。烏盟十八個單位，六個搞得好，糾正錯誤，給誤傷的同志認真平了反，恢復他們的名譽，形勢就很好，上訪的也少。還有一種類型，貫徹了，但不徹底，形勢就差一些。烏盟擴大化是嚴重的，落實政策好的地區已開始整黨。原來「三不幹」的人（不當黨員，不當幹部，不開會，說當黨員就打成是「內人黨」，當幹部就是披著幹部的外衣，開會就是開黑會）通過學習新黨章解決了，原來犯錯誤的也要求留在黨內考察一個時期。第二種類型就差。第三種類型是頂著，他說什麼：雖然你沒有什麼證據，但我看你就像個「內人黨」，這怎麼能貫徹「五·二二」批示呢？你到底是跟毛主席呢，還是跟誰？我們一再說，錯誤我們承擔。還有些地區革委會癱瘓了，「九大」精神貫徹不下去，為什麼？問題是「五·二二」批示貫徹不下去就受影響嘛。對「五·二二」批示的態度就是對黨中央毛主席的態度問題，這是一致的。中央指示嘛，上次開會我參加了，中央嚴肅批評了，性質也肯定了，是在清理階級隊伍工作中犯了嚴重的逼供信和擴大化錯誤，違反了毛主席的各項無產階級政策，造成的後果是很嚴重的，損失是很嚴重的。這個問題需要我們引起注意，廣大群眾和幹部是會按中央指示辦的。

三、這一時期局勢亂一些，怎麼造成的？有人說，前段是滕海清搞的，這段是你們搞的，我們認為這樣講是別有用心，是顛倒是非，是錯誤的。我是犯錯誤的，這樣講我也可以推卸責任。那麼是什麼問題呢？這些問題是前段錯誤的暴露，有的已經暴露出來，有的正在暴露，有的還沒有暴露。有個煤礦過去生產還可以，現在就不好，聽起來會蒙蔽你，實際上過去打擊了造反派，生產有一點，但是不掘進，把掌子面破壞了，使現在生產受影響，這到底是前段還是後段？兩派、兩種觀點的對立，這個問題影響大聯合，這是今天發生的嗎？不是，不過是今天突出了。有些單位「五·二二」批示落實好，大家就團結起來做工作，這樣就很好嘛。當然我們說這一段，我們貫徹「五·二二」批示，領導有缺點，工作不夠，領導不力，可是這一段，我們沒有犯大的錯誤。前些時革委會打算給同志們開大會講清楚，但沒有來得及做，兩個月盡接見了上訪人員。根本問題是有的領導同志抵制「五·二二」批示，這怎麼能貫徹呢？這種說法容易欺騙一些人，使大家弄不清楚。任何事物總有前因後果，只講前因，不講後果，是違反毛澤東思想的，是唯心主義的，是形而上學的。有人講

你們把局勢搞亂了，不是這樣嘛，我們和上訪同志一直在一起，集體領導嘛，該講的都講嘛。有錯誤不能批判嗎？不能糾正嗎？想偷偷改是改不了的。

四、有人講，這段以擴大化反擴大化，這是錯誤的，怎麼能這樣講呢？我參加接見的，都是來上訪的，使我們受到教育，認識到錯誤的嚴重性。都是擺事實講道理，怎麼以擴大化反擴大化呢？犯錯誤還不允許人家批評呀！毛主席說過這樣的話嗎？四卷裡沒有，怎麼批評一下就是以擴大化反擴大化？當然有某些過頭的話，這是很難免的，但中央指出後，廣大群眾是聽話的，改了嘛，是好同志嘛，你開了會，既不貫徹「五·二二」批示，不平反，不恢復名譽，不發工資，批評了你，你支持不支持？歡迎不歡迎？黨性哪裡去了？我和上訪同志們在一起，他們擺事實，講道理，我知道了錯在那裡。這不是小問題，我不是講的群眾，廣大群眾是好的。我聽說有人在中央再三追問之下，只舉出一個事實，說：下面批評了他，鬥了他。批評不得了嗎？這種思想就阻礙「五·二二」批示貫徹執行。

有人說：「革委會是支一派、壓一派」。還有人說是奪了革委會的權。受害同志上訪，當然要批評你的錯誤，你犯了錯誤，應該不應該支持他們解決問題，完全應該。上訪的同志他們是要求落實「五·二二」批示的，按二十四字方針辦事的，中央和全區人民把我們放在這個崗位上，我們就應該支持他們，解決問題。這能是支了一派壓了一派嗎？解決問題就回去了嘛，他沒有別的要求，他有深刻的體會，他不搞逼、供、信，是同志式的。我們核心小組沒有這個思想，兩種觀點都是革命群眾，早批晚批都歡迎。這個問題阻礙「五·二二」批示貫徹。說奪了權，這更是欺騙，說瞎話，哪個人下命令叫革委會服從他？我們說真正貫徹「五·二二」批示，我們就支持。阻礙「五·二二」批示的，有兩種態度，一種是支持，保自己；一種是按中央指示辦，糾正錯誤，反對這種態度。

革委會的主要負責同志犯的錯誤，本來是完全可以避免的。

第一，中央有歷次的指示，吳濤同志已經傳達了。去年二月四日北京彙報會我參加了，那時已提出不要把面搞寬了，紀錄是我整理的，以後抹掉了，我以涉及到軍隊問題，向地方講不適當，沒有傳達嘛！以後總理委託北京軍區陳先瑞，有電話，這裡有的人為了自己的需要，任意歪曲，早按中央指示辦，

完全可以避免。我是跟滕海清很緊的，我要負責，十二中全會我只看到一個文件，總理批評王恩茂，因王恩茂對某同志支持不夠。我們要總結經驗，按中央指示辦，不然就要犯錯誤。

第二，群眾有抵制的嘛。從四次全委會一開，逼、供、信，擴大化的錯誤有人就抵制，但是不聽，不願聽反面的意見，來信不看，耳目堵住了，革委會內部郝廣德、霍道余、那順巴雅爾、王志友都抵制的，「八一八」遊行了嘛，為什麼？就是抵制，主流看不到，只看到過頭的言詞，怎麼能行呢？

第三，破壞了集體領導，違反了民主集中制。過去工作雖有缺點，但把過去的東西都否定了。第三次全委會定了些政策，雖有缺點，總的方面是對的，四次全委會上，否定了，批判了。

如果我們堅決按三條辦，聽中央的話，接受群眾意見，加強集體領導，錯誤是可以避免的。

當前的任務，高增貴已經講了，要進一步貫徹「九大」精神，繼續貫徹「五・二二」批示，落實政策，給誤傷的同志認真平反，恢復名譽，恢復工作，執行「七・二三」佈告。據說中央批評我們貫徹「七・二三」佈告不力，反革命經濟主義妖風必須堅決剎住，就是敵人利用我們糾正錯誤的機會，刮起了經濟主義的風。群眾是好的，敵人利用我們某些人的要求，利用我們的落後面，刮起來，八類份子是我們的敵人，這些人幹什麼，就是破壞社會主義嘛，復辟資本主義。另外，一小撮壞人煽動停工停產，這是叫你走什麼道路？是貫徹「九大」精神嗎？我們要準備打仗，他搞停產，這直接影響到備戰，這種人煽動策劃，不要看他出身如何如何好，中央起名是反革命經濟主義妖風，是反革命嘛，他們幹什麼？這個問題我們要重視，中央有指示，有批評，我們要採取措施，當然還不得力，光規定條條不行，規定好寫，康修民寫得很快，不從組織上採取措施不行，山西、保定就是這個問題嘛，不採取措施不行。採取什麼措施，按中央指示辦。當然壞人是少數的，但是對少數壞人必須實行無產階級專政。我們有些同志是抵制的，是好同志，因為經濟主義容易腐蝕我們的工人，幹部，不在幾個錢，是走什麼道路的問題，舉什麼旗的問題。當然付加工資中央指示要給，這是多年的，已經形成實際收入，經請示，要解決，在北京的同志已寫了報告，按中央指示辦，合理的一個少不了，不合理的不行，搶也

不行，「七·二三」佈告講得很清楚，搶是土匪行為，土匪就應鎮壓。我們應牢牢掌握團結起來共同對敵的大方向，準備打仗，我們當前全世界兇惡敵人是美帝蘇修，他們勾結起來，包圍中國，隨時隨地想侵略我國，最近新疆又搞了一次，打了兩天停下來了，結果聽說打得很好，來了多少消滅多少。軍事上有充分準備，我們要團結起來，共同對付蘇修，對準劉少奇，烏蘭夫。要有戰爭觀點，毛主席說：「我總感到要打仗。」我們要準備，早打晚打都可以，來多少消滅多少，先是從精神上動員起來，毫無準備不行。問題是和「五·二二」批示、「七·二三」佈告是一致的。

這些是個人的看法，不對的請同志們批判。

（根據記錄整理，未經本人審閱）

68.康修民同志在內蒙、呼市兩級革委會召開落實「七二三」佈告宣傳會議上的講話（1969.08.18）

我這個人水平很低，今天是趕鴨上架。

第一件事情，是中央對內蒙非常關心。五月份核心小組負責同志被叫到北京，給了內蒙極其重要的指示，那一次接見，毛主席親自發出了「五二二」批示，中央政治局對內蒙當前工作作了重要指示，是把內蒙領導上所犯嚴重的擴大化逼供信錯誤性質定下了，把糾正錯誤的方法定下了，批示和指示傳下來後，經過了一段實踐工作，中央又把內蒙核心小組、內蒙軍區負責同志叫到北京去，這次去接見了四次，中央對內蒙工作又一次作了重要指示，解決什麼問題呢？我的理解是進一步貫徹「五二二」批示，解決內蒙問題方面，進一步全面不折不扣貫徹「七二三」佈告，進一步貫徹「九大」精神，落實「九大」提出的各項任務方面作了極其重要的指示，把內蒙三個多月來落實政策工作做了總結，指出了問題的關鍵，都是非常重要的，我想他們回來後是會傳達的，相信中央指示會使內蒙形勢比較快地按毛主席指示的方向穩定下來，比較快的會落實兌現，使毛主席批示，毛澤東思想在內蒙落實下去。內蒙形勢的發展，速度是快的，形勢會一步步好起來。

第二件事情，研究當前的形勢。首先我們內蒙是祖國的北部邊疆，是反修前哨陣地，不能忘掉這一點，蘇蒙修已經陷入政治經濟危機，沒法擺脫。他們是叛徒集團，是社會帝國主義，對他們的反革命的冒險性應有足夠的估計，他們走投無路，就可能戰爭冒險。列寧說：「帝國主義就是戰爭。」社會帝國主義也是帝國主義，這個可能性現在很大。珍寶島事件以後，他們派出二十多個代表團到中國周圍進行黑串連，給這些地區反動派組織反華包圍圈，組織從南朝鮮到暹邏灣的包圍圈，和美帝勾結，把矛頭指向中國，中蘇中蒙邊境大量增兵，準備發動戰爭，今年它要增兵兩次，中學要把戰爭當成一門課程，把學生組織軍事訓練站，這顯然是進行猖狂軍事掙扎。新疆多次發生挑釁事件，在這種情況下，反修前哨，內蒙這個地方不能麻痹，要加強戰備，準備打仗。當

然，戰略上反動派沒什麼了不起，準備他們早打，準備他們晚打，準備他們打核大戰。戰術上講，我們就要重視，不能麻痺。準備好，敵人在磨刀，我們也要磨刀，一旦敵人發動戰爭，或者進行局部騷擾，都要全部徹底乾淨消滅之。

內蒙內部的形勢，應該說是很好的，不要被暫時的外表所蒙蔽。形勢很好，把劉少奇、烏蘭夫揪出來徹底打倒，這是多大的勝利，是取得了大的勝利的。內蒙第四次全會後，犯了嚴重擴大化錯誤，造成嚴重後果，必須看到，看不到是不對的。「九大」以後，「五二二」批示以後還是做了大量工作的，當然還需要繼續解決，一旦把錯誤糾正，內蒙的局勢就會更好。實踐證明，內蒙廣大各族人民是忠於毛主席的，是按中央指示辦事的，從犯錯誤到糾正錯誤兩個方面考驗，都證明了這一點。不這樣看，就會被暫時的現象所迷惑。這一次叫到北京開會，中央又一次給了重要指示，形勢比我們預料的要好得快的多，還有一個多月要過二十年大慶，相信會要在新的形勢下慶祝二十周年。

第三件事情，對偉大領袖毛主席的態度，要無限忠於，對毛主席的教導，要聞風而動，理解的要執行，不理解的也要執行，要在執行過程中加深理解，這才是正確的，才是無限忠於的態度。回想一下「五二二」批示以後，我們的實踐情況，我想許多同志，表現了真正忠於毛主席，堅決按「五二二」批示辦。另外也有為數不多的表現不好，對毛主席不能說是忠實的，沒有認真貫徹「五二二」批示，這就不對。不能得出這樣的結論：一面忠於毛主席，另一面對毛主席批示頂著不執行，沒有這樣的忠。中央二十四字方針是加強團結，糾正錯誤，總結經驗，落實政策，穩定局勢，共同對敵。毛主席還說加強戰備，準備打仗，既然犯了錯誤，傷害了那麼多的階級兄弟，必須糾正錯誤，落實政策，錯了為什麼不可以批判，要看哪是主流，哪是支流，群眾的活動不能要求每句話都是對的，有些話過了頭，不是主流，根本問題是糾正錯誤，落實政策，加強團結，共同對敵，搞錯了要平反，這是根本。當然批評應從團結的願望出發。現在糾正得怎樣，有些地方是做得好，像烏盟察右中旗領導人認真糾正錯誤，一個公社一個公社落實，錯誤很大，糾正很快，局勢很穩定，沒有形成兩大派。有些地方就很不好，這總不能叫優點吧！我們要以忠於毛主席的態度，繼續落實「五二二」批示。

有幾個口號，「以擴大化反擴大化」，這是不正確的，是不符合實際情況

的。還有一種提法：「你們在搞翻案風」，「為敵人翻案」，這是不符合實際情況的，是錯誤的，有沒有乘機翻案的敵人呢？有，這並不奇怪。如果說反對敵人的翻案活動，這我們贊成；如果說你們煽起敵人翻案風，這就不對。還有「支一派，壓一派」，我了解這情況。在犯錯誤的同時也犯了支一派壓一派的錯誤，這也必須克服。現在在糾正錯誤當中，是不是又犯了支一派壓一派呢？我認為沒有。在清理階級隊伍中傷害了自己的階級兄弟，應該以無產階級感情支持他們，對待他們。因為他們要求落實政策是符合毛主席政策的，是要支持的。有的人對落實「五二二」批示，思想不通，應該積極做他們的工作，這也是支持，幫助他們執行毛主席的教導。如果你對執行毛主席指示有抵制也支持，那就不對。什麼叫一碗水端平，就是要像八三四一部隊那樣，執行「三個原則」，「九個一樣」，離開了毛澤東思想這個原則，就沒有是非標準。符合「五二二」批示要求的就支持，不符合就幫助提高，這才是真正一碗水端平。還有一種說法：「『九大』以前局勢很穩，『九大』以後亂了，」這不正確。「九大」前表面上是穩定，但蘊藏著巨大的矛盾，「九大」以後暴露出來了，這就要正確解決。觀察和正確認識這個問題是必要的，首先問題是「左」傾錯誤的後果，誤傷了自己的階級兄弟，壓得他們抬不起頭來，政策下來後，這些同志要求堅決貫徹。另外，現在後果還沒有暴露夠，有的還在繼續暴露。煤炭供應緊張，運輸不正常，壓了幾萬車皮，這種後果到了冬季還有反映，例如，那麼多人被打成「內人黨」，地就沒有種好，今年雖然風調雨順，但是地沒有種進去，怎麼能不減產呢？其次在糾正錯誤上我們的工作做得不力，有缺點，思想工作沒做好，這也會發生些問題。另外一種東西，一個帶有實質性的東西，犯了嚴重的擴大化錯誤，使下面同志跟著執行了一系列錯誤的措施，在糾正錯誤過程中，沒有把應做的工作做到，沒有把這些人帶過來，因此在糾正錯誤的時候，遇到了巨大的阻力，加深了兩大派的對立，這不就麻煩些了嗎？但是我相信在中央的領導下，問題還是可以解決的，不久就要傳達中央指示，展望內蒙的前途，光芒萬丈。

下面一件事情，我們應有堅定不移的信心，「九大」精神，「九大」提出的各項任務，「七二三」佈告，中央最近的指示，一定會全部地不折不扣地落實兌現的，內蒙人民一定會在「九大」的精神下統一起來。中央和毛主席的教

導一定會實現的，任何人也阻擋不了，任何違背中央的指示的想法和做法都是站不住腳的。至於敵人非要搞亂，那就讓他搞亂，讓他們暴露出來，便於我們徹底打倒他們。當然，前進的道路不會是平坦的，遇到了就用毛澤東思想克服掉。

再一件事，關於宣傳工作，希望我們到會的二百多個單位革委會的同志在宣傳上多做點工作，把街道面貌改變一下，把大街小巷（包括廁所）帶派性的標語覆蓋一下。

最後一件事，呼市是內蒙領導機關所在地，在政治上發生一些什麼事情，很快就影響到其它地區，我們除完成自己的任務外，還要考慮到這一點，為全區做工作，不是要你把手伸到下面去，而是把這個地方工作做好，客觀作用就會對其它地方有影響。

最後說幾句，這段工作我們做得不夠好，使同志們吃了許多苦頭，說的不對希批評。

（根據記錄整理，未經本人審閱）

69.中國共產黨中央委員會命令（1969.08.28）

中共中央文件

中發〔96〕55號

邊疆各省、市、自治區各級革命委員會，各族革命人民，中國人民解放軍駐邊疆部隊全體指戰員：

在我們偉大領袖毛主席的英明領導和黨的「九大」精神旳指引下，在我國無產階級文化大革命取得偉大勝利的鼓舞下，我們偉大的社會主義祖國更加欣欣向榮，各族革命人民緊密團結，形勢一片大好。但是，國內外階級敵人不甘心於他們的失敗。美帝、蘇修正加緊勾結，陰謀侵犯我們偉大祖國。蘇修社會帝國主義越來越瘋狂地不斷在我邊境進行武裝挑釁。印度反動派也在伺機妄圖擾犯我國邊境。

我們偉大祖國的邊疆是神聖不可侵犯的，保衛祖國是全國人民的神聖義務。邊疆軍民，尤其是擔負著直接的責任。為了保衛祖國，保衛邊疆保衛我國無產階級文化大革命的偉大成果，鞏固無產階級專政，隨時準備粉碎美帝、蘇修的武裝挑釁，防止它們的突然襲擊，黨中央命令你們：

一、堅決響應毛主席**「提高警惕，保衛祖國」**、**「要準備打仗」**的偉大號召，高度地樹立敵情觀念，克服和平麻痹和輕敵思想，充分做好反侵略戰爭的準備，加強軍民聯防，隨時準備殲滅入侵之敵。

二、大敵當前，全體軍民要團結得像一個人一樣，共同對敵。加強軍隊內部的團結，加強軍民、軍政的團結，加強各族革命人民的團結。鞏固各級革命委員會的領導。堅決反對一切分裂活動，反對一切破壞團結的行為，反對資產階級派性。對挑撥和破壞軍民團結、民族團結的階級敵人，必須堅決打擊，為首的要依法懲辦。

三、駐邊疆部隊指戰員必須堅守戰鬥崗位，堅決執行命令，服從指揮，嚴守紀律做好一切戰鬥準備，密切注視敵人動向，作到一聲令下，立即行動。

軍隊人員**「不允許任何破壞紀律的現象存在」**。不准擅離職守，不准外出

串連。經教育不改者，一律嚴加懲處。

四、一切革命群眾組織，必須堅決執行偉大領袖毛主席的指示，實行按系統、按行業、按部門、按單位的革命大聯合。所有跨行業的群眾組織，要立即解散。任何另立山頭，重拉隊伍，都是非法的，要強令解散。

五、堅決貫徹執行黨中央的」七・二三」佈告，立即無條件停止派性武鬥，解散各種專業武鬥隊，撤除一切武鬥據點，上交一切武器。

凡武鬥隊強佔據點，負隅頑抗者，人民解放軍要實行軍事包圍，發動政治攻勢，強制繳械。

六、絕對不准任何人衝擊人民解放軍，不准搶奪軍隊的武器、裝備和車輛，不准妨礙軍隊的戰備行動，不准洩漏和盜竊軍事情報。如有違反，以現行反革命論處。

堅決保護軍事要地和戰備設施，嚴守國防機密，支援人民解放軍搞好戰備。

七、要保護交通運輸，保證通訊聯絡暢通。凡破壞鐵路、公路、水路運輸，破壞通訊聯絡，切斷電線，都是反革命行為，必須追查懲辦。

八、狠抓革命，猛促生產，大力支援前線。遵守勞動紀律，堅守生產崗位，努力搞好工、農業生產。

一切離開生產和工作崗位的人，必須立即返回本單位「**抓革命、促生產、促工作、促戰備。**」如有不按期返回的，工人、職員停發工資，農民停記工分，並視情節給予紀律處分，直至開除。對煽動威脅職工或農民離開生產和工作崗位的壞人，必須依法懲辦。

九、堅決鎮壓反革命分子。對那些裡通外國、策劃外逃、破壞社會治安、搶劫國家財產、破壞生產殺人放火放毒、利用宗教迷信製造叛亂的反革命分子，必須堅決鎮壓。對沒有改造好的地、富、反、壞、右分子，必須由革命群眾嚴加管制，勞動改造。

毛主席教導我們：「**人不犯我，我不犯人，人若犯我，我必犯人。**」在偉大統帥毛主席和他親密戰友林副主席的英明領導和直接指揮下，如果美帝、蘇修膽敢侵略我們偉大祖國的邊疆，我們就把他們堅決、徹底、乾淨、全部消滅之。

中央相信：具有對敵鬥爭光榮傳統的邊疆軍民，一定會更高地舉起毛澤東

思想偉大紅旗，團結一致，共同對敵，發揚「一不怕苦，二不怕死」的革命精神，把祖國邊疆建設成為埋葬帝、修、反的陣地。

一九六九年八月二十八日

70.內蒙古自治區革命委員會三十一日特急電報（1969.08.31）

各盟、市革委會：

偉大領袖毛主席批示照辦的中央「八‧二八」命令，是以毛主席為首，林副主席為副的黨中央向邊疆各族革命人民發佈準備打仗的動員令，我們必須堅定不移地，忠實地，不折不扣地執行。

一、各級革委會要以只爭朝夕的革命精神，以最快的速度，由各級主要領導同志立即組織力量，並親自出馬，向廣大革命群眾傳達「八‧二八」命令，利用各種方式，立即掀起一個規模空前的學習，執行、貫徹「八‧二八」命令的新高潮，大搞一個月，務必使「八‧二八」命令家喻戶曉，深入人心。各級革委會要集中必要的時間，認真學好「八‧二八」命令，要認真學習深刻領會毛主席關於在無產階級專政條件下繼續革命的偉大思想。學習必須密切聯繫國內外的階級鬥爭的實際，充分認識蘇修社會帝國主義的反動本質，高度地加強敵情觀念，進一步提高階級鬥爭和兩條路線鬥爭的覺悟，提高組織紀律性，加強政策觀念，加強團結，加強戰備，隨時進行反侵略戰爭，一定要把戰備空氣搞得濃濃的。

二、當前各級革委會的首要任務是傳達和執行「八‧二八」命令，務必切實抓緊。一切工作都必須立足戰備，圍繞戰備。各級革委會都要根據「八‧二八」命令中提出的九條，作出條條落實，句句落實的具體計劃和措施，堅決貫徹執行。

三、迅速加強各級革委會的工作，大敵當前，有些革委會仍處於癱瘓和半癱瘓狀態，這是絕對不允許。各級革委會不管有什麼理由，一律於九月十日以前全部恢復正常工作，溝通上下聯繫，以戰鬥的姿態，雷厲風行的工作作風，抓革命，促生產，促工作，促戰備，積極完成各項戰備任務，必須明確執行「八‧二八」命令與落實「七‧二三」佈告和「五‧二二」批示是完全一致的，與吳濤同志在八月二十一日代表在京開會的核心小組同志講話的精神也是一致的。各級領導同志必須以革命為重，以團結為重，立即採取斷然措施，給

前一時期在各級革委會內錯打的同志徹底平反，真心真意的支持他們的工作。對那些阻礙政策落實，不下決心糾正錯誤，遲遲不徹底平反的領導幹部，經耐心教育任務轉變者，應採取嚴肅的組織紀律措施，甚至開除黨籍。對擅離職守的幹部，包括領導幹部，要按「七·二三」佈告執行，應由各級革委會通知本人，立刻返回，再不返回者，不管是什麼人，一律從嚴處理，甚至撤職，開除黨籍。同時要大力表彰那些不計較個人恩怨，胸懷大局，平反以後積極勤懇工作的好同志和那些一不怕苦、二不怕死，一直堅守崗位，努力工作的同志。各盟市革委會和各級各部門的主要負責同志堅守崗位的情況以及擅離崗位的人名，時間，現在何地等情況，於九月五日前用電話或電報上報自治區革命委員會。

我們要在偉大的「八·二八」命令下，奮發革命精神，立即行動起來，要準備打仗。我們一定要下最大的決心，採取最有力的措施，發揚「一不怕苦，二不怕死」的革命精神，堅決執行「八·二八」命令「七·二三」佈告和「五·二二」批示，以此來推動革命，促進生產，加強戰備，完成「九大」提出的各項戰鬥任務。我們必須做好反侵略戰爭的一切準備，時間一定要趕在美帝蘇修發動侵略戰爭的前頭。近來，林副主席指示我們：「我們要把各方面的工作做好，做好反對侵略戰爭的準備，做好對付突然事變的一切準備。」如果美帝蘇修膽敢侵略偉大祖國的邊疆，我們就把他們堅決、徹底、乾淨、全部殲滅之。讓我們懷著對偉大領袖毛主席、對毛澤東思想、對毛主席的無產階級革命路線的無限忠心，切實做好以戰備為中心的各項工作，以實際行動誓死保衛祖國，保衛邊疆，保衛首都北京，保衛無產階級文化大革命的偉大成果，保衛無產階級專政。

四、關於貫徹執行「八·二八」命令的全面具體措施，自治區革委會將作出決定下達執行。

內蒙古自治區革命委員會

一九六九年八月三十一日

71.中央「八‧二八」命令宣傳提綱（1969.09）

我們偉大領袖毛主席親自批示**「照辦」**的中共中央命令，是以毛主席為首、林副主席為副的黨的九屆中央委員會發佈的第一道命令，是建國以來，動員全國邊疆軍民回擊侵略者的第一道命令，是具有極其重要的意義。我們全國軍民地必須堅決擁護，堅決執行，堅決照辦。

第一、「八‧二八」命令為什麼在這個時候發表？

因為美帝、蘇修，特別在蘇修，加緊對我國的武裝挑釁，已經達到了隨時都有突然發動大規模戰爭的可能，毛主席和黨中央為了使人民不受或少受損失，保衛祖國，保衛邊疆，鼓舞世界革命人民鬥志，及時的發出了這個命令，這是非常正確的，非常適時的。

（一）蘇修早就懷有侵略我國的野心。早在修正主義頭子赫魯曉夫篡奪了蘇聯領導權的時候，蘇修就採取種種卑劣的手段，妄圖破壞，顛覆和侵略偉大的社會主義中國。一九五八年蘇聯無理要求在我國建立長波電臺和共同艦隊，企圖從軍事上控制我國，當即被我拒絕。一九五九年蘇修為了勾結美帝進行核壟斷和核訛詐，背信棄義地撕毀了中蘇雙方簽訂的關於國防新技術的協定。一九六〇年蘇修片面的撕毀了幾百個合同和協議，廢除了幾百個技術合作項目，撤走全部在我國的專家，並在貿易上對我國實行限制和岐視政策，妄圖利用我國遭到三年自然災害的時機，從經濟上卡我們的脖子。一九六二年蘇修在新疆的伊犁、塔城地區進行大規模的顛覆活動，妄圖把新疆從我們國偉大祖國分裂出去。同年蘇修夥同美帝出槍出錢，支持印度反動派在中印邊境對我國發動大規模的武裝進攻。

勃列日涅夫上臺後，更是赤裸裸的對我國進行威脅。它大量增兵中蘇邊境，變本加厲地破壞邊界現狀，不斷進行武裝挑釁，一再製造流血事件。從一九六四年十月十五日到今年三月十五日前，蘇修挑起的邊境事件達四千一百八

十九起之多，平均一天兩次多，比一九六〇年到一九六四年間蘇修挑起的邊境事件增加了一倍半。

（二）不斷加緊對我國進行武裝挑釁。

今年三月二日、十五日、十七日連續在我國黑龍江省虎林市珍寶島地區發動了武裝挑釁，被我英勇的人民解放軍打得頭破血流，損失慘重。此後蘇修變本加厲把對我國武裝挑釁活動，從烏蘇里江擴大到黑龍江，從水界擴大的陸界，從東段擴大西段，近幾個月又犯下了滔天罪行，而且越來越頻繁，越來越猖狂。

六月十日侵入我新疆裕民縣巴爾魯克山西部地區，打死我牧民一名，打傷一名。七月八日又侵入我國八岔島地區挑起武裝衝突事件。此後不顧我國政府一再警告，仍侵犯我國領土、領水、領空，進行偵察挑釁，構築工事，向我國人員和我國領土開槍開炮，阻撓我國邊防人員的正常巡邏，干涉中國公民的正常生產勞動，破壞我國船隻在中蘇國境河流的正常航行。從今年元月一日至七月三十一月，蘇聯政府製造的邊境挑釁事件四百二十九起之多。特別嚴重的是八月十三日蘇修又出動直升飛機兩架，坦克、裝甲車數十輛和武裝部隊數百人，侵入我國新疆裕民縣鐵列克堤地區，入侵縱深兩公里，向我邊鋒防巡邏人員開槍射擊，當場打死打傷我邊防戰士多名，這是蘇修犯下的又一新罪行。此外，我區當面蒙修和蘇修軍隊，入侵我國領土活動增加，一次還打了四槍。

（三）大搞反華戰爭動員，加緊軍事侵略部署。蘇修叛徒集團在中蘇邊境挑起一系列事件的同時，在國內大造謠言，對我國進行惡毒的攻擊和無恥汙衊，發出一片反華叫囂，勃列日涅夫叫嚷：「不能」對中國「沒有反映」，要「不惜人力物力」加強「國防」，要把軍事力量「保持在最高水平」。蘇修軍事頭目接二連三地叫喊「現在到了戰爭邊緣」要採取一切必要措施，「分秒必爭」地進行侵華戰爭的準備。他們全面擴充軍備大量增加國防開支。一九六九年蘇修公佈的軍費為一百七十七億盧布，占蘇修總之支出的百分之三十七，比第二次世界大戰期間蘇聯最高軍費還多百分之三十八，實際上蘇修一九六九年軍費已高達五百億美元，已和美帝軍費開支差不多了。

蘇修一方面大搞反華戰爭動員，一方面加緊對我國軍事侵略部署，具體有以下表現：

（1）在中蘇、中蒙邊界大量增兵。勃列日涅夫等蘇修頭目，曾先後特地跑到中蘇邊境海參威、伯力等地活動，進行反華戰略部署。據西方通訊社的報導：蘇修已調了三十萬兵力到中蘇邊境，還有十萬到二十萬英聯士兵，其中包括火箭裝備起來的部隊開進了蒙古，蘇修還有在烏蘭巴托和二連之間蒙古鐵路南段地區「集結」重兵，蘇修東海岸的艦隊兵力增加了百分之十，隨著兵力增加，蘇修遠東軍區各邊境要地已成立了陸軍野戰指揮部。特別是蘇修駐蒙單隊由原來3個師增加到6個師，最近據說又劇增到8個師。蒙古境內，5月分至6月分發現運進蘇修軍官約三千人，各種車輛250台，我二連當面，蒙沙音山達及以南鐵路沿線已增駐了大批蘇修軍隊，坦克、火炮向南調動。

（2）大量武器裝備源源東調。一個法國記者談到他在蘇聯伊爾庫茨克的見聞時說：百來架大型運輸機戴著裝備「日夜」飛往邊境的緊張地區。我區對面蒙修境內也是來往頻繁運輸戰備物資。

（3）在中蘇、中蒙邊境修建一系列空軍基地和導彈基地，舉行以我國為假設敵的頻繁軍事演習。還指揮著蒙修軍隊演習。七月底，我區二連對面敵一個師搞軍事演習進入了對面的陣地，企圖在我麻痹時襲擊我們。最近又組成所謂蘇蒙國防部軍事地圖聯合測量隊，在蒙古各省活動，並在中蒙邊境地區尋找水源。以備侵略戰爭的需要。

（4）在中蘇邊境搞無人區。據西方報導，蘇聯東部地區的一些工廠、倉庫已經開始後撤，並在中蘇邊境建立一個寬達20公里的「無人區」，駐蒙的蘇軍家屬已經撤回國內。

（5）向中蘇邊境大批移民，並把武器發給他們。蘇軍還強制邊境居民進行軍事演習。

（6）大規模徵兵。蘇修發佈了新的「徵兵令」規定一年徵兩次兵，並強行規定今年徵集年度的適令青年「沒有緩徵權力」甚至連「原來緩徵已期滿的公民」也要應徵入伍服現役。據稱還要徵召18至50歲的人入伍。

（7）策劃召開蘇軍「政治工作人員」會議，其目的為了嚴密控制蘇修軍隊，加緊戰爭準備。

（8）陰謀糾集華沙條約的一些僕從軍，組成「國際縱隊」拉在一起反華。

（9）竭力勾結美帝拉攏印度、日本等反動派，加緊拼湊反華軍事聯盟。

（10）積極要求與美帝舉行會談，共同對付我國。據美國報紙透露，即將舉行的美蘇核會談，是美國和蘇修需要一個反彈道導彈系統來對付赤色中國。

特別是據西方透露，蘇修軍事頭目，最近向蘇修中央打了個報告，提出要在九月分進攻中國，其理由是他們胡亂估計到1970年我國就有了洲際導彈了，要到那時搞侵略就不容易了。

上面大量事實告訴我們，蘇修抓緊戰備，大搞有組織有計劃的軍事挑釁，是發動突然襲擊我國的前兆。蘇修和美帝國主義一樣，什麼壞事都幹得出來，它是我國人民最危險、最直接、最兇惡的敵人。

在這種敵人磨刀霍霍的情況下，我國人民能不準備打仗嗎？中央能不發佈命令嗎？我國人民能麻痺大意嗎？不能！不能！萬萬不能！因此，毛主席親自批示中共中央發佈了「八・二八」命令，這是非常正確、非常及時的。我們一定要遵照毛主席關於」總而言之我們要有準備」的偉大教導，認真做好反侵略戰爭的一切準備。

第二、「八・二八」命令的偉大意義：

「八・二八」命令的偉大意義可以從以下幾方面理解：

一、「八・二八」命令是一個緊急的反擊美帝、蘇修侵略戰爭的動員令。不僅關係到我國的安全和存亡，而且關係到世界革命前途的大問題。根據當前情況，美帝、蘇修磨刀霍霍，加緊反華戰爭準備和軍事挑釁，我們偉大領袖毛主席深刻地分析了美帝、蘇修的種種矛盾和備戰活動，吸取了國內外反侵略戰爭的經驗教訓。在「九大」多次提出**「要準備打仗」**，現在又下了一道命令，這就說明到戰鬥動員的時候了，必須高度警惕，以防止美帝、蘇修突然的襲擊，準備它們小打，也準備它們大打，準備他們打常規戰爭，也準備他們打核大戰。這樣只要我們全國軍民動員起來，從思想上、組織上、軍事上、物質上都充分就好了一切準備，那麼，在美帝、蘇修來犯的時候，我們就能堅決、徹底、乾淨、全部的消滅一切敢於來犯之敵。

二、「八・二八」命令是進一步落實毛主席**「團結起來爭取更大的勝利」**，**「要準備打仗」**的偉大號召的英明措施。在「九大」期間，偉大領袖毛

主席發出了號召，會後全國迅速落實取得了很大的成績，但距毛主席的要求和形勢發展還差的很遠，為了進一步落實毛主席的這些指示，有發佈了「八‧二八」命令更具體地提出了任務和要求，這就進一步給全國軍民特別是邊疆軍民指出了方向，明確的任務，這就能使全國軍民更加團結起來，在各方面取得更大的勝利。

三、「八‧二八」命令也是我們團結自己，戰勝敵人的強大的思想武器。我國人民經過無產階級文化大革命空前團結了，特別是「九大」開成了一個團結的大會，一個勝利的大會，我全國樹立了光輝的榜樣，「八‧二八」命令中特別強調了「團結起來，共同對敵」，「團結起來，準備打仗」這將進一步動員全國軍民團結的像一個人一樣，克服派性，加強在毛澤東思想基礎上更加鞏固的團結，我們就能戰勝一切敵人。

四、「八‧二八」命令也是當前一切工作的指導方針和全黨全軍全國人民的行動綱領。當前形勢要求我們一切工作都要圍繞準備打仗，一切行動都要用打仗的標準去衡量。毛主席批示的「八‧二八」命令是很全面的，對各方面的工作都指出了方向，這是當前指導一切工作的綱領，是當前壓倒一切的中心工作，必須把貫徹「八‧二八」命運擺在最重要的位置上，而《5‧22》批示和《7‧23》佈告是貫徹「八‧二八」命令的一項重要措施和重要內容，要執行好「八‧二八」命令，必須認真落實毛主席的各項無產階級政策，必須穩定局勢，鞏固無產階級專政，否則「八‧二八」命令也是落實不好的。這三者的關係是一致的，把它們對立起來是不對的，任何只抓一個不顧其它的做法都是不對的。因此我們必須提高認識，堅決、徹底、全面的貫徹落實。

五、這一命令也是毛主席、林副主席和黨中央對我們邊疆軍民和全國軍民最大的關懷和最大的愛護，給我們進行一次活的生動的階級鬥爭教育，及時給我們指出的方向，敲起了警鐘，以免國家和人民財產遭受大的損失。

第三、我們所處的地位和任務。

我區地處反修前哨，是祖國的北大門，時刻準備粉碎蘇修向我國發動的大規模的侵略戰爭，是我區軍民的神聖職責和最光榮的任務。

我區處於極為重要的戰略地位。蘇修、蒙修同我們邊疆線長達一萬公里。蒙修同我區邊界線長達一千五百公里。我區直接和蒙修接壤，是反修鬥爭的最前線。蘇修為了準備向我國發動大規模的侵略戰爭，在蒙修境內加緊進行戰鬥準備，開進大批侵略軍，並把進攻方向直接指向我內蒙地區。這充分說明，蘇修一旦向我國發動大規模戰爭，我內蒙地區是他主要進攻目標之一。我們必須充分認識我區軍民完成作戰任務的好壞，直接影響著整個戰爭的全局，直接關係著國家的安危。因此，我們只能打好，不能打壞。我們一定要按毛主席關於**「不鬥則己，鬥則必勝」**的教導，打出軍威，打出國威來，堅決做到：頭可斷，血可流，祖國神聖領土一寸也不能丟，誓死用鮮血和生命保衛祖國的每一寸土地。

偉大領袖毛主席教導我們**「在戰略上我們要藐視一切敵人，在戰術上我們要重視一切敵人。」**林副主席也只是我們：「要從打大仗，打惡仗著想，從最困難環境著想。」我們必須充分認識蘇修社會帝國主義豺狼本性，它和帝國主義一樣，要發動對我國大規模侵略戰爭，必然會依仗它的飛機，大炮，坦克，從天上來，地上來，或者從天上、地面、海上一齊來。我們對此又有充分的估計，在戰略上一定要藐視它，在戰術上一定要重視它。從最困難處著眼，多做幾手準備，同它們打大仗、打惡仗，打常規戰爭，打核大戰。無論出現什麼情況，我們都要有充分準備。全國人民在看著我們，世界人民在看著我們。我們絕不辜負偉大領袖毛主席和林副主席對我們的親切關懷和殷切的期望，絕不辜負全國人民和世界革命人民的重托，只要敵人敢踏上我國的領土，我們就堅決、徹底、乾淨、全部地殲滅之。

第四、充分認識我們必勝的有利條件，牢固地樹立敢打必勝的堅強信念。

偉大領袖毛主席教導我們：**「社會主義制度終究要代替資本主義制度，這是一個不以人們自己的意志為轉移的客觀規律，不管反動派怎樣企圖阻止歷史車輪的前進，革命或遲或早總會發生，並且將必然取得勝利。」**蘇修社會帝國主義內外交困，走投無路，妄圖通過發動侵略戰爭挽救它們將滅亡的命運，

最終必定是**「搬起石頭打自己的腳」**，加快它的滅亡，這是一條不可抗拒的規律。我們充分認識我們贏得戰爭勝利有許許多多的有利條件。

（1）我們有偉大領袖毛主席的英明領導，有林副主席的直接指揮，這是我們戰勝任何敵人，取得一切勝利最根本的一條。幾十年來，我們在毛主席的英明領導下打敗了日本侵略者，消滅了蔣介石八百萬軍隊創建了中華人民共和國。全國解放後，又勝利地進行了抗美援朝，打敗了以美國為首的十五個國家的進攻，粉碎了美蔣匪幫竄擾，打垮了印度反動派的武裝侵犯。最近，在珍寶島八岔島等地又嚴厲懲罰了蘇修的武裝挑釁。我們堅信：有毛主席的英明領導，林副主席的直接指揮，我們就戰無不勝，所向無敵，就一定能夠粉碎蘇修發動的大規模的侵略戰爭，同全世界革命人民一道徹底埋葬帝，修，反，打出一個紅彤彤的新世界。

（2）有用毛澤東思想武裝起來的，經過無產階級文化大革命鍛鍊的七億人民，特別是「九大」以後，全黨空前團結，全國人民空前團結，各組革命人民空前團結，全國出現了一大片熱氣騰騰的景象。我們祖國從來沒有今天這樣繁榮昌盛，從來沒有像今天這樣統一、強大，英雄的七億人民，人人是戰士，家家是堡壘，村村是戰場，七億人民七億兵，萬里江山萬里營，打起仗來，必將使敵人陷於人民戰爭的汪洋大海之中。

（3）有用毛澤東思想武裝起來的，舉世無雙的，戰無不勝的人民解放軍。在四十八年的革命鬥爭中，經歷了長期戰爭經驗，積累了戰勝國內外敵人的豐富經驗，形成了「它要壓倒一切敵人，而決不被敵人所屈服」的優良戰鬥作風。特別是經過了文化大革命的考驗和「三支」，「兩軍」的鍛鍊，鍛鍊了對毛主席的無限忠心，大大加強了同人民群眾的血肉聯繫，大大提高了階級鬥爭和兩條路線鬥爭覺悟，空前提高了部隊的戰鬥力。

（4）蘇修發動侵略戰爭，是非正義的，是受到蘇聯人民和世界革命人民的譴責和反對的。我們進行反侵略戰爭是正義的，一定會受到全世界革命人民的聲援和堅決支持。

（5）我們是在我國領土上消滅敵人，是關起門來打狗，我們熟悉地形，有廣大人民的支援。而蘇修是人地兩生，處處挨打。這樣必然以敵人失敗和我們的勝利而告終。

偉大領袖毛主席教導我們：「**一切所有號稱強大的反動派統統不過是紙老虎。**」美帝是紙老虎，蘇修也是紙老虎，它張牙舞爪，氣勢凶凶，擺出一付嚇人的架勢，這只不過是它豺狼本性的表現，是它紙老虎本質的大暴露。

當前國內外形勢一片大好，毛主席指出的「**一個反對美帝，蘇修的歷史新時期已經開始。**」世界革命人民的鬥爭風起雲湧，美帝，蘇修內外交困，他們的命運不會很長了，我們完全充滿了必勝信心，最後的勝利必將屬我國人民和世界革命人民。

第五、我們怎麼辦？

為了更好地貫徹執行「八・二八」命令，提出以下要求：

1.反覆深入學習「八・二八」命令領會精神實質，聯繫思想，聯繫實際，搞好戰爭動員教育。使大家認清形勢，經常保持清醒的頭腦和高度革命警惕，樹立長備不懈的思想。廣泛深入經常地開展革命大批判，通過三會（控訴會、聲討會，批判會）大揭大訴蘇修新沙皇的侵略本性和罪行，激發對蘇修的刻骨仇恨。通過大擺我們必勝的條件，大論反修鬥爭的對策，大學英雄人物的事蹟，樹立一不怕苦，二不怕死的革命精神，牢固地樹立早打，敢打，大打必勝的決心。

2.反對分裂主義，進一步增強革命大團結，「這是我們的事業必定要勝利的基本保證」。我們一定要在毛澤東思想基礎上，搞好軍政、軍民、上下之間、革命群眾的團結。繼續貫徹好《五・二二》批示，徹底糾正錯，消除隔閡，穩定局勢，要主動團結積極支援，互相協作。一切跨行業的群眾組織都必須解散，重拉部隊是錯誤的，也必解散；沒聯合的單位，要迅速聯合，建立革委會；要信任、支持、尊重、保衛革命委員會，不准圍攻毆打革委會的工作人員，不准衝擊革委會，保證革委會正常辦公，鞏固革委會的權威，把團結搞得好好的。

3.大反無政府主義，大反經濟主義，加強組織紀律性，這是團結人民戰勝敵人的強大武器，是保證戰鬥勝利的必要條件。所有人員都必須嚴格遵守革命的規章制度，堅守崗位，不得擅離職守，要抓革命、促生產、促工作、促戰

備；對煽動反革命經濟主義妖風，煽動離開工作崗位和盜竊破壞國家財產的壞人，要堅決依法懲辦；對於無組織無紀律的人，經教育不改的，也要給予必要處分。

4.加強民兵建設，加強群眾性戰備。認真貫徹毛主席「**全民皆兵**」的偉大戰略方針，大力加強民兵建設，當前要盡快整頓民兵組織，組建基幹民兵戰備團、營、連。在突出政治前提下，加強軍事訓練。做好防空、反空降都準備，迅速疏散城市人口，作好一切反侵略戰爭的準備，做到一聲令下立即行動，以消滅一切敢於來犯的敵人。保衛毛主席，保衛林副主席，保衛祖國，保衛邊疆，保衛人民革命財產的安全。

72.關於堅決貫徹執行「八‧二八」命令，進一步穩定局勢，團結起來，準備打仗的報告（1969.09.08）

最高指示

要準備打仗。

團結起來，爭取更大的勝利。

關於堅決貫徹執行「八‧二八」命令，進一步穩定局勢，團結起來，準備打仗的報告

毛主席、林副主席、中共中央、中央文革、國務院、中央軍委：

偉大領袖毛主席親自批發「七‧二三」佈告後，中央政治局的負責同志召見了我們內蒙的一部分領導幹部和中央半的毛澤東思想學習班內蒙班的部分學員，作了多次極其重要指示，我們深受教育。最近，偉大統帥毛主席親自批發了「八‧二八」命令，這更是對我們的最大激勵和鞭策。我們一定堅決貫徹執行，現將初步意見報告如下：

（一）

「九大」以來，內蒙各族革命人民學習、宣傳、貫徹落實「九大」精神和偉大領袖毛主席「五‧二二」批示，取得了很大成績，形勢大好，前一時期在清理階級隊伍中，自治區領導上所犯的「左」傾擴大化的錯誤，已經停止，後果正在消除。在毛澤東思想基礎上的革命大團結進一步加強。「七‧二三」佈告公佈後，尤其是「八‧二八」命令下達後，全區廣大軍民精神振奮，意氣風發，團結對敵，準備打仗的氣氛迅速增長，形勢更好了，而且向越來越好的方向發展。

但是，由於我們對中央指示學習不好，領會不深，領導工作大大落後於鬥爭形勢。特別是戰備動員工作還很不適應我區所處的戰略地位與當前對敵鬥爭的需要，廣大群眾中的思想戰備動員工作尤其不夠。這是必須要狠抓、快抓的大問題。糾正錯誤、落實政策的工作不夠迅速，思想工作做得不好，阻力還不小。對於癱瘓的各級革委會的恢復、健全工作，抓得不緊。對糾正錯誤的艱巨性、複雜性估計不足，警惕性不高，一小撮階級敵人煽起反革命經濟主義妖風和無政府主義思潮，已經嚴重影響了生產和革命次序（「八·二八」命令下達後，情況有好轉）。資產階級派性還沒有克服，群眾組織中兩派對立情緒仍然存在。當前內蒙有些地區局勢還不夠穩定。這些非常不利於團結對敵，加強戰備，落實政策和繼續完成「九大」所提出的各項戰鬥任務。

（二）

現在，我們更要高舉毛澤東思想偉大紅旗，遵照偉大領袖毛主席**「團結起來，爭取更大的勝利」**的教導，堅決執行「八·二八」命令，迅速在全國範圍內掀起一個團結起來，準備打仗的熱潮。並以此為中心帶動其他工作，奪取無產階級文化大革命和社會主義建設的更大勝利。

一、團結起來，準備打仗。

偉大領袖毛主席最近發出**「要準備打仗」**的偉大號召。

林副主席指示：「我們要做好充分準備，準備他們大打，準備他們早打，準備他們打常規戰爭，也準備他們打核戰爭」。黨中央「八·二八」命令，是保衛祖國、隨時準備粉碎美帝、蘇（蒙）修的武裝挑釁和突然襲擊的戰鬥動員令。我區地處反修前哨，肩負著保衛毛主席，保衛林副主席，保衛黨中央，保衛首都，保衛社會主義祖國的光榮任務。我們要在各族人民群眾中，開展反帝、反修教育，高度地樹立敵情觀念，加強戰備，把仇恨集中到美帝、蘇（蒙）修和叛徒、內奸、工賊劉少奇及其在內蒙的代理人烏蘭夫等一小撮階級敵人身上，切實從思想上、物質上做好打仗準備工作。

全區廣大軍民團結起來，準備打仗，是當務之急，是革命的大局，是一切工作的中心。這就必須進一步加強各級領導核心之間（首先是我們核心小組）、軍隊之間、群眾之間、各民族之間、軍民、軍政之間的革命大團結。團

結就是力量。蘇（蒙）修膽敢侵犯我國神聖領土，就讓他們陷入人民戰爭的汪洋大海之中，把他們堅決、徹底、乾淨、全部消滅之。

二、堅決執行「八‧二八」命令和「七‧二三」佈告，加強無產階級專政，進一步穩定局勢，加強戰備。

在全區範圍內，繼續大張旗鼓地學習、宣傳「八‧二八」命令和「七‧二三」佈告，做到家喻戶曉，人人皆知。使「八‧二八」命令和「七‧二三」佈告逐條逐句得到落實，進一步穩定內蒙局勢，保證戰備工作的順利進行。

必須杜絕武鬥歪風，全部、乾淨地收繳隱匿不交的少量武器、裝備、車輛。

必須嚴厲打擊反革命經濟主義妖風。對於煽動反革命經濟主義妖風的一小撮階級敵人和壞頭頭必須依法懲辦。對一般受威脅、蒙蔽的群眾，應進行教育。

對於盜竊犯，詐騙犯，殺人放火犯，搶劫、流氓集團和嚴重破壞社會次序的壞分子，必須實行專政。嚴厲打擊破壞戰敗工作的反革命分子。

我們打算在旗、縣、是革委會領導下，吸收當地軍事機關和有關部門組成「反侵略指揮部」，統一領導戰備工作（包括人民防空工作）。現已在若干旗縣試點，取得經驗後，擬在全區推廣。

三、發展革命大聯合。

我們決心遵照中央領導同志的指示，加強黨對群眾組織的領導，加強無產階級黨性教育，克服資產階級派性，堅決反對分裂主義，進一步加強革命隊伍的團結。在全區範圍內鞏固和發展按系統、按行業、按部門、按單位的革命大聯合。實踐證明，只有把各族廣大群眾團結起來，才能有力地進行戰備和落實政策等項工作。否則，阻礙重重，事倍功半。為此，「聯絡站」、「戰團」以及其他跨行業的組織要立即解散，重拉隊伍，另立山頭的組織，要強令解散。要一個一個單位地總結經驗、落實政策和認真搞好鬥、批、改的各項工作，反對插手外單位的運動。

四、充實、健全各級革委會的領導班子，鞏固革委會的領導。

已在正常工作的各級革委會，必須充分發揮作用。已癱瘓或半癱瘓的革委會必須迅速恢復工作。廣大革命群眾有尊重、愛護、幫助、支持各級革委會，維護其革命權威。

凡是在「左」傾錯誤下被錯「吐」出去的各級領導班子的成員，要迅速恢復他們的工作，在此期間新納進來的領導成員，在未重新決定前，要一律堅守工作崗位，積極工作。

要逐步解決有些單位的一派掌權問題，實行「補臺」，不能「拆臺」。要執行毛主席關於「一派不靈，兩派才靈」，「一派掌權不靈，兩派聯合才行」的教導。

五、繼續堅決地糾正錯誤，落實政策，認真搞好鬥、批、改。

堅決執行「八‧二八」命令和繼續落實「五‧二二」批示是一致的，都是落實「九大」所提出的戰鬥任務。我們要堅決執行「八‧二八」命令，狠抓戰備工作，這是對敵鬥爭，這是第一位的任務，同時也要繼續糾正錯誤，處理好人民內部矛盾。我們要繼續做好再清理階級隊伍中被誤傷的同志的平反和善後處理工作，要一個一個單位地去做過細的工作，力爭在今年十月份基本完成。還要切實落實毛主席的各項無產階級政策，包括黨的民族政策。當前尤其要狠抓解放幹部的工作，更要注意落實黨對少數民族幹部的政策。

凡是尚未完成清理結集隊伍工作的地區和單位，要按照黨的政策繼續抓緊、抓好清理階級隊伍的工作。對清理出來的敵人要實行專政。對進行翻案的階級敵人，要嚴厲打擊。對清理出來的可疑分子要繼續審查。對被揪出來的犯有這樣那樣的錯誤，但不屬敵我矛盾的人，要盡快查清問題，正確處理。

凡是大體上完成清理階級隊伍、完成了平反工作和實現革命大聯合、三結合的單位，要有計劃、有領導地開展整建黨工作。

要堅持毛主席關於「**工人階級必須領導一切**」的教導，各地工宣隊、軍宣隊經過一段學習和調整以後，要繼續抓好上層建築領域各部門的鬥、批、改工作，把各條戰線上的仗打好。

六、狠抓革命大批判。

無產階級文化大革命已進入在各個單位認真搞好鬥、批、改階段，無產階級世界觀同資產階級世界觀的鬥爭，在各個方面更深刻地展開了。我們更有高舉毛澤東思想偉大紅旗，活學活用毛澤東思想，抓緊革命大批判。進一步批判修正主義，批判劉少奇、烏蘭夫的反革命修正主義路線在政治、經濟以及各個文化領域的流毒，肅清它的影響；也要開展對蘇（蒙）修正主義集團的批判，

提高各族人民的革命警惕性，作好粉碎蘇（蒙）修侵略的精神準備。我們要批判黨內、革命隊伍內部違反毛主席無產階級革命路線和政策的各種錯誤傾向和錯誤思想，加強無產階級黨性，促進在毛澤東思想基礎上的革命大團結。我們要批判社會上的資本主義傾向，使廣大群眾擦亮眼睛，明辯是非，對資本主義傾向進行堅決的抵制和揭露，鼓足幹勁，力爭上游，多快好省地建設社會主義，不斷地鞏固無產階級專政。

當前，在我區要狠抓對反革命經濟主義的批判，肅清劉少奇的「獎金掛帥」「物質刺激」的流毒。揭露一小撮階級敵人和壞頭頭把群眾引向經濟主義邪路的罪行。狠抓對資產階級派性的批判，反對分裂主義，批判宗派主義、山頭主義、小團體主義和資產階級的「多中心即無中心論」；也要揭露和批判敵人挑撥民族關係、破壞民族團結的一切詭計，肅清烏蘭夫民族分裂主義的流毒。狠抓對無政府主義的批判，加強組織紀律性。

七、加強擁軍工作。

「沒有一個人民的軍隊，便沒有人民的一切」。中國人民解放軍是偉大領袖毛主席親手締造親自領導、林副主席直接指揮的所向無敵的英雄軍隊，是無產階級專政的堅強柱石，是偉大祖國的堅強保衛者。她在無產階級文化大革命運動中，又樹立了新的偉大功績。在我區前段糾正「左」傾錯誤、落實黨的各項政策過程中，對穩定局勢又發揮了堅強的支柱作用。大敵當前，各級革命委員會，各群眾組織，各族革命人民必須進一步做好擁軍工作，大力支持和協作軍隊和生產建設兵團做好備戰工作，做好「三支」「兩軍」工作。深入持久地開展向解放軍學習運動。絕不許作損害人民解放軍的事情。絕不許任何人衝擊軍事機關和部隊。絕不許任何人挑拔軍民、軍政關係。要大力加強民兵工作，搞好邊境地區的軍民聯防，共同把好祖國北大門。

八、狠抓革命，猛促生產。

各級革委會和廣大革命群眾在抓好革命的帶動下，要迅速改變目前少數地區工農業生產處於停頓和混亂狀態。工業生產，要突出地把煤炭、國防工業，鐵路公路運輸抓好。也要抓好農牧民生產，財貿工作，按排好人民生活。開展群眾性的愛國衛生運動。工、農、牧業各條戰線都要為完成或超額完成今年的生產計劃而努力奮鬥。

（三）

「大海航行靠舵手，幹革命靠毛澤東思想。」

我們決心在千頭萬緒裡，在千忙萬忙中狠抓根本，把活該學活用毛澤東思想擺在各項工作的首位，用毛澤東思想統帥一切。

我們要把全區活學活用毛澤東思想的群眾運動繼續推向前進，堅持用偉大的毛澤東思想武裝各族人民的頭腦。「毛澤東思想為廣大群眾所掌握，就會變成無窮無盡的力量，變成威力無比的精神原子彈。」這是勝利的根本。

當前，用毛澤東思想武裝各級領導班子尤為當務之急。首先是我們核心小組。在國內外階級鬥爭緊張，尖銳的情況下，我們的責任更為重大。我們必須進一步團結一致，才能盡快穩定內蒙局勢，盡快落實政策，盡快把各族人民動員起來搞好戰備，把好祖國的北大門。否則，我們就要犯更大的錯誤。這是關係到國家、人民和黨的利益的大問題。

我們決心在偉大的毛澤東思想的旗幟下增強黨性，加強團結，用毛澤東思想**「統一認識、統一政策、統一計劃、統一指揮、統一行動」**，加強一元化的集體領導。我們要把毛澤東思想當作「命根子」，努力學習，共同遵守，我們就能精密團結，並肩作戰，我們就能帶好全區無產階級革命大軍，壓倒一切敵人，善於勝利，敢於勝利！

為此：我們要好好學習毛主席關於無產階級專政下繼續革命的偉大學說，認真學習黨的「九大」文獻，「五・二二」批示，「七・二三」佈告，「八・二八」命令和毛主席的一系列最新指示，從根本上提高階級鬥爭，兩條路線鬥爭和繼續革命的覺悟。

我們要好好學習毛主席的《矛盾論》等哲學著作，逐步學會運用毛主席的哲學武器，用**「一分為二」**的唯物辯證法分析問題，改造客觀世界和主觀世界，經常總結經驗，不斷克服盲目興和片面性，增強自覺性。

我們要好好學習「老三篇」、《關於糾正黨內的錯誤思想》和毛主席關於加強組織紀律性的教導，不斷**「鬥私，批修」**，發揚**「一不怕苦，二不怕死」**的革命精神，進一步樹立一心為公，完全徹底為中國和世界人民服務的思想。

我們一定以林副主席為光輝榜樣，活學活用毛澤東思想，選用結合，再在

「用」字上狠下功夫，反對學用脫節，表裡不一的兩面派作風。

要大辦辦好各種類型的毛澤東思想學習班，沿著毛主席光輝的「五‧七」指示的道路，把我區真正辦成紅彤彤的毛澤東思想大學校。

我們決心緊密地團結在以毛主席為首，林副主席為副的黨中央委員會周圍，高舉「九大」團結勝利的旗幟，全面落實「九大」提出的各項戰鬥任務，堅決貫徹執行「五‧二二」批示、「七‧二三」佈告和「八‧二八」命令，堅決執行中央領導同志在這次召見中的多次指示，動員全區各族人民以團結起來，準備打仗為中心，做好各項工作，爭取更大的勝利，迎接國慶二十周年。

以上報告當否，請指示。

中共內蒙古自治區革命委員會核心小組

一九六九年九月八日

73.吳濤同志傳達九月十三日晚至十四日凌晨中央首長接見內蒙革委會在京常委的指示（1969.09.16）

（一九六九年九月十六日上午於內蒙班在全體學員大會上）

同志們：

　　學習班黨委和學習班領導小組讓我在這傳達一下中央首長於九月十三日夜至九月十四日凌晨接見內蒙核心小組和在京常委的指示。

　　中央首長有總理、李作鵬副總長、有李德生同志。

　　被接見的有內蒙核心小組滕、吳、高、權、李，常委霍道余、高樹華、王金保、郝廣德、王志有。

　　總理講：你們應該很快地解決問題，就剩下你們和貴州了，新疆、西藏都走了。你們的問題還沒有解決，你們要加快步伐，爭取走在貴州的前面。內蒙戰備還沒有迎頭趕上，邊防還不強，警惕性不高，東北、西北比你們好，他們的警惕性高，捉到了蘇蒙修情報特務。敵人對三北都會派遣特務收集我們的情報，不可能不向內蒙派，你們要提高警惕，防止特務收集我們的情報。澤登巴爾會派遣特務的，烏蘭夫的死黨也會趁機進行破壞活動的。滕海清同志犯了錯誤改了就好嘛，是違反政策的錯誤，是人民內部矛盾，不能揪住不放，大敵當前，要團結起來一致對敵，把仇恨集中到美帝、蘇修身上，集中到劉少奇、烏蘭夫一小撮階級敵人身上，要分清兩類不同性質的矛盾，把兩類不同性質的矛盾的位置要擺正，首要的，要把矛頭對準國內外階級敵人，對自己的人犯了錯誤要按毛主席教導，採取**懲前毖後，治病救人**的政策，要按**團結——批評——團結**的公式幫助同志，對犯錯誤的同志不能揪住不放。內蒙要團結起來，共同對敵，團結起來，準備打仗。

　　總理講，柯西金來了，進行了一次會談，是外交嘛，不能麻痹，我們要加強戰備，準備打仗。我們向柯西金嚴正指出，如果蘇修膽敢向我們進攻，轟炸我們的軍事設施，這就是戰爭，這就是侵略，我們一定要抗戰到底，你們的飛

機、大炮、坦克多一些，我們還是小米加步槍，可能還多一些東西。我們有偉大的統帥毛主席英明的領導，有七億人民，有戰無不勝的偉大的人民解放軍，我們一定堅決消滅敢於來犯的敵人。

對青年革命造反派群眾代表，從群眾中來，還要到群眾中去勞動，才能保持新鮮血液的作用，不能蹲在機關裡，不能脫離生產，不能脫離群眾，否則就不能成為群眾代表，也就失去群眾性，也就不成為新鮮血液了。領導幹部要幫助他們成長，要以身作則把他們帶好。革命委員會是新的權力機構，即使裡面有不好的人，但還不是敵人，就要很好地教育他們，教育下去勞動都可以。對他們的問題，錯誤可以批評。那裡有那麼純，盡一切努力幫助、教育。初期的造反派總會有變化嘛，要加強教育。

你們革委會常委要擴大一些，增加領導幹部，原來批准的有幾個同志，如謝振華、楊永松、張廣有都另行分配工作了。要加強領導班子，把革委會的工作做好。

解放幹部的問題。解放幹部很重要。幹部不解放不知道落後多少倍。有些幹部靠邊站，不看文件，不看報，不聽報告，不知道情況，與世隔絕，好像桃花源記裡說的「不知有漢無論魏晉矣」。要解放他們，教育他們到群眾中去，到工廠中去鍛鍊，接受群眾的再教育，這樣才能提高他們的政治覺悟水平，才能取得群眾的諒解，才能解放。對幹部還是要用的，不用是不行的，越靠邊站就越落後。當初犯錯誤是怨他自己，現在你不給他改的機會怎麼能解放呢？對這些人還是要經常教育他們，把他們解放出來，不能長期靠邊站，對黨，對幹部都不利。

總理講，由群眾代表中培養一個領導崗位上的幹部是很不容易的，要費很大的功夫，花很大的精力，要用毛澤東思想武裝他們，他們自己要活學活用毛澤東思想，在階級鬥爭中鍛鍊自己。對革命造反派要好好保護、教育。對他們要有批評。有的人犯錯誤能夠改正過來就好嘛。

李德生同志插話：對群眾代表要團結、教育、保護、信任。

總理繼續講，要教育他們學會無產階級的氣魄，不要陷在具體問題之中揪住不放，不要陷在資產階級派性不能自拔，要胸懷大局，顧全整體。上海的王洪文同志在上海的一月風暴中，階級鬥爭中鍛鍊成長，比較好。內蒙的寶日勒

岱比較踏實。內蒙的造反派苗子不錯，就是比較嫩。

李作鵬同志講，東三盟的同志應該很快回去。東北對東三盟很重視，派去一千多人，做了很多的工作，情況很好，比內蒙西部好，有些問題要在當地解決，黨的政策是一個，東北三省一定能夠很好地解決問題。動員他們趕快回去，要東三盟的同志三天以內回各盟，十五、十六、十七，也可以分批走。東三盟還有東北同志，瀋陽軍區，還有東北三省革委會、省軍區派人來歡迎東三盟同志回東三盟去。

總理接著講，河西公司你們要加倍努力，不要驕傲，要再接再勵。河西公司革委會要補臺，雙方組織都要撤掉。你們要執行「八‧二八」命令，要把新紅聯在北京的幾十個人歡迎回去，不回去要執行「八‧二八」命令，要執行紀律，限制時間讓他們回去。王志友同志要多做工作，你是常委，又是河西公司的副主任，要聽兩種不同觀點的意見，特別要聽對立面的意見。霍道余、王志友、郝廣德你們三個人要做五‧二二觀點的工作。你們三個人，加上高樹華、王金寶同志一共五個人。你們五個人要擰成一股繩，加強黨性，克服派性，按黨的原則辦事，把兩派的工作做好。革命委員會的成員、共產黨員不能當派性的頭頭，要有黨性，派性可能把工作關係都顛倒了，把兩類不同性質的關係給顛倒了。山西最近的情況很好，形勢很好，已經鏟平山頭，有的黨員退出了群眾組織。呼市最近還有小報，小報要一律取消。特別有的小報揪住犯錯誤的不放，有的無限上綱。中央已經規定不要登報，甚至有的小報還往外地發，更是不對的。對犯錯誤的同志要幫助改正錯誤，不要揪住不放。

為了加強團結，共同對敵，團結起來，準備打仗，滕海清同志不再作檢查了。「五‧二二」批示，毛主席親自批的，滕、吳、李的檢查已經發到全國二十九個省、市、自治區，內蒙發到公社以上。大敵當前，要團結對敵。我們黨對犯錯誤的同志是**懲前毖後，治病救人**，不能揪住不放，不能夠使犯錯誤的同志感到灰溜溜的。不檢查有利於團結，有利於戰備，有利於對敵鬥爭。

學習班要學「九大」文獻，毛主席的講話，林副主席的報告，黨章有關部分，還要學幾篇社論，「五‧二二」批示，「七‧二三」佈告，「八‧二八」命令，要搞好鬥私批修。原定的學習計劃不要強調第二部分，第二部分可以不用，應該以鬥私批修為綱，學好文件，應和本地鬥爭實際情況相結合，增強黨

性，克服派性，搞好大團結，團結起來，共同對敵，團結起來，爭取更大的勝利。學習班要解決問題，能夠爭取在「十一」以前解決就更好。也可以採取那個連學得好，聯合的好，解決了問題，也可以先走。文化大革命已經三年了，召開了「九大」，建立了紅色政權，革命委員會有些領導幹部中央已經表了態，有的人還在整理材料，這是不對的，繼續整是錯誤的，雙方都要把整人的材料拿出來一火燒之。中央表態的人如果有人再整，這是什麼問題呀？各盟市負責同志到學習班來做思想工作，十五、十六、十七三天要做出一定成績來。瀋陽軍區來的同志要到學習班迎接東三盟的同志回東北。對各級革委會都要支持。革委會是你們自己建立起來的嘛，這是新生的紅色政權嘛。自己建立起來的，不能推翻。要推翻，那是不對的，如果代表性不足，可以補臺，不能拆臺。

（記錄稿）

74.中共呼和浩特市革命委員會核心小組 關於「一一·二三」事件的平反公告 （1969.09.23）

最高指示

有反必肅，有錯必糾。

團結起來，爭取更大的勝利。

　　一、在前一段清理階級隊伍中，特別是在挖「內人黨」的過程中，由於我們的毛澤東思想水平不高，違背毛主席的無產階級政策，在「左」傾嚴重錯誤思想指導和資產階級多中心論的影響下，以復舊為名，在市革委會第五次全委（擴大）會議期間，即一九六八年十一日十二十三日革委會核心小組擴大會義上，以「內人黨」，右傾勢力，李、陳、趙的老班底等莫須有的種種罪名，錯誤地把一批同志從命革委會清除、「吐」了出來，我們犯了嚴重的逼、供、信和擴大化的錯誤，致使這些同志在政治上遭到迫害、精神上遭到折磨、肉體上遭到摧殘、人格上遭到侮辱、在此，我們懷著十分沉痛的心情，向這些被誤傷的同志們表示賠禮道歉！

　　二、「錯誤和挫折教訓了我們」。我們所犯的錯誤，後果是極為嚴重的。我們深感對不起偉大袖毛主席，對不起以毛主席為首、林副主席為副的黨中央對我們的信任，對不起全市五十萬各族革命人民對我們的重托，我們將永遠記取這一沉痛教創，堅決改正錯誤。

　　三、偉大領袖毛主席教導我們：「有反必肅，有錯必糾」。根據毛主席的《五·二二》批示和中央對內蒙當前工作的指示，根據內蒙革委會有關政策規定情神，在此，特給被「一一·二三」會議錯誤處理的李文昌、齊林、徐蒙、趙文江、牛兢存、韓雪明、李玉章、孫風琴、王淑琴、郭振遠、李幹、楊屹民、王貴生、李迎祥等十四名同志一律予以公開徹底的平反，恢復名譽，恢復

工作或另行分配工作。

　　四、對上述同意所整的一切黑材料（包括照片）一律追回，當眾銷毀；確實無法追回的，我們鄭重宣佈：一律作廢、本人所被迫寫的材料，全部退回本人。

　　五、團結起來，準備打仗。當前美帝、蘇修正加緊勾結，陰謀侵犯我們偉大祖國。大敵當前，我們熱切希望被誤傷的同志，以團結為重，胸懷大局，不計個人恩怨。一切革命同志都要以革命利益為重，團結一致，共同對敵。堅決響應毛主席**「提高警惕，保衛祖國」**，**「要準備打仗」**的偉大號召，認真落實《五·二二》批示、《七·二三）佈告和《八·二八》命令，**「抓革命，促生產，促工作，促戰備」**，團結起來，取更大勝利！

一九六九年九月二十三日

75.中央負責同志幾次接見的指示精神
（1969.10.05）

最高指示

提高警惕，保衛祖國。

要準備打仗。

團結起來，爭取更大的勝利。

中央負責同志幾次接見的指示精神

（內部文件。注意保存）

（傳達提綱）

偉大領袖毛主席、林副主席和以毛主席為首、林副主席為副的黨中央，非常關心內蒙古自治區的形勢。中央負責同志在日理萬機的百忙工作當中，召集內蒙地區的主要領導同志和群眾組織代表，在從八月一日到九月十四一個半月時間內接見我們八次，對內蒙地區的工作，作了極為重要的指示。這是對內蒙各族革命人民的最大關懷，最大愛護，最大鼓勵，最大鞭策。

接見我們的中央政治局負責同志有：周恩來、陳伯達、康生、江青、姚文元、黃永勝、吳法憲、葉群、李作鵬、紀登奎、李德生同志。陪同接見的有鄭維山、陳先瑞等同志。

被接見的有：自治區革委會核心小組成員、內蒙軍區負責同志、各盟市革委會和部隊部分領導同志，各革命群眾組織在中央辦的毛澤東思想學習班——內蒙班的部分同志。第一次，八月一日凌晨，接見自治區革命委員會核心小組成員和各盟市及部隊主要負責人十七個同志。中央負責同志聽取了我們的會報後，並作了重要指示；第二次，八月一日深夜接見毛澤東思想學習班——內蒙

班九位同志，聽取了他們的彙報，也作了重要指示；第三次，八月四日深夜接見自治區核心小組五人；第四次，八月十二日，通宵接見了自治區核心小組、各盟市、各部隊來京負責人20人，中央辦的毛澤東思想學習班——內蒙班的領導小主和群眾代表33人。

在這難忘的四次接見中，中央負責同志忘我的工作精神，過細的工作作風，親切的教導，懇切而嚴肅的批評……。給了我們極為深刻的教育。

中央首長號召我們，要借偉大領袖毛主席親自批發的「七‧二三」佈告的強大東風，更好地貫徹「九大」精神，落實「五‧二二」批示，迅速糾正錯誤，落實政策，認真搞好鬥批改，堅決反對經濟主義、無政府主義和分裂主義，鞏固無產階級專政，進一步加強團結，共同對敵，加強戰備，準備打仗。

一、加強團結，準備打仗。

在幾次接見過程中，中央負責同志特別強調，大敵當前，要以大局為重，要加強團結，準備打仗。中央負責同志嚴肅指出：你們共同點是不顧大局，目無敵人。你們在地圖上看一看，你們邊防距北京多近？你們還在那裡那樣搞，分成兩派，眼裡沒有敵人，搶槍武鬥。內蒙邊防地形很平，坐汽車十幾個小時就能到北京！你們首先要分清敵、我、友，內部也有敵人嘛，腦子裡要經常想著敵人，把目標對準敵人，目標不對準敵人，怎麼對付帝、修、反呢？敵人威脅我們，我們要嚴陣以待。

你們不管那一派，也包括一些老同志也都缺乏敵情觀念。蘇修在蒙修那搞戰場準備，你們不知道？要用這個教育群眾，提高愛國主義覺悟。在你們自治區一些地區，階級敵人和壞頭頭煽動起反革命經濟主義妖風，無政府主義、分裂主義，你們老幹部首先應當負責任，你們內蒙局勢不穩定，蘇蒙修一來怎麼打仗？！如果守不住祖國的北大門，就要成為國家民族的罪人了。

二、堅決貫徹執行「七‧二三」佈告。

中央負責同志說：中央叫你們來談談內蒙形勢，討論如何執行「七‧二三」佈告，怎麼借這個東風，趁熱打鐵把內蒙的局勢很快穩定下來。「七‧二三」佈告是對山西的，但對全國都有重大意義。這個佈告是新的中央委員會發佈的第一個佈告，是偉人領袖毛主席親自批發的，一定要堅決貫徹執行，不准違反。你們內蒙，是反修前線，亂不得。現在有的地方有點亂，有搶槍的，拿

槍搞武鬥的，一定要立即剎住。你們糾正錯誤、落實政策不快，這是不對的。衝擊軍事機關、衝擊革命委員會，搞打、砸、搶、抄、抓，這是不能允許的。你們那裡現在又搞起了兩派，這就容易被階級敵人利用，利用資產階級派性來搞垮軍委會、搞亂軍隊、破壞革命秩序、破壞社會治安，要立即剎住這些歪風。「七·二三」佈告是強大的武器，是強勁的東風，要很好的利用這個武器，借這個東風。山西省佈告發佈後局勢很快轉過來了。佈告發到內蒙也不太晚嘛，但效果不顯著，所以要好好討論一下執行「七·二三」佈告的措施。

中央負責同志問我們，怎麼內蒙又搞起了經濟主義呢？中央負責同志說：我們得到這個材料，包頭礦務局工人，群眾打人，包圍銀行，強行提款三百五十五元，這在全國是罕見的，是個嚴重問題。發了三十八個月的附加工資，每人分得270多元。那個地方的附加工資什麼時候停發的？合同工、臨時工沒有附加工資嘛。北京的附加工資是四元八，包頭礦務局多少？怎麼算也不能每人補發二百七十元那麼多，還搞什麼地區津貼，這就不單是什麼附加工資問題了，這是要搞什麼名堂的？包頭石拐那個地方有壞人，為什麼在這個時候（指局勢不穩定）採取那樣辦法來搞附加工資，這是搞經濟主義妖風嘛！這個事情一定要嚴加追究處理。

對經濟主義妖風，可不能掉以輕心。上海在一月風暴以前，刮過經濟主義妖風，它像瘟疫一樣，刮到那裡，那裡就癱瘓。這是劉少奇的反革命修正主義流毒。你們那裡對劉賊的「金錢掛帥」、「物資刺激」批判得很不夠。在青年工人中，在合同工、臨時工中最容易被煽動起來，用蒙蔽、欺騙、威迫的辦法，把工人引上邪路，轉移鬥爭大方向。為什麼老工人有的不上這個當呢？因為老工人有階級鬥爭覺悟，有經驗。搞經濟主義在兩派中都有。要同「七·二三」佈告中列舉的七條罪行對照一下，凡是有那種罪行的就是反革命，就是壞頭頭，不能說成分、出身好，有什麼功勞就可以原諒。你們要注意，佈告中有新的打擊對象，就是壞頭頭。你們那裡發生打革委會的工作人員，打解放軍支左人員，打銀行人員，這就是反革命行為。再說怎麼能一打就簽字呢！「一不怕苦，二不怕死」的精神那裡去了？要頂住，打死也不能簽字嘛！

中央負責同志在答覆我們關於附加工資問題的請示報告時，詳細詢問了呼、包二市恢復和補發附加工資的情況，並指示說：「中央不打算批覆你們的

請示報告了，因為批覆你們的請示報告，一是對全國有不好的影響；二是也不能解決你們那裡的問題。解決你們那裡問題的關鍵是指行「七‧二三」佈告，這是最有效的武器，你們不好好發揮這個強大武器的作用，還有什麼更好的辦法來解決問題。附加工資問題你們自己處理就可以了。應該了解，不把經濟主義妖風、無政府主義打下去，不樹立起革命委員會的權威，就是一個合理的經濟問題也是解決不好的，勉強解決了，也還會增加新的矛盾，給將來的改革還會增加新的困難。經濟問題的解決只能在鬥、批、改後期整黨建黨完成以後，改革規章制度時再去解決。要過細地做工作才能解決好。所以現在關鍵是堅決貫徹執行「七‧二三」佈告，發揮這個最強有力的武器的作用。內蒙現在鐵路不暢通，很多工廠停工停產，所以要用「七‧二三」佈告去發動職工恢復生產，恢復上班，不上班不生產的要按「七‧二三」佈告停發工資，直至開除。你們那裡是連正工資都快發不成了，還鬧什麼附加工資，鬧什麼福利問題！你們現在不狠抓「七‧二三」佈告落實，讓經濟主義、無政府主義氾濫，蘇蒙修一來你們就都要同歸於盡。

你們那裡經濟主義妖風為什麼還熬不住？總理已經批示了，要立即指行。烏達有五個連的部隊，人民解放軍是紅色政權的支柱，為什麼不挺身而出？不保衛國家的銀行？這是內蒙出的怪事，為什麼看到反革命的事件不管？為什麼不保衛毛主席批發的「七‧二三」佈告！你們對包頭石拐問題處理沒有？為什麼那樣挺不起腰來，萎靡不振的，你不抓壞人，不實行無產階級專政，敵人就要專你們的政了。烏達這個事情要按總理批示立即指行，把壞人抓起來，搶的錢要追回來。

還有的部隊幹部和地方幹部，擅自離開崗位，要限期回來，否則就要指行紀律。你們應該處理個把人，開除軍籍，開除黨籍，這就能挽救更多的人不犯錯誤。

對壞人要實行專政，還是要殺人的。北京前幾天一次就槍斃十一個。你們那裡「七‧二三」佈告以後該抓的沒有抓人，該殺的沒有殺，這是不對的。

大聯合問題，你們要旗幟鮮明，態度堅決，要認真細緻地去做工作。文化大革命到了什麼時候，還搞兩派，拉隊伍搞山頭，這是搞分裂主義，是犯罪行為。觀點不同要以毛澤東思想為尺子，對的就支持，錯的就要批評教育。不允

許搞兩派對立，激化矛盾。派性發展起來，眼裡就沒有敵人，沒有大局，什麼事都能幹得出來，就要出壞頭頭。要堅決按「七‧二三」佈告辦事，新搞起來的組織都不承認、都要取消。大敵當前，要堅決和分裂主義作鬥爭。

平反是給誤傷的好人平反，敵人乘機翻案肯定是會有的，要提高警惕，嚴防階級敵人混水摸魚。發現敵人翻案，要堅決打下去。

三、關於增強黨性，克服派性問題。

中央負責同志指示：你們來學習班是學習毛澤東思想的，不是打官司的，這樣才能平心靜氣地看問題，才能正確的分析處理問題。內蒙問題看得正確要有武器，這個武器不是槍，不是手榴彈，也不是你們這一大堆材料，而是毛澤東思想、「九大」精神、新黨章。你們是黨員，要用黨性看問題。提高黨性，才能消滅派性。

黨員要服從紀律，拿黨章作標準。我看你們沒有好好學習黨章，特別是總綱，這是毛澤東思想的概括。後邊幾條是組織原則，學習要找差距。「少數服從多數」，這是拿黨性來說的，不是拿派性來說，我這個派人數多，你就得服從我。「個人服從組織」，現在無政府主義相當嚴重，有的人要黨服從他，甚至超越黨之上，要黨服從群眾組織。「全黨服從中央」，你們學習班要服從中央，這是中央辦的學習班，實際上是黨校，一切要聽從中央的。贊成有執行，不贊成也要執行。學習班不是旅館，也不是請客，想來就來，想走就走，一切要服從中央的。群眾組織要服從黨的領導，包括工代會，農代會，紅代會。現在不是想內蒙，呼市，而是拿黨章想自己。你們是該想想自己了！把黨性增強了，這是黨員的百年大計，像蓋房子一樣，是打基礎的。

你們不僅是群眾代表，還是黨員，怎麼能忘了黨！有些人說自己是群眾頭頭就高興，不講黨員，認為黨員不在話下。你們不是以黨員為光榮，而是以當「派員」為光榮，不願做黨員，而要當「派員」。這不管新老幹部都是很危險的。要以黨章為標準，想想你們的言論行動，合乎不合乎黨章要求？黨員要按黨章辦事，以黨性要求，不合的就要改。你們那裡過去犯的左傾錯誤是嚴重的，不認真批判錯誤，怎麼能改正錯誤呢。要在大的原則下團結起來，看法有不一致，但不能不團結，小道理要服從大道理。

中央負責同志指示：部隊要特別加強組織紀律性。對擅離崗位的下個命

令，限期回去。軍隊幹部、地方幹部都要堅守崗位，要「**一不怕苦，二不怕死**」嘛，關鍵時刻擅自脫離崗位這是絕對不能允許的。「七‧二三」佈告，工人都限期回來嘛！軍隊有的幹部像個野馬還能行！蘇（蒙）修要搞我們的，這是個大局，為什麼不想一想？！軍隊要團結一致嘛，如果來中央參加學習班的，在外面晃，不來報到的，要限定日期。不守紀律，學習班開除。是毛主席的學習班，還是他們派性的學習班？如果不改的話，把他們開除黨籍，放到連隊當兵。

中央負責同志指示：「九大」已開了，建立了以毛主席為首、林副主席為副的九屆中央委員會，中央要求更高了。內蒙革委會一部分成員跟不上形勢的發展，沒有把「九大」精神落實，糾正錯誤，落實政策不快，你們在中蒙邊境反修前線，搞亂了對大局不利。中央不是講了？既要糾正錯誤，落實政策，又有穩定局勢，共同對敵，你們沒有完全做到。一個是蘇（蒙）修搞，一個是內部敵人搞。你們這一鬧，外部敵人不管了，內部敵人也不管了。這怎麼行呢？！

你們那裡有兩派怎麼辦？怎麼團結呢？也影響了生產，敵人聽到就笑哈哈了。你們是群眾代表，但都是革委會成員啊，怎麼能個支持一派，把錯誤都加到另一方，這是搞大分裂，大混亂嘛！「九大」以後，還搞兩大派，就不利於革命。組織形式要服從革命形勢、政治任務。你們做了很多工作，維護了革委會，但這個組織形式不利。要站在革委會立場上，不要站在派性立場上。對敵鬥爭要一致起來嘛！蘇修在搞軍勢基地，搞導彈，向我們示威，你們去搞派性，搞經濟主義妖風，千條道理萬條道理，不團結就沒有道理；「聯絡站」也好，戰團也好，中央對你們兩個組織都不承認，都要取消。你們學習班要混合編班，不能一派一班，派性長城。這個風氣非要剎下來不可。要下個決心，把兩派搞掉。

文化大革命三年了，你們卻是兩派，總要找個共同的基礎，這就是「九大」精神、「五‧二二」批示、「七、二三」佈告你們學過了沒有？你們都是黨員，不過是有先有後，在這個基礎上聯合起來嘛！你們有派性，壞人就鑽嘛！你沒有好好考慮大局，有消除分歧，共同站在毛主席革命路線立場上，就是要「**團結起來，爭取更大的勝利**」。這就是「九大」精神。

中央負責同志指示：老黨員更要有黨性，有些同志忘掉了黨性，只記得當

官，甚至當群眾一派的頭頭，口裡一套，心裡一套，兩面手法，不是誠懇的直爽態度。老黨員，老幹部要有黨性，不能把自己的水平降低到群眾水平，站在一派群眾一邊，沒有黨性。在中央面前耍我不應有這樣兩面派，這是很大的錯誤，不應有這個態度。如果對黨不講實話，就這一條錯誤就是大錯誤。

毛主席教導：「**我們應該謙虛，謹慎，戒驕，戒躁，……**」不要以為老同志，老資格，就驕傲起來，不願聽取群眾意見，不相信群眾，不尊重其他同志。也不要以為自己犯的錯誤小，就驕傲起來。對老共產黨員犯錯誤要著急，有幫助，不能掉以輕心。有錯誤就承認嗎，要交心，不要說空話，有誠懇的交心，要好好作自我批評。

中央負責同志指示：要你們到北京來，上學習班不是打官司，爭輸贏，爭長短。論長短就要有尺寸，這就是毛澤東思想，「九大」精神，離開這個就越掙越短。徐海打了一年，他們雙方都打輸了，又都打贏了。學習後聯合起來都贏了，贏在哪裡？贏在毛澤東思想偉大紅旗舉的高，贏在團結起來，共同對敵。輸在那裡？輸在過去沒有大聯合。現在要在毛主席革命路線上好好搞團結，搞戰備，有助於敵人。要增強黨性，消滅派性。不要算具體問題的細帳了，眼睛要向前看，要有整體觀念。毛主席說：「**只有解放全人類，才能解放自己**」。不能光解放你那一派。你們要堅決貫徹中央的指示，不要光看到別人的錯誤，你們頭腦中沒有敵人，今天還在告狀，你們去告蘇（蒙）修的狀嗎！敵人一步就到北京，你們還在搞派性。對敵鬥爭是大局，你們把大舉丟了，天天在扯皮，大搞分裂主義，對經濟主義妖風也不管，這樣發展下去怎麼得了？！內蒙不能再反覆了，再搞就要變成國家民族的罪人了。有團結起來，共同對敵！！！

四、要繼續糾正錯誤，落實政策。

中央負責同志說：內蒙在清理階級隊伍中所犯的「左」傾擴大化的錯誤是嚴重的，傷害了那樣多的好人，錯抓了那麼多的「內人黨」，但並沒有往外蒙跑的。在邊境地區牧民中抓了「內人黨」，牧民還是站崗放哨，內蒙的廣大人民是好的。被傷害了的革命群眾、革命幹部要求並不高，就是要求平反，承認錯誤，落實政策就行嘛。糾正錯誤，落實政策和貫徹「九大」精神是一致的。

「五·二二」批示下達後，你們做了大量的工作，糾正錯誤，落實政策也

取得了很大成績。當有的同志反映說有人認為這一段是擴大化反了擴大化時，中央負責同志說：這種說法是錯誤的。說話，做事過頭的地方是會有的，但不能把這說成是以擴大化反擴大化了。內蒙問題現在是認識錯誤不好，平反不好，落實政策不好，怎麼能說是以擴大化反擴大化呢！

錯誤的性質是執行政策上的錯誤，主觀上是為了抓敵人，而誤傷了好人，發生了擴大化逼、供、信的嚴重「左」傾錯誤。我們黨的歷史上，在幾次肅反中也有擴大化的錯誤，在毛主席領導下能夠很快地得到糾正。這個錯誤是人民內部矛盾，所以我們不贊成你們上綱過高，做法也不能過頭。不要把武鬥的情況擴散到社會上，這容易激發人的感情，激化矛盾，不利於團結對敵。腦子裡時刻要有敵人，對外有帝修反，特別是蘇（蒙）修，內部也還有劉少奇、烏蘭夫，叛徒、特務、死不改悔的走資派，地富反壞等一小撮階級敵人。糾正錯誤，這是人民內部矛盾的問題。你們批判錯誤是對的，但不要把位置擺錯了，第一位的還是對準階級敵人，要把仇恨集中到內外階級敵人身上。不能以批不批來劃線，要以是否對敵來畫線。在糾正錯誤問題上，認識錯誤，批判錯誤有快有慢有早有遲。認識慢可以等待，幫助提高認識。在糾正錯誤中分裂成兩大派，就會發展派性給敵人鑽空子，被敵人利用。你們都是革委會成員，要以革委會來領導批判錯誤，落實政策。不然就會發展無政府主義，為什麼經濟主義妖風在你們那裡刮起來呢？就是有這種氣候，你們都不去注意敵人，你們那裡對劉少奇的「物質刺激」「金錢掛帥」批判得不深。

平反是給誤傷的好人平反，不能一風吹，內蒙總還是有敵人嘛。烏蘭夫、王逸倫、王鐸等叛徒、特務、死不改悔的走資派，還有為改造好的地、富、反、壞、右，敵人是要利用一切機會翻案的，有特別提高警惕。

五、要擁軍愛民，擁政愛民。

中央負責同志說：內蒙的群眾是好的，廣大牧民是好的，你們清理階級隊伍搞了擴大化那麼嚴重，沒有向外蒙跑。要關心群眾，每一個共產黨員，革委會成員，都要關心群眾，給被誤傷的好人平反是應該的。有錯誤，就做檢查嗎！不要怕群眾，群眾這麼好，只要平反，承認錯誤，群眾是會諒解的。毛澤東思想深入人心，在群眾中生了根。偉大的祖國，偉大的人民，偉大的軍隊，偉大的黨。

解放軍「三支兩軍」人員要堅守工作崗位，做好群眾工作，要向八三四一部隊學習，學習他們「三個原則」，「九個一樣」的精神。對待兩派群眾一定要「一碗水端平」。怎麼理解一碗水端平呢？就是以毛澤東思想為標準，凡是符合毛澤東思想的就支持，違背毛澤東思想的就要批評、教育、幫助改正。反對毛澤東思想的就要鬥爭。這就是一碗水端平的精神。中央負責同志指示：你們要相信有黨中央，有毛主席，有解放軍，群眾是好的，幹部大多數是好的，想到這些心就放寬了。你們要把腰杆挺起來，軍隊的精神面貌一振作，情況就大不同了。

要相信依靠人民解放軍。對糾正錯誤，落實政策會起很大作用。解放軍中有抵觸的是個別的。看一個同志有錯誤要分析，要等待，要幫助。要相信「五·二二」批示一定會實現的。現在邊防站是加強了，邊防還是穩的嘛！這說明調到內蒙的解放軍幹部是好的，不能只看到個別人有這樣那樣的缺點、錯誤，就動搖了對解放軍的信心。人民解放軍是無產階級專政的柱石，我們的軍隊是人民的子弟兵。你們要有信心，你們要有這樣的信心，不能動搖。如果動搖，就把自己也否定了，沒有人民解放軍，文化大革命也搞不成。任何時候對相信依靠解放軍不能動搖。尤其是面臨蘇蒙修，要擁軍愛民。愛民講的不少了，還要講擁軍嘛！你們要嚴肅注意這個問題，我提醒你們，如不嚴肅注意這個問題，要犯嚴重的錯誤。

中央負責同志指示：內蒙革委會，是我們偉大領袖毛主席和他的親密戰友林副主席親自批准的，是紅色政權。你們是黨員，你們沒有把自己看成一名黨員，而把自己當成一個「派員」是錯誤的，你們是整體，怎麼愛護這個整體？要使紅色政權擁有革命權威嘛。現在有的同志把自己置於革命委員會之外，這個權怎麼能掌好哩？鞏固革委會的三結合，鞏固無產階級專政，這是大家的責任。不只是一個主任和幾個副主任的責任。人民解放軍一定要支持革委會的工作，維護革委會的權威，當好紅色政權的堅強後盾。

六、要認真執行黨的民族政策。

中央負責同志多次指示我們要認真執行黨的民族政策。中央負責同志說：要你們在民族關係上要特別慎重，要特別警惕，要顧全大局。

內蒙的擴大化，不全像你們說的那樣，有一個初中畢業生，是個女孩

子，去年九月份下放到錫盟邊境。那時還沒有反高錦明，也沒有開始挖「內人黨」，她給我一封信說他們那個隊有幾十戶，除兩戶外，都被打成「叛國黨」了，但是沒有一個跑的，還是一樣勞動。牧區民兵被打成「內人黨」，還在站崗放哨。內蒙的群眾是好的，廣大牧民是好的，幹部的大多數是好的，蒙漢的關係也是好的。最近又接到這個女孩子一封信，就五·二二批示傳達後，群眾很受感動，很擁護，他們歡呼偉大領袖毛主席解放了我們，民族關係更好了。擴大化的錯誤是嚴重的，但是總有光明面嗎！

民族問題，漢族同志負主要責任，因為漢族是多數，漢族在核心小組，革委會是多數，在內蒙自治區也是多數，應該謹慎。過去錯的，漢族同志應當多承擔責任。犯了錯誤的同志，首先應該向少數民族的受害者賠禮道歉。漢族人多，容易忽視蒙族同志，蒙族同志很好嘛！不管哪個單位，哪個地區都要注意，劃出去的也要注意。多數總是要尊重少數。不然，少數人的意見就容易被忽視。在一個班裡也是這樣，要聽取少數的意見嘛！

你們核心小組，革委會要發動群眾解放幹部。培養民族幹部的意義很大。不培養民族幹部，怎麼能做好工作？

關於內蒙古自治區的行政區劃，最近劃出去一部分。過去內蒙的邊界線太長了，不好管，所以劃出去東部三個盟，西部三個旗，劃出去，是為了戰備，為了好管。至於說那部分蒙族多？這不是問題的實質，實質是共產黨的領導，而且那裡也有自治縣，盟還存在嗎！回族分佈在全國，不也只搞了一個寧夏回族自治區嘛。漢族要尊重團結少數民族，不然就容易把少數人的意見忽視了。

你們首先要把敵我分清，把目標對準敵人。內蒙是反修前線，敵人威脅我們，在那裡挑釁，不管軍隊，群眾，蒙族，漢族，不論怎樣，總要槍口對外，都要對著蘇蒙修。

×　　　×　　　×

中央負責同志非常關心內蒙的工作生產，特別是國防工業，煤炭和包鋼重點企業的生產，特別關心鐵路交通運輸的情況，關心內蒙的農業和木業的生產情況，關心糧食財政和商業市場的情況。中央負責同志指示我們，前一段革命沒搞好，使生產也受到不少損失，要鼓起幹勁，趕上去。要準備打仗，生產搞不好，後勤搞不好，怎麼行哩？最近中央負責同志聽到鐵路交通運輸和生產的

情況有好轉，很高興，希望你們迎頭趕上去，作出優異的成績，向國慶二十周
年獻禮！

呼和浩特市革命委員會辦公室翻印

1969年10月5日

76.中央辦的毛澤東思想學習班內蒙班致全區 各族革命人民的緊急通電（1969.09.10）

中共中央文件

中發〔69〕65號

中國共產黨中央委員會

批示：照發。

一九六九年十月四日

最高指示

提高警惕，保衛祖國。

要準備打仗。

團結起來，為了一個目標，就是鞏固無產階級專政，有落實到每個工廠，農村，機關，學校。

團結起來，爭取更大的勝利。

林副主席指示

我們要把各方面的工作做好，做好反對侵略戰爭的準備，做好對付突然事變的一切準備。

致全區各族革命人民的緊急通電

（一九六九年九月十日）

內蒙古自治區革命委員會，並轉

全區工人、貧下中農（牧）和各族革命人民：

首先讓我們共同敬祝偉大領袖毛主席萬壽無疆！萬壽無疆！

偉大領袖毛主席和他的親密戰友林副主席親自批准舉辦中央辦的毛澤東思想學習班內蒙班，並把自治區革命委員會核心小組，軍區，部隊和各盟市部分負責同志叫到北京開會，在很短的時間裡，中央領導同志多次接見了我們，對自治區的當前工作做了極其重要的指示。這是偉大領袖毛主席對全區各族人民的最大關懷，最大愛護，最大鼓舞、最大鞭策。讓我們千遍萬遍地歡呼毛毛主席萬歲！毛主席萬萬歲！

在我們偉大領袖毛主席的英明領導和黨的「九大」精神的指引下，全國形勢一片大好。但是，國內外階級敵人不甘心於他們的失敗，美帝、蘇修正加緊勾結，陰謀侵犯我們偉大祖國。蘇修新沙皇越來越瘋狂地不斷在我國邊境進行挑釁，隨時都有武裝侵犯的可能。保衛祖國是我們的神聖義務。我們一定要以大局為重，加強團結，共同對敵，隨時準備粉碎蘇、蒙修的武裝挑釁和突然襲擊！

內蒙古自治區各族革命人民，高舉毛澤東思想偉大紅旗，高舉「九大」團結勝利的旗幟，積極落實「九大」提出的各項戰鬥任務，落實毛主席《五·二二》批示和各項無產階級政策，取得了很大成績，全區形勢和全國一樣，也是大好的。但是，在部分地區，混在革命隊伍中的一小撮階級敵人和壞頭頭，欺騙、蒙蔽和脅迫一部分群眾，煽動無政府主義和反革命經濟主義妖風，抗拒執行中央歷次發佈的通令、命令、通知和佈告，製造事端，挑動武鬥，強奪武器、車輛、攔截火車、大搞反革命的打、砸、搶、抓、抄；大鬧工資福利待遇，停工、停產，搶劫銀行，私分公款，大搞投機倒把活動；組織流氓、搶劫、盜竊集團、破壞社會革命次序，危害人民生命財產安全。這一小撮階級敵人和壞頭頭所犯下的一系列反革命罪行，早已為內蒙各族廣大人民所深惡痛絕。

偉大領袖毛主席親自批示「**照辦**」的《七·二三》佈告和《八·二八》命令傳到內蒙後，猶如強勁的東風，嚴厲地打擊了一小撮階級敵人的破壞活動，有力地推動了自治區的形勢更好地向前發展。《七·二三》佈告和《八·二八》命令，是以毛主席為首、林副主席為副的黨中央根據當前國際國內階級鬥爭形勢提出的英明決策，是反對帝、修、反、鞏固和加強無產階級專政的強大武器，也是在自治區進一步落實毛主席《五·二二》批示，進一步總結經驗、落實政策、穩定局勢，團結對敵的銳利武器，必須在全區迅速地、認真地落實，堅決地、不折不扣地貫徹執行。我們參加中央辦的毛澤東思想學習班內蒙

班的全體學員，呼籲全區各族革命人民，緊急動員起來，堅決做到：

一、堅決響應毛主席**「提高警惕，保衛祖國」**、**「要準備打仗」**的偉大號召，高度地樹立敵情觀念，克服和平麻痺思想，加強團結，準備打仗。我區地處反修前線，戰略地位十分重要。我們一定要做好隨時粉碎蘇、蒙修武裝進犯的精神和物質準備，把好祖國的北大門。誓死保衛毛主席，保衛林副主席，保衛黨中央，保衛首都，保衛社會主義祖國。

在偉大的毛澤東思想光輝照耀下，在毛主席無產階級革命路線的指引下，我們內蒙廣大革命人民，粉碎了叛徒、內奸、工賊劉少奇及其在內蒙的代理人烏蘭夫、王逸倫、王鐸的反黨叛國的罪惡陰謀，戰勝了「二月逆流」的黑風惡浪，早已實現了革命的大聯合、三結合，贏得了全區一片紅的光輝勝利。現在大敵當前，我們一定要更加緊密地團結在毛主席為首、林副主席為副的黨中央的周圍，堅決執行毛主席、黨中央的一切戰鬥號令，**「不允許任何破壞紀律的現象存在」**，堅決反對反動的無政府主義和資產階級的「多中心即無中心論」，堅決反對一切分裂活動，反對一切破壞團結的行為。進一步鞏固和加強各級革委會的團結，軍隊的團結，軍民、民政的團結和各族革命人民的團結。城市、農村、牧區、工廠、機關、學校、都要成為堅強的團結對敵的戰鬥堡壘。

大敵當前，一切從戰備出發，一切都必須服從反帝反修的大局。要全力支持和協助當地駐軍和生產建設兵團搞好戰備工作。嚴禁到邊境地區、各地駐軍和生產建設兵團進行串連或搞其他干擾活動。要大力加強民兵工作，切實搞好軍民聯防，保衛邊疆。美帝、蘇修、蒙修膽敢來犯，我們就**堅決、徹底、乾淨、全部地殲滅之**。

二、堅決鎮壓反革命，加強無產階級專政。偉大領袖毛主席教導我們：**「在國際國內尚有階級鬥爭存在的時代，奪取了國家權力的工人階級和人民大眾，必須鎮壓一切反革命階級、集團和個人對於革命的反抗」**。廣大革命群眾要積極行動起來，首先要堅決反對武鬥，制止武鬥。立即無條件地、全部、乾淨地上繳武器、裝備、車輛和一切武鬥工具。違抗者均以現行反革命論處。對幕後策劃搶奪武器裝備挑動武鬥的壞人，有依法嚴懲。對破壞鐵路、公路運輸，破壞通訊聯絡，切斷電線的反革命行為，必須追查嚴辦。對行兇打人的刑事犯罪分子和流氓盜竊集團，有堅決實行無產階級專政。對那些裡通外國、策

劃外逃、破壞社會治安、搶劫國家財產、破壞生產、殺人放火販毒、利用宗教迷信製造叛亂的反革命分子，必須堅決鎮壓。對沒有改造好的地、富、反、壞、右分子，必須有革命群眾嚴加管制，勞動改造。對美帝、蘇修、蒙修、蔣匪幫派遣的間諜特務分子，必須堅決鎮壓。我們要堅決支持各級革委會和人民解放軍為執行《七・二三》佈告和《八・二八》命令所採取的一切行動和措施。

三、立即堅決擊退反革命經濟主義妖風。一小撮階級敵人和壞頭頭，為了轉移鬥爭大方向，把革命群眾引上經濟主義邪路，煽起了一股反革命經濟主義妖風。它破壞戰備、破壞《五・二二》批示的貫徹落實和各項鬥、批、改任務的進行，破壞社會主義生產，直接對抗《七・二三》佈告和《八・二八》命令的貫徹執行。必須採取堅決措施，立即擊退這股妖風。對煽動這股妖風的階級敵人和壞頭頭給以嚴厲的打擊。石拐、烏達等地區發生的搶劫銀行事件是嚴重的反革命事件，對煽動鬧事的階級敵人和壞頭頭必須依法嚴懲，對一般受蒙蔽的群眾，要進行教育。廣大革命職工，都要高舉毛澤東思想偉大紅旗，繼續批判叛徒、內奸、工賊劉少奇及其在內蒙的代理人烏蘭夫的反革命修正主義黑貨，徹底肅清「物質刺激」、「獎金掛帥」的流毒，批判社會上形形色色的資本主義傾向，高度警惕階級敵人腐蝕工人隊伍。

四、堅決落實毛主席的各項無產階級政策。前一階段，各級革命委員會和廣大革命群眾，積極行動起來，落實「九大」提出的各項戰鬥任務和毛主席《五・二二》批示，已經取得很大成績。為了更好地團結百分之九十五以上的幹部，團結百分之九十五以上的群眾，更有力地打擊一小撮階級敵人，我們要遵照毛主席**「無產階級文化大革命的鬥、批、改階段，要認真注意政策」**的教導，進一步貫徹執行黨的各項政策：包括知識分子政策，幹部政策，對**「可以教育好的子女」**的政策，對待群眾組織的政策，對敵鬥爭的政策，經濟政策等等。要進一步落實毛主席《五・二二》批示，這是在我區落實「九大」精神的重要內容。對在清理階級隊伍中誤傷的好人，要繼續認真做好平反工作。對查明有據的階級敵人要實行專政，並實行**「給出路」**的政策。發現證據確鑿的階級敵人進行**翻案**活動，要嚴厲打擊。要大力做好解放幹部的工作。在落實政策中，還要注意黨的民族政策的落實。

我們一定有遵照毛主席**「要過細地做工作」**的教導，一個一個工廠，一個

一個學校，一個一個公社，一個一個單位，深入細緻地、踏踏實實地、合理地完成鬥、批、改各項任務。

在完成鬥、批、改任務和各項工作中，要充分發揮工人階級的領導作用。

五、進一步鞏固和發展革命的大聯合和革命的三結合。我們必須堅決執行偉大領袖毛主席的指示，進一步實現按系統、按行業、按部門、按單位的革命大聯合。立即解散各地區、各單位的「聯絡站」、「戰團」以及其他一切跨行業的群眾組織。立即撤掉設在各地的一切聯絡點，不准往各地派串連人員，不准插手外地區、外單位的運動，不准重拉隊伍，另立山頭。要增強無產階級黨性，消滅資產階級派性，加強組織紀律性。

偉大領袖毛主席教導我們：「**革命委員會好。**」內蒙古自治區革命委員會，是偉大領袖毛主席和林副主席親自批准的紅色政權。我們要堅決維護革命委員會的權威，鞏固各級革命委員會的引導，積極執行自治區革委會的決定、通知、通告和決議。要尊重、愛護、幫助、支持各級革命委員會，確保革委會的正常工作次序，不得以任何藉口衝擊革委會，毆打革委會工作人員，進駐革委會辦公室，搶、砸、封革委會文件、印章、財物、用品等。個別地區和單位革委會的代表性如有不足，要通過協商進行調整補臺，不准拆臺。各級革委會都要遵照的偉大領袖毛主席指示，實行一元化的集體領導，全心全意為人民服務，密切聯繫群眾，首先是密切聯繫工人階級和貧下中農（牧）等基本群眾。各級領導班子，一定要把活學活用毛澤東思想擺在一切工作的首位，狠抓自身的思想革命化。革命幹部代表、群眾代表、軍隊代表應互相尊重，互相學習，互相支持，互相關心。既要堅持原則，又要搞好團結，做團結的模範。要顧全大局，絕不給敵人以挑撥離間，利用的機會。

「**領導我們事業的核心力量是中國共產黨**」。以毛主席為首、林副主席為副的黨中央，是全黨、全軍和全國人民的唯一的領導中心。任何個人、任何組織，絕不能把自己和黨的關係擺錯，都必須接受黨的領導，緊跟毛主席的偉大戰略部署，不折不扣地貫徹執行偉大領袖毛主席親自制定的黨中央的路線、方針、政策。

六、「**沒有一個人民的軍隊，更沒有人民的一切。**」中國人民解放軍是偉大領袖毛主席親手締造親自領導，林副主席直接指揮的舉世無雙的英雄隊伍，

是偉大祖國的堅強保衛者，是無產階級專政的柱石。駐內蒙人民解放軍擔負著隨時準備粉碎蘇，蒙修武裝侵略，保衛邊疆，鞏固國防的重要任務。一切革命群眾組織，各族革命人民，都要堅決遵守和支持內蒙軍區和駐內蒙部隊保衛邊防的一切規定和命令。維護解放軍的高度集中和統一。絕對不許衝擊，干擾軍事指揮機關和部隊行動，絕對不許以任何藉口把矛頭指向中國人民解放軍。要保證部隊備戰和指揮的正常進行。

我們要遵照偉大領袖毛主席「**相信和依靠人民解放軍**」的教導，堅決支持和熱情幫助人民解放軍做好「三支」「兩軍」工作，繼續深入開展「**擁軍愛民**」運動，深入持久的開展向解放軍學習的活動，進一步加強軍民，軍政團結和民族團結。百倍提高革命警惕性，對於挑撥軍民關係，毀我長城的一小撮階級敵人，必須給予嚴厲打擊。

七、「**抓革命，促生產，促工作，促戰備。**」我們要高舉毛澤東思想偉大紅旗，繼續深入的開展革命大批判，「進一步批判修正主義，批判黨內和革命隊伍內部違反毛主席無產階級革命路線和政策的各種錯誤傾向和錯誤思想，批判社會上的資本主義傾向，這就是我們當前革命大批判的任務。」全區各族革命人民，必須立即動員起來，發揚不斷革命和徹底革命的精神，迅速掀起革命大批判的新高潮，並要持久的堅持下去。通過革命大批判，不斷提高階級鬥爭和兩條戰線鬥爭覺悟，推動生產和各項工作的順利發展，大力支援前線。當前特別要搞好煤炭，鐵路公路運輸和包鋼等國家重點企業的生產。要肅清反動的無政府主義，加強組織紀律性，遵守勞動紀律，堅持業餘鬧革命，就地鬧革命，節約鬧革命，完成和超額完成工農牧業各項生產任務，以優異成績迎接偉大祖國的二十年大慶。

黨中央《八·二八》命令中規定：「一切離開生產和工作崗位的人，必須立即返回本單位『**抓革命，促生產，促工作，促戰備**』。如有不按期返回的，工人，職員停發工資，農民停記工分，並視情節給予紀律處分，直至開除。對煽動威脅職工或農民離開生產和工作崗位的壞人，必須依法嚴懲。」我們完全擁護內蒙古自治區革命委員會為執行這個規定所採取的一切措施。對擅離職守的各級領導成員和工作人員，亦按此原則，從嚴處理。國家已分配的尚未到職的知識青年，要立即動員和歡迎他們回到勞動生產崗位。

全區工人，貧下中農（牧）、各族革命群眾，讓我們高舉「九大」團結勝利的旗幟，緊跟毛主席偉大戰略部署，發揚「**一不怕苦，二不怕死**」的革命精神，迅速貫徹落實「九大」提出的各項戰鬥任務，迅速貫徹落實《七·二三》佈告、《八·二八》命令和《五·二二》批示，「下定決心，不怕犧牲，排除萬難，去爭取勝利」，誓把內蒙古自治區建設成為埋葬帝、修、反的陣地。

加強團結，共同對敵！

團結起來，準備打仗！

打倒美帝！打倒蘇修新沙皇！打倒各國反動派！

打倒叛徒，內奸，工賊劉少奇！

打倒烏蘭夫！打倒王逸倫、王鐸！

總結經驗，落實政策！

無產階級專政萬歲！

無產階級文化大革命偉大勝利萬歲！

偉大的中國人民解放軍萬歲！

偉大領袖毛主席萬歲！萬歲！萬萬歲！

偉大、光榮、正確的中國共產黨萬歲！

簽名（按姓氏筆劃排列）

在京學習的自治區革委會常委：

王志有　王金保　權星垣　郝廣德　高樹華　霍道余

在京學習的自治區革委會委員：

馬殿元　王文清　石　克　包　良　白彥太　邊振和

百　歲　朱志明　齊景林　任家驥　劉　健　劉有恆

劉國瑞　劉恒禮　李　艾　李龍閣　李福小　李秉文

李樹梅　許名揚　邵仲康　陳曉林　阿拉木棻　張　禮

張　金　張壽泉　郝夢枚　趙連成　賈國泰　陶繼藩

高風志　崔　光　崔金文　崔健勳　邱德祥

內蒙直屬機關學員：

丁雲升	丁克明	丁振聲	于 連	于和智	馬清河
萬英奎	王樹桐	王樹藩	王德祥	王見喜	王昆峻
王凱斌	王敬才	雲羊煥	毛鎮山	巴 布	烏力吉
馮玉清	占布拉	生 格	甘玉文	江紅兵	劉 成
劉元豐	劉興業	劉國慶	劉代年	閆勝利	邢 駿
勞均選	祁維聖	喬 彤	孫志興	孫樹恒	孫玲玲
沈永誠	李 忠	李樹德	李文琪	李風岐	麥勤誠
沃寶田	宋光才	呂洪聲	吳 迪	畢耀華	卻金扎布
張向春	張志蓬	張洪喜	張 琪	張澤民	張 德
張鐵路	阿拉德日圖		金 巴	岳志東	苗秀英
周炳高	范玉林	孟廣躍	旺 丹	鄭要武	敖其爾
敖金福	查洪武	郝 碣	趙 光	趙丁西	趙連科
趙海金	姜德興	哈斯都楞	哈斯朝魯		郭興州
郭從信	郭是海	秦維憲	特木爾巴根		黃 彥
黃寶玉	高德海	常繼英	曹青海	董 文	董玉華
斯琴畢力格		雷善元	滿達夫	額爾敦	戴用通
戴寶山					

呼和浩特市地區學員：

丁兆仁	于寶珠	俞盤潮	馬伯岩	王 永	王萬發
王廷傑	王世昌	王德貴	王顯斌	尹世維	巴圖爾
閆秀榮	劉 富	劉進財	劉樹立	劉俊卿	齊 林
孫儉科	孫福增	孫德山	許光武	李德元	李致義
李志富	李書城	李戔茂	李玉桂	吳 強	肖歐平
蘆林元	宋雲庫	呂福旺	楊寶福	楊錫光	楊鴻文
楊春光	林福興	岳廣文	金風起	金永紅	周津平
羅文中	張炳科	張繼武	胡建基	趙玉玲	趙米珠

鄭中祥　鄭君武　段建勳　梁　秀　徐友安　徐華峰
栗廣裕　候呈祥　龔　榮　黃乃盆　郭　富　郭少榮
栗漢彬　謝建凱　晨　光　蔣捍東　董　志　戴國良
戴玉明

包頭市地區學員：
于文藻　于　飛　于　光　馬德釗　馬永齋　王福忠
王廣耀　王文孝　王慶喜　王保勤　王玉振　王久長
王烽午　王景雲　王福林　曆復文　巴純方　毛敖海
步　儉　田鳳啟　田　野　田書鴻　馮寶恩　馮紹先
包喜蘭　達　瓦　朱學宏　關山河　劉洪業　劉　哲
劉慶海　孫鳳武　陳建忠　陳美祥　呂夢林　阿力亞
李宏太　李澤貴　李純毅　李澎濤　李維保　李國華
李清長　李文啟　李培義　周昆吟　季紹增　楊潤峰
楊春海　楊閣森　楊遠炯　芮榮忠　卓維志　明　安
單　明　鄭山林　林　光　趙守業　趙萬民　趙德亮
趙　廉　趙廣榮　張殿一　張志楊　張大成　張來全
張成邦　張潤金　張志雄　張松林　胥貴生　胡金梅
胡　鈴　施萬友　苗萬發　郝樹槐　梁　榮　韓鐵正
韓龍梅　高永勝　陸炳法　連玉文　徐東剛　徐漢忠
談　普　袁友昌　郭振連　郭玖成　黃志榮　陳寶森
焦玉琴　解茂華　董　裕　董作武　蔡振岳　藺長明
薛　棣　額爾敦布和

伊盟地區學員：
王世琪　王孟斌　王家忠　巴圖巴音　白雙喜　白海喜
劉守榮　劉維貞　包玉田　李福文　李盛林　楊成義
楊載國　遲赫令　陳振義　寶　音　尚一波　周秉峰
趙吉祥　段昆山　郭進森　郝青山　郝茂英　姜永厚

殷景發　溫二才　焦貴茂　額爾德尼

巴盟地區學員：

于田禮	于志超	馬金玉	王永和	王國援	王承甫
邊維武	付世榮	石景峰	劉占華	劉先保	劉 順
劉樹義	朱生俊	閆 陣	全布樂	那 順	李 沛
李子廉	李治國	李培文	李維孔	張文林	張全吉
張杜鎖	張春蓮	張雄生	張國華	張綏華	張振福
張 磊	張金善	寶 玉	孟春來	郎遇嶺	林 峰
趙永為	趙文斌	趙振錦	楊金書	苑庚財	洪國倫
郭長義	郝啟世	姜殿清	徐小利	徐金才	耿得志
黃 堅	常振濤	甄達詠	翟文遠	樊富貴	薛景深
霍溫夫					

烏盟地區學員：

馬風麟	王 夫	王 信	王 鎮	王奇林	王建華
方 塞	亢維業	雲銀娃	孔祥瑞	吉三高	劉占元
劉振沂	劉成友	劉秉位	許集山	許正和	許存德
呂 彬	宋四海	宋志伶	李 彬	李大寧	李太平
李廷樹	陳志生	杜守綱	楊緒清	張銀魁	張穎清
武歧山	武少東	苟 虎	郗朝棟	郗拉堂	侯 計
趙金山	趙奎亮	趙魁良	夏振華	耿 東	高乾哲
高五黑	賈洪恩	曹 瑞	康 波	溫全華	韓增春
熊希光	譚尚玉	德力格爾			

錫盟地區學員：

馬雲成	馬 斌	馬樹田	馬爾勒	王忠林	王振祿
孫樹香	馮 瑞	劉金虎	劉寶貴	劉振清	李 生
李景陽	吳小名	何夢星	杜國富	蘇塔圖	張文忠

鄭萬來　孟　和　趙德榮　趙　昆　趙　瑞　高占忠
賀希格達來　　袁赤字　賈玉昆　徐桂林　韓立業
班達拉格其　　謝洪玉　朝克森扎布　　付明傑
照日格圖　　譚元章　臧雨年　德力格爾朝格圖

昭盟地區學員：
于洛泉　毛鳳崗　王錫榮　白兆義　孫玉榮　劉國權
宋雲生　納民夫　杜長貴　何希格　李連賀　張　樹
張爾橋　張廷武　胡達古拉　哈圖　黃紹聰　曹德寶
斯仁敖力布　　富　倉　鮑國臣　朝　魯　董德寶
蒙根倉

哲盟地區學員：
馬文彬　王兆華　王永江　劉紅旗　劉榮才　齊振國
孫天一　李慶榮　李海林　蘇君義　吳金山　吳　鎖
肖桂秋　楊　清　楊成棟　郭仲實　徐玉山　高　升
詹麗華　滿春華　滕　發　霍風林

呼盟地區學員：
王　安　王正海　王志芳　毛如貴　巴雅爾圖　孫德成
李桂廣　李樹權　金竹林　孟祥禎　國家盛　喜木彥
趙克勤　耐熱爾圖　鐵　柱　莫日根策　高振遠
郭海山　郭鐵鎖　郭淑英　崔　輯　鄂海山　葛興永
彭恩淇　新　寶　額爾登扎布　戴欽章

中國人民解放軍駐內蒙部隊學員：
于喜元　馬冠望　馬德寶　王文學　王志成　王金保
王悅發　王鐵珍　牙日及　毛力特格　烏力吉圖
烏力吉巴牙爾　石相峽　田　蘭　田效忠　田欽民

白世亮　包淑賢　蘭　河　馮國盛　孫叢木　那　木
那木德　劉　成　劉守信　劉希傑　劉琪林　劉樹茂
吉　爾　吉圖克企　吉儒木國　吉日嘎拉圖　齊士榮
喬克順　曲　慶　曲　河　伊　木　伊　木　關天寶
畢利格圖　許福義　任禹忠　朱國玉　李軍方　李占英
李金玉　李向榮　李全計　李茂新　李金德　杜鳳德
杜秉仁　何喜格　宋國焜　宋連科　陳守福　楊　浦
楊茂森　楊福文　楊桂法　羅彥傑　邱　成　阿雲巴吐
阿都沁夫　金　鳳　金　有　金　虎　金　鋒　金龍其
周汗元　周昌勇　周國倫　鄭光海　武尚志　武俊林
虎日樂巴根　連　鎖　郎成亮　拉喜朋蘇格
圖　格　圖努力布　孟憲倫　寶　音　寶音朝克蘭
旺欽扎布　翁林涇　趙永清　趙淑琴　鍾長洪　姚景文
郝凡林　厚　和　張　華　張　林　張　繼　張小支
張華山　張建忠　張顯友　張祝德　張晉川　張鴻聲
高　厚　高力濤　高仰曾　徐　智　徐守信　海　山
郭　飛　郭文龍　郭秀雲　郭建崗　耿振岐　敖特根
莎　仁　唐文岳　陶維玉　梁鐵山　莫　德　溫玉祥
黃新民　道爾吉　覃道占　彭志朝　綽　羅　韓　福
韓士信　韓富貴　斯日古楞　董廣祥　董克福　賈玉祥
付滿紅　賽　希　褚青山　德力格爾　德格吉勒胡
滿　達　額　德　裴海峰　戴文華　戴文煥　鵬　聲
魏玉榮　魏興堂

中共中央辦公廳
一九六九年十月六日發出
內蒙古自治區單委員會辦公室祕書組
一九六九年十月八日翻印
共印六、〇〇〇份

77.呼和浩特市反侵略戰爭指揮部關於防空警報信號規定的通知（1969.10.10）

最高指示

提高警惕，保衛祖國。

要準備打仗。

呼和浩特市反侵略戰爭指揮部關於防空警報信號規定的通知

中央、內蒙駐呼各單位、市屬各級革命委員會，各區武裝部、廠礦、企事業、學校等單位、各區反侵略戰爭指揮部、人防。

〔69〕呼市人防字第2號

根據內蒙古軍區司令部〔65〕司作第815號關於防空警報信號規定的通知精神，為了在空襲發放警報時，使全市革命人民熟知警報信號，及時進入公事做好對空射擊和疏散隱蔽的一切工作，防止發放警報時造成驚慌失措。因此各單位收到通知後要立即轉達教育，達到人人熟記防空警報信號，規定如下：

一、報警信號：

預報：三短每次30秒，間隔15秒。（發出後做好戰鬥、防禦準備）

警報：兩長每次60秒，間隔15秒。（敵機臨空）

解除：一長60秒。（空襲解除）

二、聽到警報信號後的行動。

1、聽到預報信號後立即做到迅速、準確的進入各個工事。

2、各單位指定專人負責傳送市發出的防空信號，並設視聽觀察點。希將制定的人員電話號碼報所在區的人防部門。

3、各廠礦、企事業、機關、學校、街道辦事處、公社大隊，根據市發出

的空襲警報，各單位制定發放警報人員，應立即傳放，使全體人員都能聽到空襲警報。如手搖警報用有線廣播發出，也可敲鐘，鐵軌等響器，按規定信號發放。

三、燈火管制：

1、路燈除交叉要道路口留有燈光外，其他路燈一律熄滅。

2、聽到防空預報後立即關閉燈火，生產單位為了在空襲情況下保證生產應做好門窗嚴密遮光設備。居民門窗應立即做好遮光窗簾。在進入防空洞口、明壕和在室外，嚴禁使用電筒、打火機、火柴等照明，保證在空襲情況下不暴露燈光。

四、保護管理好一切警報器材，應保證有情況隨時能用。

五、呼和浩特市反侵略戰爭指揮部人民防空組，電話號碼2094號。

報送：內蒙革命委員會、內蒙古軍區、內蒙反侵略戰爭指揮部、內蒙人防辦公室、市革命委員會、呼和浩特軍分區。

呼和浩特市反侵略戰爭指揮部人民防空組

1969年10月10日

78.呼和浩特市「五‧七」幹校 關於「新內人黨」問題的平反公告 （1969.11.25）

最高指示

> 有反必肅，有錯必糾。
> 提高警惕，保衛祖國。
> 要準備打仗，團結起來，爭取更大的勝利。

呼和浩特市「五‧七」幹校關於「新內人黨」問題的平反公告

在前一段清理階級隊伍中，特別是挖「新內人黨」的過程中，由於領導嚴重「左」傾錯誤指導和資產階級多中心論的影響，一再狠反所謂的「右傾機會主義路線」，誇大了民族分裂主義分子烏蘭夫的影響，過分地估計了「五‧七」幹校（原市級機關）的敵情，並且提出了所謂「這裡的黑線又粗又長」，「呼市地區『內人黨』地下黑司司令部就在這裡」，「『五‧七』幹校的主攻方向就是要摧垮呼市地區『內人黨』的指揮機構」等一系列主觀唯心主義的極其錯誤的口號。犯了嚴重的「左」傾擴大化和逼、供、信的錯誤，致使幹校許多同志被錯打為或錯懷疑為「內人黨」及其變種組織分子，使這些同志在政治上遭到迫害，精神上遭到折磨，肉體上遭到摧殘，人格上遭到侮辱。在此，我們懷著十分沉痛的心情，向被誤傷的同志賠禮道歉，深切慰問。「錯誤和挫折教訓了我們」這一嚴重違反毛主席的有關教導和無產階級政策的錯誤，混淆了兩類矛盾和階級路線，破壞了革命大聯合，干擾了毛主席的偉大戰略部署，阻礙了毛主席各項無產階級政策的落實，大大推遲了幹校鬥、批、改的里程。我們將永遠記取這一沉通教訓，認真總結經驗，堅決糾正錯誤，不折不扣地落實毛主席的各項無產階級政策。

（一）按照毛主席：「五・二二」批示和中央對內蒙當前工作的指示及內蒙革委會有關具體規定，特給被錯打為「新內人黨」及其變種組織成員的劉真、高岳偉、拉喜寧布、寧布仁欽、陳耕田、額爾敦同志公開徹底平反，消除影響，恢復名譽。

（二）張鵬林、塔本、徐濛、趙文江、彭建賓、王江深、周健、李秀琴、孟一傑、那蘇圖、常淑賢、約林呼、周尚志、海雙玉、王繼昌、娜仁同志，在毛主席「五・二二」批示下達後，原駐呼市「五・七」幹校工宣隊已給於公開平反，一律有效，遺留問題，這次幹校再作徹底解決。

（三）對被錯誤懷疑為「新內人黨」及其變種組織的同志，凡是原駐呼市「五・七」幹校工宣隊在「五・二二」批示下達後，已作過解疑的，一律有效。遺留問題，由幹校徹底解決。未解疑的。這次由幹校給予徹底解除懷疑，在什麼範圍內懷疑的就在什麼範圍內消除影響，恢復名譽。

（四）由於擴大化，逼供信而致死的拉喜寧布、周尚志二同志，根據內蒙革委會〔69〕165號文件規定，按照因公死亡待遇。對死者家屬表示深切的慰問，並作好撫恤和善後工作。對致傷致殘者，負責予以治療。

（五）上述被誤傷的同志，凡本人被迫所寫的「新內人黨」問題材料一律退還本人。組織上調查、正理的「新內人黨」材料，一律當眾銷毀。向外散佈的「新內人黨」材料一律追回，無法追回的，宣佈一律作廢，永遠無效。此後，如仍有轉移、複製、保存上述同志的「新內人黨」問題材料者要嚴加追究。

（六）對於上述被平反的同志，發給本人平反證明，並對所有被誤傷同志受牽連的家屬、親友及有關單位發出平反通知，挽回影響。對於因「新人黨」問題所造成的個人財務損失，能找到的一律歸還本人，找不到的按上級指示合理解決。

（七）毛主席說：「**要實事求是**」「**要重證據，重調查研究、嚴禁逼、供、信**」。半年多來，經過幹校和廣大革命同志的積極努力，認真地反覆地調查，核實和落實政策，又經過呼市革委會派駐呼市「五・七」幹校落實「五・二二」批示檢查組和幹校領導共同進一步查證，沒有發現任何證據說明呼市「五・七」幹校有「新內人黨」及其變種組織，現在我們鄭重宣佈，在呼市

「五・七」幹校，根本不存在什麼「新內人黨」及其變種組織；也根本不存在所謂「呼市地區內黨地下黑司令部」。因此，所有有關正理和散佈的呼市「五・七」幹校「新內人黨」及其變種組織，和所謂「呼市地區內人黨地下黑司令部」問題的材料，宣佈一律作廢，永遠無效。

　　團結起來，共同對敵。我們熱切希望一切革命同志，以大局為重，以革命利益為重，特別是當前美帝，蘇修加緊勾結，陰謀侵犯我們偉大祖國。大敵當前，急需加強內部團結，加強民族團結。因此我們要認真總結經驗，吸取教訓，團結一致。共同對敵。每個共產黨員，要以新黨章嚴格要求自己，增強無產階級黨性，消滅資產階級派性，堅持真理，修正錯誤，我們要堅決響應偉大領袖毛主席的偉大號召：「提高警惕，保衛祖國」「要準備打仗」。認真落實「七・二三」佈告、「八二八」命令和「五・二二」批示，搞好戰備，盡快完成幹校鬥、批、改的全部任務，團結起來，爭取更大的勝利。

呼和浩特市「五・七」幹校（印）

1969年11月25日

79.平反通知（1969.11.25）第414號

最高指示

無產階級文化大革命的鬥、批、改階段，要認真注意政策。

有反必肅，有錯必糾。

平反通知 第414號

在前段清理階級隊伍中，特別是在挖「新內人黨」過程中，由於我們階級鬥爭和路線鬥爭覺悟不高，在「左」傾錯誤思想指導下，違背了毛主席「要重證據，重調查研究，嚴禁逼、供、信」的偉大教導和黨的有關政策，犯了嚴重的逼、供、信和擴大化的錯誤，無證據地將柴天佑同志錯打成「九月暗流急先鋒反紅色政權黑幹將」、「國民黨殘渣餘孽」。

遵照偉大領袖毛主席親自批示的「五・二二」光輝文件精神，本著「有反必肅，有錯必糾」的原則，我盟革委會已於一九六九年十一月十七日宣佈給該同志從思想上、政治上、組織上徹底平反·並向該同志賠禮道歉，恢復名譽、給予信任，恢復工作。

由於我們的錯誤，使該同志的家屬，親友同志也受到牽扯。據此，我們向吉英梅同志道歉，并消除由此而產生的一切影響。

特此通知

敬祝毛生席萬壽無疆！

內蒙古巴彥淖爾盟革命委員（印）

一九六九年十一月二十五日

80.平反通知（1969.12.07）第　號

最高指示

無產階級文化大革命的鬥、批、改階段，要認真注意政策。

有反必肅，有錯必糾。

平反通知　第　號

在前段清理階級隊伍中，特別是在挖「新內人黨」過程中，由於我們階級鬥爭和路線鬥爭覺悟不高，在「左」傾錯誤思想指導下，違背了毛主席「要重證據，重調查研究，嚴禁逼、供、信」的偉大教導和黨的有關政策，犯了嚴重的逼、供、信和擴大化的錯誤，無證據地將張孝玉同志錯打成「新內人黨」成員。

遵照偉大領袖毛主席親自批示的「五・二二」光輝文件精神，本著「有反必肅，有錯必糾」的原則，我盟革委會已於一九六九年十二月八日宣佈給張孝玉同志從思想上、政治上、組織上徹底平反・並向該同志賠禮道歉，恢復名譽、給予信任，恢復工作。

由於我們的錯誤，使張孝玉同志的家屬！親友同志也受到牽扯。據此，我們向＿＿＿＿道歉，並消除由此而產生的一切影響。

特此通知

敬祝毛生席萬壽無疆！

內蒙古巴彥淖爾盟革命委員（印）

一九六九年十二月七日

81.平反證明（1969.12.07）

最高指示

無產階級文化大革命的鬥、批、改階段，要認真注意政策。

有反必肅，有錯必糾。

平反證明 第　號

我們在前段清理階級隊伍中，特別是在挖「新內人黨」過程中，在「左」傾錯誤思想指導下，違背毛主席的有關教導和向黨的政策，犯了嚴重的逼、供、信和擴大化的錯誤，將張孝玉同志無證據地錯打成「新內人黨」成員，這是完全錯誤的。

遵照偉大領袖毛主席親自批示的「五·二二」光輝文件和內蒙革發〔69〕165號、200號文件精神，經盟革委會研究決定，從思想上、政治上、組織上予以徹底平反，賠禮道歉，恢復名譽，挽回影響，給予信任，並恢復其工作。對該同志的材料，包括內查、外調、組織整理、他人揭發以及本人寫的等有關這方面的材料，按中央有關平反的原則、規定進行處理。如有遺漏，從即日起一律作廢，永遠無效，今後發現有隱藏、轉移、複製者，嚴加追處。

特此證明

（此證明一式兩份，一份發本人，一份存檔）

巴彥淖爾盟革命委員會〔印〕

一九六九年十二月七日

82.緊急行動起來　隨時準備痛殲蘇修侵略者
——反修戰備教育提綱（草稿）（1969.12.22）

毛主席語錄

提高警惕，保衛祖國。

要準備打仗。

一切反動勢力在他們行將滅亡的時候，總是要進行垂死掙扎的。他們必然要採取軍事冒險和政治欺騙的種種手段。來挽救自己的滅亡。

人不犯我，我不犯人；人若犯我，我必犯人。

總而言之，我們要有準備。有了準備，就能恰當地應付各種複雜的局面。

林副主席指示

我們絕不可因為勝利，放鬆自己的革命警惕性，決不可以忽視美帝、蘇修發動大規模侵略戰爭的危險性。

我們要把各方面的工作做好，做好反對侵略戰爭的準備，做好對付突然事變的一切準備。如果打起來，只要我們有準備，最後勝利一定是我們的。

緊急行動起來隨時準備痛殲蘇修侵略者
——反修戰備教育提綱（草稿）

偉大領袖毛主席號召我們：「提高警惕，保衛祖國。」「要準備打仗。」林副主席指示我們：「我們決不可因為勝利，放鬆自己的革命警惕性，決不可以忽視美帝，蘇修發動大規模侵略戰爭的危險性。」以毛主席為首，林副主席為副的黨中央向全國人民和全世界人民發出了新的戰鬥動員令：「全世界人民團結起來，反對任何帝國主義，社會帝國主義發動的侵略戰爭，特別要反對以

原子彈為武器的侵略戰爭！如果這種戰爭發生，全世界人民就應以革命戰爭消滅侵略戰爭，從現在起就要有所準備！」毛主席的偉大號召，是全黨、全軍、全國人民的最高行動準則，是徹底粉碎蘇修發動大規模侵略戰爭的最高戰鬥動員令。我們必須緊跟毛主席的偉大戰略部署，聞風而動，堅決照辦，團結起來，共同對比，加強戰備，準備打仗，隨時準備痛殲入侵之敵！

偉大領袖毛主席指出：「一切反動勢力在他們行將滅亡的時候，總是要進行垂死掙扎的。他們必然要採取軍事冒險和政治欺騙的種種手段，來挽救自己的滅亡。」處在內外交困，走投無路的蘇修社會帝國主義，一貫把我國看成是他們推行侵略政策和戰爭政策的最大障礙。他們近來加緊對我國進行武裝挑釁，加緊反華戰爭動員和戰場準備，加緊邊境地區的兵力部署，在國內外大造反華輿論，勾結美帝竭力拼湊反華軍事包圍圈。種種跡象表明，蘇修已經擺開向我發動大規模侵略戰爭的陣勢，大軍壓境，隨時都可以能對我發動突然襲擊。我區各族革命人民必須認清形勢，「提高警惕，保衛祖國」。

內蒙古自治區地處反修第一線，是祖國的北大門，戰略地位十分重要。我區戰備工作的好壞，直接關係到戰爭的全局和進程，關係到鞏固無產階級專政，關係到支援世界革命。我們一定要帶著對偉大領袖毛主席「三忠於」「四無限」的深厚無產階級感情，加強戰備，加速戰備，把我們的各項工作迅速轉到臨戰軌道上來，從思想上、工作上、作風上、生活習慣上來個大轉變。

加強戰備，準備打仗，是我們當前鬥爭的大方向，是當前的大局，是當前最大的政治，是一切工作的綱，是壓倒一切的中心。全區所有駐軍、機關、工廠、企業，學校和各族廣大人民群眾，都要高舉毛澤東思想偉大紅旗，高舉「九大」團結，勝利的旗幟，用戰無不勝的毛澤東思想武裝頭腦，把繼續革命的覺悟提得高高的，把內部團結搞的好好的，把對蘇修的仇恨搞得深深的，把常被不懈的思想樹得牢牢的，把敢打必勝的士氣鼓得足足的。克服各種私心雜念，丟掉一切幻想，以「只爭朝夕的精神，充分做好反侵略戰爭的一切準備工作。

一、蘇修社會帝國主義就是戰爭，必須立足於一個「打」字。

帝國主義就是戰爭，社會帝國主義就是戰爭。偉大領袖毛主席教導我們

說：「戰爭——從有私有財產和有階級以來就開始了的、用以解決階級和階級、民族和民族、國家和國家、政治集團和政治集團之間的，在一定發展階段上的矛盾的一種最高的鬥爭形式。」只要社會上存在階級和階級鬥爭，就有戰爭；只要世界上存在帝國主義和社會帝國主義，戰爭就是不可避免的。

斯大林逝世以後，隱藏在蘇聯共產黨內的一小撮叛徒集團篡奪了列寧、斯大林所締造的黨和國家的領導權。把馬克思列寧主義的黨變成修正主義的黨，把世界上第一個社會主義國家變成法西斯專政的社會帝國主義，把人民的軍隊變成對內鎮壓，對外侵略的工具。總之，整個蘇聯就改變了顏色。

資產階級專政的蘇修和無產階級專政的中國之間，存在著不可調和的矛盾。蘇修勾結美帝推行反革命全球戰略，追求世界霸權。因此，它把高舉馬克思列寧主義、毛澤東思想偉大紅旗的社會主義中國，視為眼中釘，肉中刺，非拔掉不可，非吞併不可。

事實上，走在赫魯曉夫統治時期，蘇修就對我國不斷進行破壞，顛覆和侵略活動。一九五八年，蘇修無理要求在我國建立長波電臺和共同艦隊，妄圖從軍事上控制我國。一九六二年，蘇修在我國新疆的伊犁、塔城地區，進行大規模顛覆活動，妄圖把新疆從偉大祖國的懷抱中分裂出去。勃列日涅夫上臺以後，更加變本加厲，赤裸裸的對我國進行戰爭威脅。從一九六四年十月十五日到一九六九年三月十五日，蘇修挑起的邊境事件達四千一百八十九起之多。

特別是當我國無產階級文化大革命取得了決定性勝利，徹底打倒了劉少奇等一小撮蘇修的代理人，使蘇修妄圖從我國內部實行顛覆的陰謀破產以後，就把賭注完全壓在武裝侵略上。蘇修武裝進攻珍寶島被碰得頭破血流之後，為了挽救它的滅亡，更加瘋狂的擴軍備戰，火藥味越來越濃。

蘇修對我國的武裝挑釁，從烏蘇里江擴大到黑龍江，從水界擴大到陸界，從東段擴大到西段。一方面加緊反華戰爭動員，一方面加快軍事侵略部署。蘇修頭目勃列日涅夫等親自跑到中蘇邊境活動，大肆叫囂「不能」對中國「沒有反應」，要「不惜人力物力」加強「國防」，要把軍事力量「保持最高水平」。蘇修軍事頭目也接二連三地叫喊，「現在到了戰爭邊緣」，要「採取一切必要措施」，「分秒必爭」地進行侵華戰爭準備。甚至威脅要以核武器先發制人，襲擊我國的戰略基地。

蘇修一九六九年的實際軍費高達五百億美元。大量西兵東調，把差不多二分之一的兵力擺到遠東，已在中蘇，中蒙邊境集結了七十多個師，一百多萬軍隊，兩萬多輛坦克，三千多架飛機，三十幾處導彈基地。新成立了中亞軍區和土爾其斯坦軍區，把最反動好戰的指揮官調到遠東前線。加緊戰場準備，新建許多空軍和導彈基地，增修鐵路和油庫，在邊境大搞無人區。頻繁舉行以我國為假想敵的軍事演習，只今年三月以來就搞了一百五十多次。大規模徵兵，發佈新的「徵兵令」。竭力勾結美帝拉攏印度、日本等反動派，拼湊「亞洲集體安全體系」。最近蘇美又在赫爾辛基舉行核會談，大搞政治交易，進一步相互勾結，共同對付我國。

蘇修花這麼多的錢，徵這麼多的兵，進行這麼緊張的軍事部署，想幹什麼？就是要侵略，就是要對我國發動大規模的突然襲擊。大量事實表明，蘇修一定要向我們發動侵略戰爭，而且隨時都有突然襲擊的可能。如果誰還認為戰爭不一定打得起來，或者要打馬上也打不起來的想法，都是麻痺輕敵思想在作怪，不僅是錯誤的而且是危險的。特別是對正在北京進行著的中蘇邊界談判，應當不抱任何幻想。「我們要有清醒的頭腦，這裡包括不相信帝國主義的『好話』和不害怕帝國主義的恐嚇」。走投無路的蘇修社會帝國主義，經常變換使用其反革命的兩手。一方面談判，一方面加緊備戰。用談判掩護備戰，用談判欺騙世界人民和蘇聯人民，用談判麻痺中國人民，為發動突然襲擊創造條件。「歷史的經驗值得注意」。第二次世界大戰時，法西斯德國已經在三千公里的防線上向蘇聯發動了全面進攻，德國談判代表里賓特洛甫還沒有離開莫斯科。蘇修武裝佔領捷克，也是一邊談判，一邊就降落了傘兵。即使談判達到某些協議，也是暫時的，蘇修一定要背信棄義的撕毀它。我們一定要吸取歷史的經驗，識破蘇修假和談，真備戰的陰謀，始終立足於「打」字上面，提高警惕，常備不懈。

我區地處反修第一線，守衛者祖國的北大門。我區各族人民直接肩負著保衛毛主席，保衛林副主席，保衛黨中央，保衛偉大祖國首都，保衛無產階級專政的「五保衛」的光榮任務。這是毛主席、林副主席和全國人民對我們的最大的信任和重託。我區和蒙古有著一千六百多公里的邊防線，是蘇修進攻我國、威脅首都的主要方向。不論大打還是小打，早打還是晚的，打常規戰爭還是打

核大戰，我區都是重要的戰場之一。我們打的好壞，影響著戰爭的全域，關係者國家的安危。必須充分認識我區所處的重要戰略地位，加緊做好反侵略戰爭的一切準備。

遵照毛主席的教導，我們一定要用階級和階級鬥爭的觀點看形勢，看蘇修，看戰爭，充分認清蘇修政治上的反動性，軍事上的冒險性和發動侵略戰爭的突然性，清除幻想，準備打仗，隨時準備對付蘇修的突然襲擊。它早打，我們堅決打，它晚打，我們堅決打，它大打，我們堅決打，它小打，我們堅決打，它打核戰爭，我們堅決打。它打常規戰爭，我們堅決打。不管它天上來還是地上來，不管它打什麼仗，反正準備堅決打。我們中國人民有志氣有勇氣，絕不當蘇聯的殖民地，附庸國，決不當亡國奴，絕不受它的剝削和壓迫，我們要遵照毛主席的舊教導，打一場人民戰爭，誘敵深入，樹立獨立作戰，長期作戰的思想，準備人自為戰，村自為戰，城自為戰，廣泛開展游擊戰爭。要打就要打好，打到底，打出軍威和國威來，把敵人拖在內蒙，消滅人內蒙。我們要用打仗的觀點，觀察一切，檢查一切，落實一切。

二、蘇修社會帝國主義是全中國人民和全世界人民最兇惡的敵人，必須狠抓一個「恨」字。

偉大領袖毛主席教導我們：「帝國主義者的壽命不會很長了，因為他們盡做壞事，專門扶植各國反人民的反動派，霸佔大量的殖民地，半殖民地和軍事基地，以原子戰爭威脅和平。這樣，他們就迫使全世界百分之九十以上的人正在或者將要對他們群起而攻之。」蘇修社會帝國主義對我國人民和世界革命人民犯下了滔天罪行，是我國人民和世界革命人民不共戴天的死敵。

蘇修新沙皇對我國早就懷有狂妄的侵略野心，不僅完全繼承了老沙皇的衣缽，而且侵略野心比老沙皇還大，侵略魔爪比老沙皇伸得還長。過去老沙皇強迫中國簽訂了一系列不平等條約，佔領了中國一百五十多萬平方公里的領土，相當於十個江蘇省或五個白俄羅斯或兩個法國。蘇修新沙皇不僅把這些強加於中國的不平等條約說成是「平等」的，「合法」的，「談不上廢除和修改」，而且狂熱地為當年屠殺中國人民的劊子手歌功頌德。他們把一個冬天就吃了50個中國居民的吃人魔王波雅科夫及其同夥，吹捧為「有經驗的新土地開發

者」，「最能體現俄羅斯性格鮮明特點的人」。把僅在一六五一年六月攻陷達幹爾族人的木城一次就殺死俘虜六百六十一名，掠奪了二百四十三名婦女和一百一十八名兒童的劊子手哈巴羅夫，當作「英雄」供奉，並用他的臭名命名城市和邊區。老沙皇在黑龍江邊的江東六十四屯，一次就把中國的三千名男女老幼趕到黑龍江中淹死。這些深仇大恨，人們記憶猶新。

蘇修新沙皇不僅繼續霸佔著老沙皇侵佔的大片中國領土，而且在許多地方越過不平等條約規定的邊界線，進一步侵佔了大片中國領土。僅在烏蘇里江和黑龍江地段，就把主航道中心線中國一側的七百多個中國島嶼中的六百多個，達一千多平方公里的面積，劃入了蘇聯版圖。貪得無厭的蘇修新沙皇，再在其政府聲明中公然提出，在清朝以前中國的北部疆界在長城，西部不超過甘肅和四川。可見新沙皇比老沙皇的胃口還要大，老沙皇沒有來得及實現的侵略計劃，它也要實現。

一九五八年，蘇修新沙皇妄圖從軍事上控制我國的陰謀遭到我國政府的堅決拒絕後，於一九五九年背信棄義的撕毀了中蘇雙方簽訂的關於國防新技術的協定，拒絕向我國提供原子彈樣品和生產原子彈的技術資料。一九六〇年蘇修新沙皇又片面撕毀了三百四十三個專家合同和合同補充書，廢除了二百五十七個技術合作項目，撤走全部在我國的蘇聯專家，停止供應許多重要設備和物資，在貿易方面實行限制和歧視我國的政策。蘇修新沙皇利用我國遭到三年自然災害，採取撤，撕、卡、逼等手段，妄圖從經濟上扼殺我們。

蘇修新沙皇在政治上為大叛徒，大內奸，大工賊劉少奇喊冤叫屈。積極支持反黨分子彭德懷攻擊三面紅旗，把劉少奇、彭德懷之流說成是他們的「好朋友」。妄圖從內部顛覆我國的無產階級專政。他們多次指使暴徒衝進我國駐蘇大使館無理取鬧，襲擊使館人員，多次毆打向列寧、斯大林陵墓敬獻花圈的我國留學生。尤其不能容忍的是，蘇修暴徒進狗膽包天，肆意侮辱中國人民的偉大領袖毛主席。他們甚至與中國人民公敵蔣介石勾勾搭搭，打得火熱，積極配合美帝製造「兩個中國」。

新沙皇在中蘇邊境地區犯下了新的滔天大罪，更是罄竹難書。在新疆地區，他們經常出動大批步兵，騎兵，裝甲車和直升飛機，對我進行威脅和挑釁。野蠻阻撓我牧民放牧，粗暴干涉我邊防人員正常巡邏，毆打和綁架我國公

民和邊防戰士。一九六九年六月十日，蘇軍侵入我巴爾魯克山西部地區，槍殺和綁架我國牧民。八月十三日，又出動直升飛機、坦克、裝甲車和武裝部隊數百人，侵入裕民縣鐵列克堤地區，打死打傷我邊防戰士多名。在黑龍江和烏蘇里江地段，新沙皇欠下中國人民的血戰更是數不清。他們在我國島嶼上實行燒光，搶光，把人趕光的「三光」政策。在七里沁島，僅從一地上年冬到一九六八年初一個多月的時間裡，蘇修就前後出動一千七百五十三人次，打死打傷我方群眾一百七十多名。一九六八年一月五日，蘇修裝甲車一次就壓死我漁民四人，撞傷九人。到了一九六九年三月，蘇修新沙皇對我珍寶島更發動了大規模武裝進攻，開槍開炮打死打傷我邊防戰士多人。在忍無可忍的情況下，我英雄的邊防戰士，遵照偉大領袖毛主席關於「人不犯我，我不犯人；人若犯我，我必犯人」的教導，帶著對新沙皇的深仇大恨和滿腔怒火，英勇地進行了自衛還擊，給入侵者以嚴厲懲罰，勝利地保衛了我國的神聖領土。

蘇修新沙皇和老沙皇一樣，扮演著「國際憲兵」的可恥角色，哪裡有革命就去哪裡鎮壓，哪裡有反革命就去哪裡支持。他幫助印尼反動派屠殺印尼人民。他支持奈溫法西斯軍人政權鎮壓緬甸人民武裝鬥爭。他援助印度反動派反對鄰國和鎮壓本國人民革命。他配合美帝玩弄政治欺騙陰謀，妄圖扼殺越南人民的抗美救國鬥爭。他策劃「中東慕尼黑」，出賣阿拉伯人民利益，陰謀撲滅巴基斯坦武裝鬥爭的烈火。它還在拉丁美洲推銷「議會道路」的黑貨，妄圖取消人民的武裝鬥爭。

蘇修新沙皇打「社會主義大家庭」的幌子，把東歐一些國家和蒙古變成他的殖民地和軍事基地。它利用華沙條約的名義，於一九六八年八月出動幾十萬軍隊，武裝佔領了捷克斯洛伐克。新沙皇還把它的侵略魔爪伸向印度、印尼和阿拉伯國家，把艦隊開進地中海，印度洋、太平洋、大西洋，夢想建立一個橫跨歐、亞、非三大洲的殖民大帝國。

此外，它還把這些國家變成他的原料供應地、商品銷售市場和附屬加工廠。它以高出國際市場一倍以上的價格，向東歐國家輸出石油，鐵砂和煤，同時把東歐國家的銅、鈾、鐵礬土等戰略物資幾乎全部掠走。他以「國際分工」為名，把保加利亞變成他的「果菜園」，把蒙古變成他的「大牧場」。蘇聯還在亞、非、拉地區，利用所謂「經濟援助」和賤買貴賣、輸出資金、搜刮原

料，傾銷商品等惡劣手段，撈取巨額利潤，剝削各國人民。

蘇修新沙皇也是蘇聯人民的死敵。他對外推行侵略和戰爭政策，是它對內實行社會法西斯主義政策的繼續。蘇修新沙皇為了保持其搖搖欲墜的反動統治，加緊對蘇聯人民進行鎮壓和控制。他們泡制了一個又一個法西斯法令；增加了警察、密探，增設了摩托化民警部隊；在工廠、農莊、部隊、學校、團體設立了九十多萬個監察組和監察哨；在黨內建立了龐大的「情報網」；在軍隊裡大量清洗認為不可靠的軍官。在全國設立了大量所謂「精神病院」（集中營）。把好端端的一個蘇聯，變成了一座人間地獄。廣大蘇聯人民在社會法西斯主義的黑暗統治下，人命危淺，朝不保夕。但是，哪裡有壓迫，哪裡就有反抗。正像偉大領袖毛主席說指出的那樣：「我勸同志們堅決相信，蘇聯廣大的人民、廣大的黨員和幹部，是好的，是要革命的，修正主義的統治是不會長久地。」

血淋淋的事實說明，蘇修就是窮凶極惡的新沙皇，它比老沙皇還壞，比美帝國主義還壞，比日寇還壞，比蔣匪幫還壞。蘇修是地地道道的「國際憲兵」，是鎮壓各國人民革命的劊子手。是戰爭販子，是當代侵略戰爭策源地。

我們要反覆學習毛主席關於反對現代修正主義的論述，深刻認識蘇修社會帝國主義的本性，無情揭露新沙皇的滔天罪行，加深對蘇修的階級仇恨。要充分發動群眾，通過回憶對比，深入開展對蘇修反革命言論、侵略野心和罪行的大揭發、大控訴、大批判。把蘇修的畫皮剝得光光的，把新沙皇的罪行批得臭臭的，把對蘇修的仇恨搞得深深。只有這樣，才能愛憎分明，「對敵恨，對已和」，更加激發對偉大領袖毛主席、對黨、對祖國、對人民的無限熱愛，才有最大的勇敢，才能產生巨大的物質力量。

三、蘇修社會帝國主義是外強中乾的紙老虎，必須樹立一個「敢」字。

偉大領袖毛主席教導我們：「一切反動派都是紙老虎。看起來，反動派的樣子是可怕的，但是實際上並沒有什麼了不起的力量。從長遠的觀點看問題，真正強大的力量是不屬反動派，而是屬人民。」蘇修社會帝國主義就是這樣一隻紙老虎。它內外交困、走投無路、矛盾重重，根本沒有什麼了不起的力量。不管他怎樣氣勢洶洶，垂死掙扎，終究逃脫不了覆滅的命運。

　　蘇修新沙皇在全世界推行新殖民主義和侵略擴張政策，日益引起全世界革命人民的強烈不滿和反抗，簡直是老鼠過街，人人喊打。即使是受到蘇修嚴密控制的東歐國家和蒙古人民，也正日益覺醒，力圖擺脫蘇修的控制和壓迫。捷克斯洛伐克人民反抗蘇修軍事佔領的鬥爭，方興未艾，彼伏此起。蘇修新沙皇已把自己置於世界上百分之九十以上革命人民的對立面，四面楚歌，空前孤立。

　　蘇修新沙皇在國內全面復辟資本主義，實行法西斯統治和高壓政策，是一小撮資產階級特權階層同廣大蘇聯勞動人民之間的矛盾，空前激化。具有十月革命光榮傳統的蘇聯革命人民，一定會衝破蘇修叛徒集團的重重壓力，進行第二次革命，徹底推翻蘇修的法西斯統治，重建無產階級專政。近年來，在蘇聯已經出現了許多堅持馬克思列寧主義路線、高舉毛澤東思想偉大紅旗的祕密革命組織，斯大林小組就是其中的一個。他們不顧蘇修叛徒集團的殘酷鎮壓，英勇的罷工、罷課，示威遊行，散發傳單、焚毀警察機構。可以相信，蘇聯廣大的革命人民，是堅決反對蘇修叛徒集團的，如果新沙皇一旦向我國發動進攻，必將是「戰爭引起革命」。

　　毛主席教導我們：「武器是戰爭的重要的因素，但不是決定的因素，決定的因素是人不是物。」蘇修新沙皇就是一幫唯武器論者。它們以為依靠手中擁有的「烏龜殼」、核導彈之類的東西，就可以打敗中國。那是癡心妄想，白日做夢。勃列日涅夫手裡的軍隊，早已改變了列寧、斯大林時代蘇聯紅軍的性質，完全墮落成為資產階級的反動軍隊。他們思想頹廢，迷信武器，貪生怕死，和美國「少爺兵」沒有什麼兩樣。珍寶島自衛還擊戰中，蘇修侵略軍的可恥下場，就是這只外強中乾的紙老虎的現形記。當我英勇的邊防戰士向蘇修侵略軍進行自衛還擊時，他們嚇得屁滾尿流，況且，蘇修侵略我國，師出無名，人心相背，軍事上處於外線作戰，遠離後方，補給線漫長，等等，都是他們不可克服的困難。

　　毛主席教導我們：「馬克思列寧主義真理在我們一邊。國際無產階級在我們一邊。被壓迫民族和被壓迫人民在我們一邊。全世界百分之九十以上的人民大眾在我們一邊。我們的朋友遍天下。我們不怕孤立，也決不會孤立。我們是不可戰勝的。」戰爭的性質，人心的向背，是戰爭勝利的決定性因素。蘇

修向我國發動戰爭，是侵略的，非正義的，反動的。必將遭到蘇聯人民和世界人民的譴責和反對。我們抵抗蘇修的戰爭，是反侵略的，自衛的，正義的，進步的，必將得到世界革命人民的同情和支持。蘇修是失道寡助，我們是得道多助。戰爭的結局肯定是：蘇修必敗，我們必勝。

偉大領袖毛主席和以毛主席為首、林副主席為副的黨中央的英明領導，是我們戰勝蘇修的最根本的保證。偉大領袖毛主席是當代最偉大的馬克思列寧主義者。在國際共產主義運動史上，沒有哪一個領袖「像毛主席那樣」，親臨前線指揮那麼多的重大的政治戰戰役，特別是軍事戰役；沒有哪一個領袖「經歷過像毛主席那樣長期、那樣複雜，那樣激烈，那樣多方面的鬥爭」。「毛主席這樣的天才，全世界幾百年，中國幾千年才出現一個。毛主席是世界最大的天才」。我們有毛主席的天才統帥，林副主席的卓越指揮，有黨中央的英明領導，我們就無堅不摧，無攻不克，無往而不勝。

七億中國人民的人民戰爭，是埋葬蘇修侵略者的汪洋大海。用毛澤東思想武裝起來的、經過無產階級文化大革命鍛鍊的十億中國人民胸懷祖國，放眼世界，刀山取上，火海敢闖。對毛主席無限熱愛，對蘇修新沙皇刻骨仇恨。具有一不怕苦、二不怕死的徹底革命精神，這是戰勝蘇修新沙皇的威力無窮的軍事原子彈。林副主席指示我們：「中國人民自有對付美帝主義侵略戰爭的方法。我們的辦法並不是什麼祕密，最主要的還是那麼一條，就是動員人民，依靠人民，實行全民皆兵，進行人民戰爭。」用人民戰爭的思想大十億人民動員起來、組織起來、武裝起來，就是不可戰勝的力量。七億人民七億兵，萬里江山萬里營，蘇修一旦打進來，這匹野牛就非燒死不可。

所向無敵的中國人民解放軍是保衛祖國的鋼鐵長城。毛主席親自締造和領導的、毛主席和林副主席直接指揮的中國人民解放軍，曾經打敗了窮凶極惡的日本侵略者，消滅了美帝裝備的八百萬蔣匪軍，在朝鮮戰場打敗了美國鬼，在中印邊境打垮了印度反動派的武裝進攻，在珍寶島痛殲了蘇修新沙皇，勝利地保衛了偉大祖國的神聖領土。「這個軍隊具有一往無前的精神，它要壓倒一切敵人，而絕不被敵人所屈服。」蘇修侵略者在偉大的中國人民解放軍這座鋼鐵長城面前，必將碰的頭破血流，粉身碎骨。

我們一定要徹底看穿蘇修紙老虎的虛弱本質，仇視、藐視、鄙視蘇修。充

分認識我們必勝的有利條件，發揮我們人的優勢，革命精神的優勢，地盤大的優勢。要敢於鬥爭，敢於勝利，牢固地樹立起敢打必勝的信心。毛主席教導我們：「在戰略上我們要藐視一切敵人，在戰術上我們要重視一切敵人。」蘇修這只紙老虎，利用蘇聯人民創造的物質財富武裝到了牙齒，我們必須從戰術上重視它，認真地對付它。要從最壞、最困難、最殘酷的地方設想，從早打、打大仗，打惡仗、打核戰爭的基點上出發，來搞好我們的戰備工作。「早已森嚴壁壘，更加眾志成城。」蘇修新沙皇要派軍隊來，那就來吧，越多越好。來多少我們就報銷多少，叫它徹底舒服。

四、把反修戰備思想提高到繼續革命的高度，必須大立一個「公」字。

毛主席教導我們：「世界觀的轉變是一個根本的轉變」。「無產階級不但要解放自己，而且要解放全人類」。大敵當前，戰備就是當前最大的政治。一定要將戰備觀念提高到繼續革命，解放全人類的共產主義世界觀的高度，樹立一不怕苦、二不怕死的無產階級徹底革命精神，把常備不懈，敢打必勝的戰備思想扎在「公」字上。這樣就會使我們的戰備觀念建立在堅如磐石的思想基礎之上。

毛主席教導我們：「關於世界大戰問題，無非是兩種可能：一種是戰爭引起革命，一種是革命制止戰爭。」毛主席這一英明論斷，是運用馬克思列寧主義的立場、觀點和方法，深刻分析當前世界的是的四大矛盾，總結國內外階級鬥爭的歷史經驗而提出的極其英明、科學的論斷，是對世界大戰與各國人民革命辯證關係的高度概括。

蘇修發動侵略戰爭，我們把它徹底消滅，就會大大促進蘇聯的無產階級革命，就會使整個現代修正主義集團垮臺，加快世界革命的進程。正如林副主席所指出的：「根據第一次和第二次世界大戰的歷史經驗，可以斷定，如果帝、修、反把第三次世界大戰強加在世界人民頭上，那只會大大加速這些矛盾的發展，推動全世界人民起來革命，把一切帝、修，反統統送進墳墓。」到那時，全世界將實現一片紅，「紅旗五洲四海齊招展，迎來春色換人間」。

面對著這場決定世界前途和人類命運的戰爭，究竟採取什麼態度，這是一個原則問題、立場問題、世界觀問題。正如林副主席指出的：「在帝國主義

及其走狗的武裝侵略和武裝鎮壓面前，敢不敢進行針鋒相對的鬥爭，敢不敢進行人民戰爭，這是敢不敢革命的問題。這個問題，是測定真革命還是假革命，真馬克思列寧主義還是假馬克思列寧主義最靈驗的試金石。」因此，搞不搞戰備，敢不敢打仗，這是要不要革命，要不要鞏固無產階級專政，要不要實現共產主義，要不要解放全人類的無產階級世界觀問題。有沒有準備打仗的思想，是對每個革命者革命化程度的最好檢驗。

無產階級世界觀的核心就是一個「公」字。要準備打打仗，首先就要向頭腦中的「私」字進行攻擊，在「打」字上破私立公，要帶著戰備中的活思想，進一步活學活用「老三篇」，狠批大叛徒劉少奇的「階級鬥爭熄滅論」、「公私熔化論」，「活命哲學」等反革命修正主義言論，大破一切私心雜念，大立不為民，不為利，不怕苦，不怕死，一心為人民，一心為革命的無產階級世界觀。

大敵當前，我們必須堅決克服資產階級派性，增強無產階級黨性，加強團結，共同對敵。徹底批判無政府主義、反革命經濟主義和分裂主義，嚴厲打擊資本主義勢力的猖狂進攻，堅決克服一切不利於戰備的思想和言行。

毛主席說：「我贊成這樣的口號，叫做『一不怕苦，二不怕死』。這是毛主席向我們發出的偉大號召。不怕苦，不怕死，敢打必勝，是繼續革命覺悟的最高標準，是我們克敵致勝的法寶。有了一不怕苦，二不怕死的革命精神，沒有打過仗的能打勝仗，沒有指揮過戰鬥的能指揮好戰鬥。有了一不怕苦、二不怕死的革命精神，就能用我們的革命化打敗敵人的機械化。

在毛澤東思想的哺育下，已經湧現出大批一不怕苦，二不怕死的英雄人物。像捨身炸碉堡的董存瑞，用胸膛堵搶眼的黃繼光，烈火中獻身的邱少雲，孤膽英雄龐國興，珍寶島打敗新沙皇的孫玉國等十位戰鬥英雄。「無限忠於毛主席的好黨員」李全洲等同志，都是一不怕苦，二不怕死的光輝典型，是我們學習的好榜樣。我們要學英雄，立壯志，以一不怕苦、二不怕死的精神把各族人民群眾武裝起來，動員起來，隨時準備和蘇修社會帝國主義大幹一場，為保衛毛主席，保衛偉大的社會主義祖國，為解放全人類，貢獻自己的一切。

五、以打仗的觀點，觀察一切，檢查一切，落實一切。

偉大領袖毛主席教導我們：「優勢而無準備，不是真正的優勢，也沒有主動。懂得這一點，劣勢而有準備之軍，常可對敵舉行不意的攻勢，把優勢者打敗。」林副主席指示我們：我們要把各方面的工作做好，做好反對侵略戰爭的準備，做好對付突然事變的一切準備。如果打起來，只要我們有準備，最後勝利一定是我們的。」黨的「九大」以後，我區各級革命委員會和廣大各族革命群眾熱烈響應偉大領袖毛主席「提高警惕，保衛祖國」，「要準備打仗」的戰鬥號召，堅決貫徹執行黨中央的「八・二八」命令和「七・二三」佈告，開展了群眾性的戰備教育，各級領導和廣大革命群眾的戰備觀念有了一定的提高，戰備工作有了進一步加強。但是，用毛主席「備戰、備荒、為人民」的偉大戰略思想來檢查我們的戰備思想，戰備工作，還遠遠落後於形勢。因此，必須進一步動員起來，在思想上準備打，工作上落實打，作風上適應打，把各項工作都要立足在「打」字上。

（一）要狠抓準備思想教育。

在做好準備迎擊蘇修社會帝國主義向我發動戰爭的一切工作中，首要的是政治思想準備。戰備思想教育，不是一般形式教育，而是深刻的階級和階級鬥爭的教育，是兩條路線鬥爭的教育，是在無產階級專政條件下繼續革命的教育，是用毛澤東思想統帥的普遍深入地反侵略戰爭動員，是在新形勢下活學活用毛澤東思想的群眾運動。開展全民性的戰備思想教育，就要認真組織全區軍民學習毛主席人民戰爭的偉大戰略思想和林副主席的一系列作戰指導原則：要大張旗鼓地開展仇視、藐視，鄙視蘇修的教育；要廣泛深入地開展對蘇修的大揭發，大批判，大控訴，大聲討的活動；要大力開展回憶對比，查鬥志，找差距，大講戰史，大擺戰例，大學英雄的活動；要大辦以戰備教育為中心內容的毛澤東思想學習班。通過教育要切實達到：第一、明確認識蘇修社會帝國主義就是戰爭，蘇修社會帝國主義是對我國威脅最大的頭號敵人，清除幻想，準備打仗，隨時準備消滅入侵之敵。第二，明確認識蘇修社會帝國主義的反動本性，加深對蘇修的深刻仇恨，把對蘇修的仇恨，搞得比對美帝，日寇，蔣匪幫還要深，更加激發對毛主席、對黨、對祖國、對人民的無限熱愛。第三，明確

認識蘇修紙老虎的虛弱本質，樹立敢打必勝的信心。決定戰爭勝負的是人，不是物，最大的戰鬥力是用毛澤東思想武裝起來的人，是勇敢，不怕死。第四、明確認識人民戰爭是我們克敵制勝的法寶，樹立長期作戰，獨立作戰，人自為戰，村自為戰，城自為戰的作戰觀點，廣泛開展游擊戰爭，樹立人民戰爭的思想。第五，明確認識準備打仗，就是當前最大的政治，是當前鬥爭的大方向，有無準備打仗的思想，是對每一個革命同志思想革命化程度的最好檢驗。一不怕苦，二不怕死，敢打必勝，是繼續革命覺悟的最高標準。第六，明確樹立全域觀念，要用準備的觀點觀察一切，檢查一切，落實一切，各行各業都要以戰備為綱，堅守崗位，扎扎實實地做好工作。

（二）要進一步加強革命團結。

毛主席教導我們：「團結起來，為了一個目標，就是鞏固無產階級專政，要落實到每個工廠、農村、機關、學校。」黨中央「八·二八」命令指示：「大敵當前，全體軍民要團結的像一個人一樣，共同對敵。」加強團結，這是形勢的需要，革命的需要，戰備的需要，埋葬帝，修，反的需要。團結為了革命，革命必須團結。團結就是力量，團結就是武器，團結就是勝利。沒有團結就沒有革命，就沒有勝利，就會被階級敵人所利用，等於幫助敵人。不團結，蘇修一旦突然襲擊，打來了，就不得了；團結了，就了不得。在大兵壓境的情況下，一切分裂，破壞革命團結的言論，都是對革命的犯罪。無政府主義，反革命經濟主義，分裂主義和資產階級派性，是團結的大敵。我們要胸懷祖國，放眼世界，活學活用毛澤東思想，鬥私批修，毛澤東思想基礎上團結起來，真正做到「五統一」。進一步增強領導核心的團結，軍隊的團結，群眾的團結和民族的團結。

我們一定要更大規模的展開熱烈的擁軍愛民運動。各級革委會，各族革命人民必須相信、依靠，學習偉大的人民解放軍，支持、幫助人民解放軍做好三支、兩軍工作和備戰工作，要從人力、物力各方面支援軍隊，支援前線，支援戰爭。人民解放軍要搞好軍隊之間，軍民之間，軍政之間的團結，要擁政愛民。「軍民團結如一人，試看天下誰能敵。」

（三）以戰備為綱，認真搞好鬥、批、改。

偉大領袖毛主席教導我們：「無產階級文化大革命，還有些事沒有做完，

現在還要繼續做，比如講鬥、批、改。」林副主席指出：「這個革命取得了偉大的，決定性的勝利。但是革命並沒有結束。無產階級需要繼續前進，『認真搞好鬥、批、改。』把上層建築的社會主義革命進行到底。」我們必須充分認識在整個社會主義歷史階段，存在著階級、階級鬥爭、存在著資本主義復辟的危險性。特別是在當前蘇修準備對我國發動大規模侵略戰爭的形勢下，國內外階級鬥爭更加激烈，尖銳和複雜，我們必須全面地，扎扎實實地完成鬥批改各項戰鬥任務，進一步鞏固無產階級專政。

我們要遵照毛主席的一系列教導，以戰備為綱，把戰備工作與鬥批改的各項戰鬥任務緊密結合起來。要抓緊革命大批判，外批蘇修，內批劉修。特別要集中揭露和批評阻礙戰備、破壞戰備的無政府主義，反革命經濟主義和分裂主義，堅決打擊資本主義勢力的猖狂進攻。要進一步落實毛主席的各項無產階級政策。要繼續搞好清理階級隊伍和整黨建黨工作。要搞好教育革命和文藝革命。各級領導要相信群眾，依靠群眾，深入實際，狠抓典型，有步驟地，過細地，合理的完成鬥批改的各項戰鬥任務。

（四）狠抓革命，猛足生產，做好反侵略戰爭的物資準備。

加強戰備，不僅要做好充分的精神準備，而且要以精神準備帶動物質準備，「在思想基礎和物質基礎兩個方面立於不敗之地」。當前我區工農牧業生產形勢雖然越來越好，但是還遠遠不能適應戰備的需要。

我們要堅決貫徹執行毛主席「備戰、備荒、為人民」的偉大戰略思想和「抓革命，促生產，促工作，促戰備」的偉大方針，突出政治，正去處理好革命與生產的關係，堅定不移地用政治去統帥生產，帶動生產，促進生產。當前我們要突出地抓好鐵路運輸，抓好工業生產，特別是煤炭生產和軍工生產，高好小三線建設，加強平戰結合。要抓好糧食徵購，抓好戰備物資的儲備特別是糧食儲備。只有這樣，我們就能恰當地應付各種複雜局面，贏得反侵略戰爭的最後勝利。

（五）進一步動員群眾，依靠群眾，加強反侵略戰爭的組織準備。

偉大領袖毛主席教導我們：「革命戰爭是群眾的戰爭，只有動員群眾才能進行戰爭，只有依靠群眾才能進行戰爭。」我們要遵循毛主席人民戰爭的偉大戰略思想立即把民兵組織整頓好，切實抓好「三落實」，真正做到「召之

即來，來之能戰，戰之能勝。」要建立民兵獨立團，建立後方根據地，游擊根據地，建設戰鬥村，做好城市鬥爭的準備。要積極做好人民防空工作，挖好防空掩體，組織對空射擊和反空降作戰，組織醫療救護，運輸，搶修，消防、糾察隊伍，切實搞好防空襲，防空降，防突然襲擊，防原子彈準備工作。人口疏散，文件檔案情理，工廠，企業的轉移和內遷等都要按上級指示抓緊進行。要加強人民保衛工作，進一步強化無產階級專政，做好防奸、防特、防火、防盜、防毒等社會治安工作，加強對階級敵人的管制，堅決鎮壓間諜，特務和一切反革命分子。要加強保密教育，嚴守國家軍事機密。總之，我們要在毛澤東思想的光輝旗幟下團結起來，組織起來，人人當戰士，個個當哨兵，家家是陣地，村村是戰場，徹底埋葬帝，修、反。

（六）要進一步加強領導班子思想革命化。

加強準備，關鍵在於領導。有了常備不懈的領導班子，才能帶出常備不懈的群眾。我國已經近二十年不打仗了，現在要準備打仗，這是一個大的轉變。要迅速完成這個大轉變，首先是各級領導班子必須轉過來，從思想上堅決轉過來，真正轉過來，徹底轉過來。轉與不轉，準備與不準備打仗，這是緊跟不緊跟毛主席偉大戰略部署的大問題，是對毛主席忠不忠的大問題。我們一定要以對偉大領袖毛主席的無限忠誠，對黨、對人民的高度責任感，認真抓好戰備工作，當好落實毛主席「要準備打仗」指示的帶頭人。

各級領導班子要善於抓典型，總結經驗。主要領導幹部要親自深入基層，抓第一手材料。針對戰備中的問題，抓重點，抓難點，實行重點突破，點面結合，真正做到胸中有全域，手中有典型，把準備工作抓深、抓細，抓扎實。各級領導機關、領導班子都要加強革命團結，樹雄心，立壯志，緊緊地和廣大革命群眾在一起，把反侵略戰爭的一切準備工作做得好上加好，為人民立新功！

偉大領袖毛主席教導我們：「人不犯我，我不犯人；人若犯我，我必犯人。」一旦豺狼成性的蘇修社會帝國主義把侵略戰爭強加在中國人民頭上，我們就一定奉陪到底。「槍桿子裡面出政權」。中國革命的勝利是打出來的，世界革命的勝利也要靠槍桿子去贏得。用偉大的毛澤東思想武裝起來的、經過無產階級文化大革命鍛鍊的偉大的中國人民和中國人民解放軍，已經嚴陣以待，滿懷必勝的信心，一定要把一切敢於來犯的侵略者，徹底埋葬，打出一個紅彤

形的新世界。

　　誓死保衛毛主席！

　　誓死保衛林副主席！

　　誓死保衛黨中央！

　　誓死保衛偉大祖國的首都！

　　誓死保衛無產階級專政！

　　下定決心，不怕犧牲，排除萬難，去爭取勝利！

　　　　　　　　　　　　　　　　內蒙古自治區革命委員會

　　　　　　　　　　　　　　　　　一九六九年十二月

　　　　　　　　　　　　　　　　武川縣革命委員會翻印

　　　　　　　　　　　　　　　一九六九年十二月二十二日

83.關於內蒙各盟、市實行軍管對廣大軍民的要求（1969.12.27）

內蒙地處在反修最前線，是祖國的北大門。為著堅決貫徹落實毛主席關於「提高警惕，保衛祖國」、「要準備打仗」、「備戰、備荒、為人民」的偉大教導，為著備戰工作的迫切需要，經過偉大領袖毛主席和他的親密戰友林副主席親自批准，中共中央決定對內蒙所屬各盟、市實行軍管。為此，特向全區廣大軍民提出如下要求：

一、偉大領袖毛主席親自批准的「七‧二三」佈告、「八‧二八」命令和中共中央關於對內蒙古所屬各盟、市實行軍管的決定，是毛主席的偉大戰略部署，必須堅決照辦，堅決執行，立即掀起大學習、大宣傳，大落實的高潮。

二、堅決響應毛主席關於「提高警惕，保衛祖國」，「要準備打仗」的偉大號召。以備戰為綱，「抓革命，促生產，促工作，促戰備」，增強敵情觀念，切實做好反侵略戰爭的各項準備工作，隨時準備殲滅入侵之敵。

三、工人階級、貧下中農（牧）、人民解放軍指戰員、革命幹部、革命知識分子和廣大革命群眾要團結起來共同對的，堅決反對一切分裂活動，反對一切破壞團結的行為，反對資產階級派性。對挑撥和破壞軍民團結、軍政團結、民族團結的階級的人，要堅決揭露，堅決打擊。

四、一切革命群眾組織，都要在毛澤東思想的基礎上統一起來，鞏固和發展革命的大聯合和革命的三結合。支持各級革命委員會，只准補臺，不許拆臺，反對製造分裂，重拉隊伍，另立山頭。

五、堅守生產和工作崗位，要就地鬧革命，不要串連，不要上訪。不要上街貼大字報。對無故離開生產和工作崗位者要限期上班，逾期不歸者，要視情況給予必要的紀律處分，直至開除。

六、確保交通運輸暢通無阻，支援農村（牧）業生產，促進戰備工作的落實，保證人民生活。對破壞鐵路、公路運輸，搶劫車站物資，製造車輛事故等反革命罪行，必須嚴肅處理，依法承辦。

七、人民解放軍要擁政愛民，對兩派革命群眾要堅持「一碗水端平」；廣

大人民群眾要愛護，支持自己的子弟兵。對軍隊有意見，歡迎按組織系統用適當方式提出來，但絕不准以任何藉口在社會上攻擊、衝擊、圍攻，打罵我們的人民解放軍。

八、加強無產階級專政。對那些裡通外國，策劃外逃，破壞社會治安，破壞工農（牧）業生產，破壞軍管，破壞戰備工作和煽動搞無政府主義、分裂主義、反革命經濟主義的反革命分子和個別壞頭頭，要堅決鎮壓。對沒有改造好的地、富、反、壞、右分子必須由革命群眾嚴加管制，勞動改造。

內蒙地區全體軍民又在以毛主席為首，林副主席為副的黨中央英明領導下，高舉「九大」團結勝利的旗幟，緊跟毛主席偉大戰略部署，團結的像一個人一樣，以臨戰態度，分秒必爭，學東北，趕東北，把內蒙地區建設成為反帝反修的戰鬥堡壘。

北京軍區內蒙前線指揮所

一九六九年十二月二十七日

84.用實際行動落實偉大領袖毛主席親自批准的軍管決定（1970.01.08）

最高指示

提高警惕，保衛祖國。要準備打仗。

抓革命，促生產，促工作，促戰備。

用實際行動落實偉大領袖毛主席親自批准的軍管決定

廣大革命職工、貧下中農（牧）、革命幹部，革命的知識分子和廣大革命群眾：

偉大領袖毛主席親自批准，中央決定對內蒙古實行分區全面軍管的振奮人心的大喜訊，傳到土左旗，二十四分各族革命人民喜氣洋洋，拍手稱快。衷心擁護，認真學習，努力宣傳，堅決落實。廣大革命群眾對偉大領袖毛主席最忠，對毛主席的話最愛聽，對毛主席的指示最願照辦，對毛主席的偉大戰略部署跟得最緊。都決心用「抓革命，促生產，促工作、促戰備」的實際行動向偉大領袖毛主席敬獻忠心。為此，土左旗軍管組號召你們：

1、要深刻領會中央軍管決定的偉大意義，對毛主席親自批示「照辦」的軍管決定要堅定不移，堅信不疑。任何動搖、遲疑，怠慢都是對毛主席的最大不忠，對人民的最大犯罪。要立即掀起大學習、大宣傳、大落實的高潮。

2、用實際行動響應毛主席「要準備打仗」的偉大號召，自覺地落實戰備行動。所有單位，所有人員都要為完成「五保衛」光榮任務做出貢獻，發揚「一不怕苦，二不怕死」的革命精神，克服各種困難，以臨戰狀態，落實戰備規劃，加強邊防鬥爭，搞好民兵三落實，建設好戰鬥村。

3、鞏固和發展革命的大聯合和革命的三結合，加強團結，實現「五個統一」。一切單位，一切同志都要用毛澤東思想統一起來，以大局為重，堅持革命大方向，鬥私批修，消除派性，增強團結，反對分裂，一致對敵。要相信和

依靠參加三結合的革命領導幹部，愛護、支持各級革命委員會。對不夠完善的革命委員會，要通過和群眾協商進行補臺。只准補臺，不准拆臺。

4、要用實際行動落實毛主席「抓革命，徒生產，促工作、促戰備」的偉大號召，廣大工人要發揚領導階級的先鋒作用和模範作用，以沖天的革命幹勁完成和超額完成生產任務。革命幹部要發揮領導作用和骨幹作用，胸懷全域，做好本職工作，實行革命化的工作作風，不斷提高工作質量和工作效率。廣大貧下中農要堅持農閒不休息，抓革命，促生產。戰天鬥地，治山治水，以嶄新的戰鬥狀態奪取今冬明春生產大勝利。人變，地變，生產面貌變。

5、堅持社會主義方向，維護革命秩序和無產階級革命紀律。全旗十四萬人民都要堅決抵制、批判「四個壞主義」和各種錯誤傾向的影響，勇敢地、堅持不懈地向各種反動思潮和壞人壞事作鬥爭。一些受了「四個壞主義」影響的同志，要活學活用毛澤東思想，鬥私批修，堅決與各種錯誤傾向決裂，從各種非無產階級思想中衝殺出來，聽毛主席的話，照毛主席的指示辦事。當前有特別警惕那些破壞軍管，破壞軍民、軍政團結的罪惡活動。堅決執行，勇敢捍衛毛主席的無產階級革命路線，把社會主義思想、全心全意為人民服務的思想、無產階級黨性、無產階級革命紀律觀念提得高高的，把分裂主義、反革命經濟主義，無政府主義，資產階級派性搞得臭臭的。

讓我們更高地舉起毛澤東思想偉大紅旗，緊跟毛主席的偉大戰略部署，團結的像一個人一樣。學東北，趕東北，力爭在最短的時間內，奪取「抓革命，促生產，促工作，促戰備」的全面勝利。

北京軍區烏蒙前指土左旗軍管組

一九七〇年一月八日

85.中共呼和浩特市委關於在全市掀起向解放軍學習群眾運動新高潮的決定（1972.01.18）

中共呼和浩特市委文件

黨發（1972年）3號

（一九七二年一月十八日）

中國人民解放軍是毛主席親自締造和指揮的忠於黨、忠於人民的偉大軍隊。在艱苦卓絕的人民革命戰爭和保衛社會主義祖國的偉大鬥爭，為人民創建了不朽的豐功偉績；在無產階級文化大革命運動中，緊跟毛主席的偉大戰略部署，堅決執行和捍衛毛主席的無產階級革命路線，順利地進行「三支」「兩軍」工作，保證了無產階級文化大革命的勝利發展，為人民立了新功。中國人民解放軍是無產階級專政的堅強柱石，是保衛社會主義祖國的鋼鐵長城。

毛主席教導我們：「**沒有一個人民的軍隊，便沒有人民的一切**」，「**全國學人民解放軍**」。為了在全市掀起向解放軍學習的群眾運動的新高潮，不斷提高階級鬥爭、路線鬥爭和繼續革命的覺悟，更好地執行毛主席的革命路線，加強軍政、軍民團結，特作如下決定：

一、「**路線是個綱，綱舉目張**」。中國人民解放軍，幾十年來，始終堅定地執行和捍衛毛主席的無產階級革命路線，戰勝了歷次左右傾機會主義的干擾和破壞，奪取了一個又一個的偉大勝利。我們要學習解放軍高度的路線鬥爭覺悟，繼續進行思想和政治路線方面的教育，深入開展學習馬克思主義、列寧主義、毛澤東思想的群眾運動，增強識別真假馬克思主義的能力，不斷提高執行和捍衛毛主席革命路線的自覺性。

二、中國人民解放軍幾十年來，自覺地置於黨的領導之下，同張國濤、彭德懷、劉少奇一類騙子，妄圖使軍隊擺脫黨的領導、復辟資本主義的罪惡陰謀進行了堅決的鬥爭，為黨的建設和發展做出了巨大貢獻。我們要學習解放軍高度的維護和加強黨的一元化領導的觀念，堅持原則，敢於同一切背離馬克思主義、列寧主義、毛澤東思想的錯誤傾向作鬥爭，自覺地維護黨的一元化領導，

堅持黨的民主集中制，增強黨的團結，堅定不移的執行毛主席的無產階級革命路線和政策。

三、紀律是執行路線的保證。中國人民解放軍，自覺地「**執行三大紀律八項注意**」，向全國各族革命人民建立和保持了骨肉相連的關係，成為一支戰無不勝的人民軍隊。我們要學習解放軍高度的組織紀律性，學好，唱好《國際歌》、《三大紀律八項注意》，要深刻理解，認真實踐，自覺地遵守和維護革命紀律。

四、中國人民解放軍是在戰勝國內外階級敵人和各種艱苦困難的偉大鬥爭中，成長發展起來的。我們要學習解放軍「**一不怕苦，二不怕死**」的徹底革命精神，自力更生，艱苦奮鬥，勤儉建國，勤儉辦一切事業，鼓足幹勁，力爭上游，多快好省地完成各項任務。

五、堅決貫徹落實毛主席關於「**提高警惕，保衛祖國**」、「**備戰、備荒、為人民**」的偉大戰略方針，要像解放軍那樣，牢固樹立常備不懈的思想和敢打必勝的信念，把戰備問題提到路線高度來認識，狠抓五項戰備措施的落實，充分做好一切反侵略戰爭的準備，把呼市地區建成埋葬帝修反的鋼鐵陣地。

各級黨委，有遵照毛主席關於「**更大規模的開展熱烈的擁軍愛民運動**」的指示，繼續發揚擁軍優屬的光榮傳統，認真做好擁軍優屬工作。請解放軍介紹學習馬列，學習毛主席著作的經驗：定期深入部隊駐地，徵求意見，盡最大努力積極支持人民解放軍搞好軍隊建設，完全各項任務。要把慰問軍烈屬、榮譽軍人、殘疾軍人的工作經常化。進一步加強軍民團結和軍政團結，對於挑撥破壞軍政、軍民關係的一小撮階級敵人及時揭露，堅決打擊。

「軍民團結如一人，試看天下誰能敵」，全市軍民更加緊密地團結在以毛主席為首的黨中央周圍，沿著毛主席的革命路線奮勇前前進，團結起來，爭取更大的勝利！

已發：各級黨委，總支，支部，內蒙古黨委、內蒙古軍區、內蒙支左領導小組，呼市支左領導小組，呼和浩特警備區，市委各部室，存。（供印3000分）

中共呼和浩特市委辦公室

一九七二年一月十九日印發

86.平反證書（1974.03.30）

在前一段清理階級隊伍中，由於「左」傾錯誤思想指導，我們違背了黨的政策，搞了嚴重逼供信，犯了擴大化的錯誤。將雲雪冰同志錯打成「111幹將」，內人黨分子。遵照中央「5‧22」批示現在予以徹底平反，恢復名譽。並在政治上給以充分信任。

本人被迫所寫的，組織上整理的和他人提供的有關「內人黨」材料（除查找不到者外）均已退回和銷毀，今後再發現，一律無效。

團結起來，爭取更大的勝利！

土默特左旗革命委員會（印）

一九七四年三月三十日

87.尤太忠同志傳達的中央領導同志指示
（1974.05.11）

一九七四年五月十一日下午，區黨委第一書記，革委會主任尤太忠同志，在內蒙革委會禮堂。向區黨委，革委會兩委委員和自治區機關處長以上領導幹部。傳達了中央領導同志的指示。現根據記錄整理如下：

一九七四年四月二十九日晚，王洪文副主席，李先念副總理，陳錫聯，紀登奎，華國鋒等中央負責同志，在京西賓館第三會議室。接見了尤太忠，吳濤，李樹德，王德山同志，作了重要指示。

中央領導同志談話要點如下：

抓緊時間談談。王德山同志來了。內蒙的材料我們看了。登奎同志提議咱們談一談。群眾無首怎麼辦？這樣下去群眾有意見。看看用什麼辦法解決。先聽聽你們的意見。然後再商量一下。

批林批孔運動的大方向有什麼問題。什麼是合乎大方向。什麼不合乎大方向？那個方向是對的。那個方向是不對的？這個問題區黨委頭腦要清楚。要和群眾講清楚，群眾是會聽的。把方向搞對，和群眾在一起批林批孔。批林彪，對！批陳伯達，對！批李（雪峰），鄭（維山），對！你（尤太忠）應該號召聯繫實際。狠批李，鄭。你不號召揭發批判李，鄭。人家就批你捂蓋子。你們要支持批李，鄭，要大膽地支持嘛。

你們那裡有個口號要批判。說，李、鄭寫假報告欺騙毛主席，黨中央，實行了全面軍管。這種說法要批判。這樣把毛主席，黨中央放在了什麼地位。好像毛主席，黨中央對內蒙的情況不了解。實際上，毛主席，黨中央對內蒙情況了解的非常清楚。這種說法，是把矛頭指向了毛主席。這個口號是挑撥的口號。煽動群眾的口號。把中央看成了什麼。你們在一定的場合，要對這個口號進行批判。有人說要把顛倒了的歷史再顛倒過來。包括內蒙前指，說實行全面軍管錯了。內蒙實行全面軍管，中央11號文件。都是毛主席簽發的。不是鄭維山搞的。內蒙實行軍管不是鄭維山路線。是毛主席，黨中央決定。完全正確。不能否定。要肯定軍管是正確的。你（指尤太忠）作了一件草率的事。收回呼

市日報。太草率了。報紙你收回來幹什麼？收報紙，作檢查。說什麼犯了方向路線錯誤。他們批李，鄭你支持就對了。只要不批軍管。你就讓他批嘛。李，鄭是搞鬼的，應該批。但不能批三支兩軍人員。不要一批鄭。就把帶去的人都批了。一掃一大片，那不行。要區別一下。

有些老幹部否定文化大革命，說文化大革命整了他。還有人攻擊五‧七幹校。五‧七幹校不是鄭維山路線。一律復職才是鄭維山路線。去年春橋同志談了這個問題。你們要把這個觀點講清楚。

內蒙有兩個應該注意的問題：一個是挖內人黨問題。一個是兩派。歸根到底是兩派的團結問題。裡面夾雜著補臺問題，民族問題。是誰打的內人黨？現在的區黨委是搞平反的。還是平反不徹底。還是繼續打內人黨？要把是非搞清楚。但是內人黨是滕海清同志搞的。後來平反了。打內人黨不是尤太忠同志搞的。打內人黨的時候，尤太忠同志還沒有去內蒙呢。區黨委本來應該主動動。內人黨不是你們打的嘛。平反不夠可以檢查。但不能對著打內人黨的幹部和群眾。那不就把矛頭指向運動中的積極分子嘛。現在有人在裡面挑撥，專門攻擊平反的人。什麼道理？我看有人在搞鬼。不能說我們的工作沒有缺點，內蒙的問題不但是軍隊，地方工作，還有一個民族的問題。要注意培養少數民族幹部，你們工作沒有做到家，政策不落實。這是你們的責任。內人黨的平反問題還可以繼續工作。沒有平反的還要平反。有些盟市，旗縣的革命委員會委員，不該免的免了。那是鄭維山搞的。不該免的堅決補，你們要堅決一點嘛。你們補臺不夠區黨委要負責。應該定一個方針。到底怎麼辦，不能和群眾對立。即使有壞人。多數群眾是好的，要進行教育。光考慮人家犯錯誤。不考慮人家還有一部分群眾。那不行，對犯錯誤的人，不要急於處理。可以放一放。群眾看他不行了，就會拋棄它。這方面的經驗教訓不少。要很好總結。他犯了錯誤，我們有幫助的責任，幫他改了，有什麼不好呢？毛主席的幹部政策沒有分老幹部新幹部啊。領導班子不解決像現在這樣狀況下去。是非出亂子的。書記，常委少，現在批也來不及了。現在任命誰當書記，常委，都不行。要指定幾個人負責工作嘛。可以列席常委會議。你們定個名單，不要有框框。區黨委決定，在適當的場合宣佈一下，不然人家不聽他的。要從各部門抽調人，組織一個班子。七，八個人或十個人就可以了。在區黨委領導下，有領導批林批孔的，有

抓工業的，有抓農業的。能工作的都出來幹工作，這樣有好處，可以考察一下幹部。

不要把矛盾激化了。不要因為一個人的問題，把兩派搞僵了。對兩派之間的問題。對具體人的安排，要慎重一些，要考慮到多數群眾。你們四個同志都回去。回去一趟，好把工作安排一下，抓起來。半日工作也好嘛。不然的話，自治區領導會脫離群眾的，問題越來就越多。還得你們回去收拾。你們幾位身體不好。不要太勉強。邊工作，邊治療。搞一段看看。正常了。再回來治療。回去以後，別人不好講的，我的意見。王德山同志在適當場合，講一講老同志的身體狀況。他們幾位身體不好，帶病堅持工作。要照顧他們的身體。不要讓他們太疲勞了。不要把他們拖垮了。來訪的人多，不要讓他們上第一線。主要讓他們在後邊多出一些主意，身體好的同志在前面多做一些工作嘛。

呼市的工作要注意抓好。我覺得內蒙問題並不難解決。下一步工作有一條。就是要批林批孔。今天不是追查你們的錯誤，主要是研究把內蒙的運動和工作抓起來。

就談到這裡吧。

88.關於「新內人黨」結案問題的嚴正聲明 （1974.05.22）

在以毛主席為首的黨中央領導下。我區和全國一樣，批林批孔運動正在深入展開。形勢大好。在大好形勢下。我們懷著久等而急切的心情。強烈要求內蒙黨委，必須以馬列主義，毛澤東思想為武器，用辯證唯物主義和歷史唯物主義的觀點。對內蒙一千三百萬各族人民深受其害並日夜關注的「新內人黨」案件盡快結案。以達到更大的團結和勝利，特此嚴正聲明如下：

一、挖「新內人黨」妖風的刮起

毛主席親自發動和領導的文化大革命正在勝利前進的時刻。當時的內蒙革委會主任滕海清，副主任吳濤，高錦明等違背以毛主席為首的黨中央的多次正確指示。自六八年初，主觀唯心地另搞一套。提出以挖「新內人黨」為內容的所謂「挖烏蘭夫黑線，肅烏蘭夫流毒」（即「挖肅」）。對抗毛主席提出的清理階級隊伍這個偉大戰略部署。大挖所謂「以烏蘭夫為總頭目的」「四七年五一大會以後潛入地下，六十年代進入組織大發展的」「上有中央，下有支部」的「三裡五界都有的」「遍及全區農村牧區街道的陰謀反黨叛國的，龐大的國際間諜組織『新內人黨』」。

滕海清等人，以自己提出的「挖肅」。以挖「新內人黨」取代了毛主席提出的清理階級隊伍。用混亂的口號顛倒了清隊的階級內容，導演了一場親者痛仇者快的悲劇。這是完全背離了毛主席的革命路線和偉大戰略部署。

滕海清等人把矛頭對準內蒙各族工農兵和革命群眾。大挖「新內人黨」。把內蒙地區的共產黨組織打成「新內人黨」組織。這恰中了敵人的下懷。幫了敵人的大忙。像烏蘭巴干這樣的壞蛋兜售反動透頂的「三個演變」論，提供了理論依據，像丁振聲這樣的政治扒手。分封了所謂的「新內人黨」中央委員名單，並創造了幾十種所謂的「變種組織」。提供了假造的證據，唯恐天下不亂；像張風天這樣的階級敵人乘機行兇殺害共產黨員。依仗滕海清的權勢。有

恃無恐地進行現行反革命活動；還有不少有企圖的壞人接過「挖肅」口號，狠下毒手。興風作浪。再華麗耀眼的桂冠也掩蓋不了這一小撮壞蛋的醜惡嘴臉和陰暗心理。

二、難以估量的巨大損失

毛主席在《十六條》中明確規定：「誰是我們的敵人？誰是我們的朋友？這個問題是革命的首要問題。也是文化大革命的首要問題。」並告誡：「警惕有人把革命群眾打成『反革命』」。

滕海清等人出自他們資產階級唯心主義世界觀。一筆抹殺了內蒙古自治區成立以來，毛主席為首的黨中央對內蒙的領導，毛澤東思想對內蒙大地的光輝照耀，毛主席的革命路線在內蒙的主導地區，竟然胡扯什麼：內蒙古的二十年是「反黨叛國的二十年」，「大搞民族分裂的二十年」，「建立大蒙古帝國的二十年」，斷言「烏蘭夫黑線又粗又長」。「內蒙的共產黨明裡是共產黨，暗裡是內人黨」「蒙古包就是內人黨包」「內人黨是沒有證據，口供就是證據」等等反黨，反社會主義，反毛澤東思想的一派胡言。滕海清等人公開對抗毛主席關於「要文鬥，不要武鬥」「要重證據，重調查研究。嚴禁逼，供，信」的教導，煽動武鬥，大打出手。致傷，致殘幾十萬。致死幾萬各族革命人民。打擊了無產階級專政的階級基礎。破壞了社會主義革命和建設。破壞了邊防。把無產階級文化大革命引向了邪路，客觀上配合了蘇修對我國的顛覆和攻擊。

同志們，我們每一個捍衛毛主席，捍衛毛主席革命路線的人。怎麼能忘記那陰雲翻滾的日子。那時，我們各族人民沒少看過那黑暗陰森的隔離房和堆積刑具的行刑室。沒少聽過和嘗試過手銬腳鐐，棍棒皮鞭和各種法西斯刑法的罪惡的聲音，我們在漆黑的深夜。何止一次聽到無產階級弟兄在受刑時高呼「毛主席萬歲！」「中國共產黨萬歲！」「我不是新內人黨，我是貧農——貧牧——工人階級的兒子」「我是偉大，光榮，正確的中國共產黨黨員」的高呼聲！我們也曾見過革命戰友被打得半死不活而倒在床上，而在口中默念著「毛主席呀！我不是內人黨。我是共產黨員啊！」……就這樣含冤死去；我們也曾見過年輕寡婦和年邁的父母控訴兇手的眼淚；我們也曾聽到過失去雙親的孤兒

揪心的啼哭聲和那些人類文明所不容許的種種民族侮辱和人身侮辱的醜劇；同志們，所有這一切的一切。都是滕海清等人對抗毛主席的革命路線，利用中世紀的野蠻手段幹出來的罪惡。對此，我們各族革命人民怎能不怒不可遏，熱血沸騰，無所畏懼地投入到批林批孔的戰鬥？怎能不徹底揭批林，陳，黃，李，鄭的反黨叛國的路線？怎能不徹底清算打人有理，殺人有功的反革命路線？怎能不徹底清算滕海清等人對黨，對各族革命人民，對無產階級文化大革命犯下的罪行？

三、罪魁禍首是誰？搞鬼的又是誰？

　　毛主席教導我們：「對廣大人民群眾是保護還是鎮壓，這是共產黨同國民黨的根本區別，是無產階級同資產階級的根本區別，是無產階級專政同資產階級專政的根本區別。」

　　劉少奇叛徒集團和林賊反黨叛國集團，都是破壞毛主席親自發動和領導的無產階級文化大革命的兩個資產階級司令部，他們都向內蒙插過黑手，而且是蓄謀已久的。

　　中央首長在四月廿九日的指示中指出：「打內人黨是滕海清同志搞的。」滕海清的歷史性罪責我們要以革命的名義繼續清算，在這裡我們首先要搞清滕海清是怎樣挖起來的內幕。是他一九六七年從北京來內蒙時腦袋瓜裡就裝來了「新內人黨」？還是到內蒙以後裝進去的「新內人黨」？對這一問題。當時內蒙革委會核心小組組長滕海清，副組長吳濤，高錦明。成員權星桓，李質，李樹德，還有那位謀士郭以青，打手孟琦等人。必須把挖「新內人黨」的來龍去脈，前前後後。向各族人民交待清楚。從而揭露出那些拿幾十萬人的生命進行政治賭注的陰險的搞鬼分子。不是想當初有人捶胸頓足的發誓說：抓十個，哪怕抓對一個。我也寧願給那九個跪下磕頭。叫爸爸也行嗎？同志們想一想，這種歇斯底里是什麼人的觀點！

　　中央首長在四月二十九日的指示中還說：「是誰打的內人黨？現在的區黨委是搞平反的。還是平反不徹底。還是繼續打內人黨？要把是非搞清楚。」我們一定要遵照中央首長的指示，把這個是非搞清楚。我們認為內蒙黨委在

對「新內人黨」結案問題上，不熱情，不積極主動。個別人至今還在轉移黑材料。還把這些黑材料作為永久保存檔案，存入內蒙檔案館，尤其必須提出的是，尤太忠等人在批林批孔鬥爭中。不揭鄭維山來內蒙後繼續打「新內人黨」的蓋子是絕對不能容許的。誰都清楚鄭維山在鐵路系統，伊盟，烏達等地都繼續打了「新內人黨」；就在這個時期。畢力格巴特爾同志也因「新內人黨」問題再次被武鬥，還打掉了牙齒；為了重新在內蒙大挖「新內人黨」把原內蒙公安廳搞「206」專案的一處處長騰和再次打成「新內人黨」並進行武鬥逼，供，信，令其交待「新內人黨」的線索還不如說怕他揭穿他已掌握的所謂「206」案件的陰謀。在獄中給他加重刑致死。尤，吳等同志對上述問題你們一點也不知道？既然你們也表示批林批孔。批判陳，黃，李，鄭在內蒙的罪行。那麼我們就要求你們狠揭猛批陳伯達，黃永勝，李雪峰，鄭維山的罪行，用揭乾貨的實際行動來證明你們誓言的真實性。希望你們言行一致。對內蒙各族人民，對黨中央要光明正大。

四、幾點強烈要求

1.我們強烈要求內蒙黨委變過去的被動為主動。立即行動起來和內蒙各族革命人民站在一起，還挖「新內人黨」案件的本來面目。盡快對「新內人黨」作出結案。

2.我們強烈要求內蒙黨委，根據「十大」提出的「接受群眾的批評監督」的精神。吸取一定數量的，能夠堅持原則的，有代表性的各族工農兵群眾所信任的代表參加「新內人黨」結案調查組，落實好中央指示，進而從根本上解決被誤傷者在政治上，思想上給予徹底平反，信任及在經濟上，生活上妥善安排傷殘者給予治療等一切遺留問題。徹底廢除內蒙革委會在挖「新內人黨」時的「公告」「通告」和各種錯誤的「決定」和「文件」，作出徹底結案。不這樣作，對各族人民的團結，對祖國的統一。對邊防的鞏固。對鞏固無產階級專政都是極為不利的。因而，把這個內蒙歷史上空前的假案，冤案，慘案作為慘痛的教訓和階級，路線鬥爭的大搏鬥載入內蒙古的史冊。

3.我們強烈要求內蒙黨委，圍繞打「新內人黨」的問題，在全區範圍內徹

底揭發，清算罪魁禍首和搗鬼分子的罪行；懲辦殺人兇手，強姦犯，輪姦犯，大搞民族侮辱的反革命分子和作惡多端的壞人。實行無產階級專政。以求達到團結兩個百分之九十五以上的各族群眾和幹部，為奪取批林批孔鬥爭的更大勝利而奮鬥。

4.內蒙黨委為了貫徹中央陸地邊防會議精神而召開的「民族工作會議」實際上是走了一下形式。什麼問題也沒解決。還扣押了中央的部分重要文件不予傳達。我們強烈要求內蒙黨委重新召開全區民族工作會議，工農牧民多參加，結合內蒙的實際，認真學習馬恩列斯和毛主席關於民族問題的論述。不折不扣地傳達貫徹中央陸地邊防會議的文件，檢查幾年來在民族問題上存在的問題和這後面階級鬥爭和路線鬥爭的反映，聽取各族，特別是少數民族工農牧兵和革命群眾代表的意見，總結經驗，吸取教訓，全面落實重申黨的民族政策，搞好工作。

5.我們強烈要求內蒙黨委，結合對「新內人黨」問題的結案工作，堅決貫徹執行毛主席關於：「政策問題多年不抓了，特別是民族政策。現在地方民族主義少些，不突出了，但大漢族主義比較大，需要再教育」的指示。通過這場批林批孔的鬥爭，開展全區性的民族政策再教育，對劉少奇和林彪的極右路線即國民黨大漢族主義進行一場大揭發，大批判，大清算，以利對人民內部的大漢族主義思潮進行一次深刻的教育，落實毛主席的偉大戰略部署，達到偉大導師列寧所教導的：「無產階級團結的利益，工人的階級鬥爭的同志般團結一致的利益，也要求各民族的最完全的平等，以消除民族間最微小的不信任，疏遠，猜疑和仇視。」（《列寧全集》第二十卷288頁）這就是說，廢除民族壓迫，實現民族平等，這是各民族的無產階級達到團結一致的利益所必需的。沒有真正的民族平等，就不可能有真正的民族團結，沒有各民族的無產階級的團結，社會主義就是一句空話。

6.有人說有「新內人黨」，那麼有多少？是誰？人證，物證，旁證何在？必須把這些各族革命人民的共同敵人交給全區各族人民公審，對他們實行無產階級專政！因此必須作出徹底結案。

現在我們向一千三百萬各族革命人民緊急呼籲！行動起來，動員起來，團結起來，為了各民族的團結，為了搞好社會主義革命和建設，加強無產階級專

政，鞏固祖國的邊防，在徹底揭批劉少奇，林彪，陳伯達，黃永勝，李雪峰，鄭維山的反革命修正主義路線即在民族問題上的國民黨大漢族主義罪行的基礎上，徹底搞好「新內人黨」的結案工作；還要特別警惕一小撮階級敵人的破壞和搗亂。

內蒙、呼市地區各族革命群眾

一九七四年五月廿二日

89.內蒙古自治區革命委員會關於《關於「新內人黨」結案問題的嚴正聲明》的緊急報告（1974.06.10）

錫聯、登奎並報總理、洪文、康生、劍英、江青同志：

正當批林批孔運動在內蒙地區深入發展的時侯，五月二十二日在呼和浩特街頭出現了署名為「內蒙呼市地區各族革命群眾」，題為《關於「新內人黨」結案問題的嚴正聲明》的大字報（見附件），引起了人們的注意。

我們認為，這張大字報反映了在批林批孔運動中內蒙地區出現的一種錯誤思潮與傾向，它利用清隊擴大化的錯誤，挑撥民族團結，醜化無產階級專政，從根本上否定內蒙地區的文化大革命，把矛頭指向中央，指向毛主席光輝的《五、二二批示》。它的出現，是對批林批孔運動健康發展的干擾，需要引起注意和警惕。

現就這張大字報的二個重要觀點，提出我們的看法僅供首長研究、處理內蒙問題時參考。

一、關於「內蒙一千三百萬各族人民」的問題：

一九六九年九月間，毛主席和黨中央從全國的大局出發，決定將內蒙的東三盟和西三旗分別劃歸黑、吉、遼、甘、寧等省區管轄，重新調整了內蒙古自治區行政區劃，這是完全正確的。但是，區劃以後，有些別有用心的分子，一直進行挑撥。去年九月間，在呼市街頭貼出了署名為「被殺害者家屬、共產黨員、革命群眾」的大字報，說什麼「將統一的我區分成六片，是林彪反黨集團為破壞毛主席的民族政策挑撥民族關係搞的陰謀」，並提出「恢復原內蒙自治區行政區劃，這是原自治區廣大蒙古族人民和其他各族人民的合理要求」。接著，又於十一月九日在呼市街頭張貼了署名為「被殺者家屬、被害者、共產完員、革命群眾」的題為《駁內蒙古黨委個別領導人（給內蒙黨委公開信之三）》的大字報，觀點更為反動！公然提出「內蒙區劃變動，其結果是民族自治成了虛的，有無都可」，並說：「貶低內蒙黨、政、軍和一千三百萬各族革命人民的反動思想是促使重劃自治區行政區劃的重要因素」。把矛頭指向毛主

席和黨中央。

當中央首長批駁了這種反動觀點後，這股反動的思潮在內蒙並沒有得應有的批判。所以，一遇適當的氣候就會以一種新的面貌出現。今年五月二十二日張貼出來的這張《關於「新內人黨」結案問題的嚴正聲明》（以下簡稱《聲明》），就是這股反動思潮在新的歷史條件下重演。

《聲明》說，要「對內蒙一千三百萬各族人民深受其並日夜關注的『新內人黨』案件盡快結案」，並為此「向1300萬各族革命人民緊急呼籲！」在這裡值得注意的是「一千三百萬」。「一千三百萬」，這是原內蒙古自治區的全區人口總數，經過行政區劃調整以後的內蒙古自治區人口為八百二十萬。當毛主席、黨中央決定改變內蒙行政區劃五年過後的今天，還在向「內蒙一千三百萬各族人民」「緊急呼籲」，這不是明顯地反對中央關於改變內行政區劃的決定、把矛頭指向毛主席又是什麼？！

二、在「挖肅」與挖「新內人黨」問題上的文章：

《聲明》說滕海清等人「自六八年初主觀唯心的另搞一套提出以挖「新內人黨」為內容的所謂挖「烏蘭夫黑線肅烏蘭夫流毒（即挖肅），對抗毛主席提出的清理階級隊伍這個偉大戰略部署，大挖所謂……『新內人黨』」。這就是說，「挖肅」就是挖「新內人黨」而且是從一九六八年初就開始的。我們認為，這是對歷史的歪曲。事實是：一九六七年十一月一日內蒙革委會成立後，滕海清同志於當月十七日向內蒙呼市地區文藝界傳達了江青同志十一月九日、十二日在首都文藝界座談會上的講話，並根據江青同志的指示精神，提出「文藝界必須大亂」，「要正確處理五十天與十七年的關係」「要樹立革命隊伍」的口號，發動群眾進行清隊。

一九六八年一月四日，滕海清、吳濤同志根據呼市地區文藝界一個月來清隊工作中暴露出來的問題，決定召開自治區會第二次全委擴大會議，把清隊工作向全區推開。隨後，全委會即於一月六日開始，十八日閉幕，通過了《關於全面落實毛主席最新指示的決定》，提出：「烏蘭夫的反革命政治影響並未消除，他們在組織上還有一定勢力，在政治上還有很大形響，在一些要害部門還有陰暗的角落，他們還在幕前幕後起作用。這是一個非常嚴重的問題。我們要繼續揭開階級鬥爭蓋子，橫掃陰暗角落，集中火力，集中目標，打一場挖烏蘭

夫黑線、清烏蘭夫流毒的人民戰爭」。正式提出了「挖肅」的口號，把清隊工作推全區旗縣以上機關。但根本沒有涉及「內人黨」的問題。

一九六八年四月十三日，內蒙委會又頒發了《動員廣大人民群眾向一小撮階級敵人展開全面進攻》的第二號通告，提出要把「挖肅」鬥爭進行到底。關於鬥爭所向通告的提法是：「牢牢掌握革命鬥爭的大方向，始終把鬥爭矛頭指向中國赫魯曉夫及其在內蒙的代理人烏蘭夫，指向那些混進黨內的叛從、特務、反革命分子，指向一小撮階級敵人。一定要繼續放手發動群眾，繼續出擊；不停頓地、主動地向階級敵人發動猛烈進攻，集中力量，對準最主要、最危險的人，窮追猛打，不給敵人以喘息之機，以達全殲之目的。」同樣沒有涉及「內人黨」的問題。

第二號通告的發表，標誌著「挖肅」鬥爭進入了打殲滅戰的重要階段。就在此之後不久，原內蒙革委會政治部主任郭以清（審查中）趁滕海清、吳濤在北京開會之機，突然向站在清隊工作第一線的前線指揮李德臣（原內蒙革委會辦公室主任、前北京軍區司令員辦公室付主任、現山西呂梁軍分區參謀長）介紹了「206案件」（即一九六三年在集寧地區郵檢查獲的「內蒙古人民革命黨第二次代表大會」致蒙修的信）；並指使內蒙古大學「巴圖專案組」的一部分學生插手，內蒙軍區「鮑蔭扎布專案」，通過查訊鮑蔭扎布，搞出了關於「206案件」以及有現行活動的「內人黨」（即「新內人黨」）中央委員會名單的口供。隨即，郭以清帶領這部分學生直接向在家主持工作的原內蒙革委會常務付主任高錦明彙報，郭說：「鮑蔭口供與巴圖口供一致」。高又召去原內蒙革委會政法委員會主任李樹德（核心小組成員）、李德臣共同聽取。在會上，高錦明肯定了「新內人黨」是「烏蘭夫的暗班子」的說法，並決定對鮑蔭扎布的名單中幾個重點人進行突審，同時告中央。隨即經當時革委會政法委員會主任郝廣德（現革委會常委）簽署命令：由政法委員會調研三組接管圖布新、巴圖專案；由公安廳業務組對額爾頓陶克陶實行拘留審查；由內蒙黨委「紅旗」總部負責特古斯的專案審查。由內蒙醫學院革委會負責木倫的專案審查。這樣，挖「新內人黨」的問題才提到了正式議事日程，也奠定了日後挖「新內人黨」的基礎。但是，這時也僅限專案審查，並未在社會上鋪開。「挖肅」鬥爭方向仍為二號通告所述。

一九六八年五月二十五日，滕海清、吳濤由京返呼路經集寧。當烏盟革委會請示在農村、收區是否要搞「挖肅」，滕海清說：「農村、牧區（要）劃階級，不要搞挖肅了，大批判就是肅流毒，農村、牧區鬥牧主要搞，有壞人也要揪出來，要依靠貧農、團結中農、辦學習班，清查壞人。」六月三日，滕海清同志又在全區大辦毛澤東思想學習班大批判經驗交流會上講：「農村（牧區）不需要挖黑線，要按中央《七條》辦事，通過辦些習班搞大批判，進行階級鬥爭。挖黑線搞不好，就挖到貧下中農頭上，弄不好就是壞人整好人，不好掌握。農村中堅決不搞挖黑線。」這就是當時革委會主要負責人對農村牧區文化大革命的基本指導思想。這說明，當時在農村、牧區不僅沒有挖「新內人黨」，而且連「挖肅」都未進行。

一九六八年五月底內蒙革委會的一些主要領導人分赴各盟市進行調查研究，從他們在各地的談話來看，他們之間對「挖肅」的主攻方向是有分歧的。高錦明同志於五月三十日在昭盟的一次講話中說：「我們的挖肅鬥爭；不僅是搞明面的敵人，臺上的走資派，（還）要更深一步搞隱藏的敵人。不但要揪臺上的，還要揪暗地裡的。從內蒙情況來看，烏蘭夫是有兩套班子的。這兩套班子不是現在搞（成）的，很早以前就搞成了。明的，我們揪出來了，而在烏蘭夫卵翼下的一套暗的班子，也是有組織的，我們挖肅鬥爭就是要挖深，把這條黑線挖出來。」什麼是烏蘭夫的暗班子呢？高錦明在五月二十八日昭盟常委擴大會上做了說明，他說：「有的是直接操縱，有的是在他卵翼之下，所組織的在地下進行活動的一些反革命團體。有的叫黨，有的叫派，有的叫什麼什麼。……在內蒙全區性的就是幾個打著民族招牌搞民族分裂活動的地下組織，地下的反革命組織。」他還接著提出：「跟暗班子進行鬥爭，不僅僅在呼和浩特有，內蒙各地都有，包括昭盟在內。而首腦還是在呼和浩特。」由此可見高錦明同志是努力想把「挖肅」的方向引向搞烏蘭夫的暗班子（即「新內人黨」）的。與此同時，滕海清同志在五月三十一日對烏盟卓資縣革委會的指示說：「挖黑線，挖什麼？內蒙革委會已作了決議，挖黑線就是挖烏蘭夫的社會基礎：烏蘭夫死黨、叛徒、特務、頑固不化的走資派、民族分裂主義分子和沒有改造好的地、富、反、壞、右分子，把他們統統挖出來。」這顯然與高錦明強調的「暗班子」不同。

　　一九六八年七月一日，內蒙革委會核心小組開會對全區的「挖肅」鬥爭進行了研究。同時，根據高錦明的提議，還研究了「新內人黨」問題。在會上高錦明做了系統發言，全面分析了「內人黨」問題，提出「內人黨」的三個發展階段，做了權威性的結論。李德巨提出可採取像登記反動會道門的辦法對「內人黨」實行登記，取得了核心小組的同意。同時決定由李樹德對「內人黨和「內人團」做一歷史的全面的研究，準備第三次全要會討論。

　　一九六八年七月五日至二十日召開了內蒙革委會第三次全委擴大會。會議結束時，在高錦明的主導下，決定並通過了《關於對「內蒙古人民革命黨」的處理意見》，並以內蒙革發〔68〕351號文下達全區執行。文件提出：「哈豐阿等在內蒙黨內最大走資派烏蘭夫包庇之下，鑽進共產黨內、竊據了重要職位，他們在中共中央於一九四七年四月二十日正式決定不組織內人黨以後，又非法組織地下「內人黨及其變種組織」。文件還按著高錦明同志在七月一日核心小組辦公會上的提法，分析了內人黨的三個發展階段，其中提到：四七年「五一」大會後，「『內人黨』中一小撮民族反動派並不甘心於他們的失敗。他們在烏蘭夫的包庇下或者轉入地下，或者另立旗號，祕密發展組織，與蒙修勾結；長期進行民族分裂叛國活動」。並明確提出：「一九四七『五一』大會後『內人黨』及其變種組織都是反革命組織。其成員必須在此件到達後的一個月內到指定單位進行登記；抗拒登記者，加重懲處。」這樣，就把挖「新內人黨」問題在全區鋪開，社會化了。為挖「新內人黨」「一轟而起」打開了閘門，也為日後使挖「內人黨」成為「挖肅」的主攻方向下了種子，同時開創了相信口供的先例。

　　但是，必須指出，挖「內人黨」閘門的開放，恰恰是與第三次全委擴大會議通過的《紀要》相違背的。關於「挖肅」問題，《紀要》根據滕海清於六月份在包鋼、二冶取得的經驗，提出：「挖肅運動是廣泛、深入地清理階級隊伍的運動，是全面的對敵鬥爭。現在面臨的任務是進一步放手發動群眾，發揚連續作戰的精神。繼續革命，深入革命徹底革命，狠抓革命，大批判，集中兵力對準一小撮最主要、最危險的階級敵人打殲滅戰，把『挖肅』鬥爭近行到底，奪取全面勝利。在這方面，包鋼、二冶創造了成功的經驗，為全區做出了榜樣。」並提出：「把矛頭始終對準中國赫魯曉夫及其在內古的代理人烏蘭夫，

對準一小撮烏蘭夫死黨分子、死不改悔的走資派、叛徒、特務和一切反革命分子。」並沒有提到「內人黨」的問題。

第三次全委會結束不久，於八月六日在高錦明的主持下（滕海清於七月二十三日外出看地形，高在家主持工作），以中共內蒙革委會核心小組名義給各盟市革委會和自治區各調查組去電，提出第三次全委會精神已經不夠了，「有很多落後的地方」，「當前中心任務，就是在各條戰線上掀起大批大改的新高潮」；「要強調落實到改上。」「最後落實到精簡機構上」。把清隊工作一筆勾銷。後來，核心小組根據群眾提出的調查，決定對有重大歷史問題嫌疑的原內蒙革委會政治部主任郭以清（現審查中）停職審查。這時，高錦明到處散佈「我就是郭以清的後臺，揪郭以清就是揪我。」到九月二十三日，高錦明又在常委會上說，「挖肅再挖就到自己頭上了。有些人就是別有用心，眼睛就是盯著我們這幾個老頭子，把革委會結合的幹部都挖光，他們才甘心」。反對第三次全委會《紀要》提出的「集中力量對準一小撮主要、最危險的級敵人打殲滅戰」的部署（這個部署的具體做法是：扒住一個地區的幾個主要壞人，讓那些因與他們有牽連而被批鬥的人參加對他們的揭發批判，進行戰場考驗，以利集中打擊一小撮解放一大片）。

自一九六八年七月二十日通過關於內人黨普遍登記的文件後，各地詢問關於挖「內人黨」登記具體辦法和時間計算等有關問題者頗多。為此，在十月初，由內蒙革委會政法委員會付主任郝廣德主持，召集公安部門進行了專題研究，起草下達了關於「內人黨」登記辦法的通知。明確了登記「新內人黨」的執行單位為各級公安部門；登記的期限計算，應從各地宣傳自治區關於新內人黨文件之日起算起等有關問題。十月上旬，烏盟（革委會主任為周發言，現六十五軍付軍長）從「二〇六案件」入手，突破旺丹（原烏盟付盟長），交待了大批「內人黨」名單。緊接著，烏盟革委會又於十月二十日召開了「圍殲『內人黨』大會」。在全盟掀起了挖「內人黨」的運動。打響了作為社會化大挖「內人黨」的第一炮。同時，烏盟革委會又派人向正在召開的全區專案工作會議介紹了經驗。十月二十三日，內蒙革委會辦公室主任李德臣到北京向參加八屆十二中全會的滕海清、吳濤彙報了內蒙的工作情況。在談到全區專案工作時，李德臣提出：「烏盟的重點是挖『人民革命黨』（內人黨），

從『民中』校長斯文突破的，斯文交待了那封（指206案件）是旺丹指使讓寫的。特古斯有突破，承認是烏蘭夫的暗班子，參加共產黨是哈豐阿指使的，『內人黨』從未停止活動。特古斯承認是個頭，還有暴音巴圖、木倫、巴圖、貢嘎、巴圖巴根。……六〇年到六四年有集會（在貢嘎、特古斯、戈更夫等人家裡）呼盟民族統一黨成員共36人。」等等。滕、吳對此均來表示具體意見。也就在這一天，李樹德在內蒙簽發了呼市公安軍管會關於內人黨限期登記的第一號公告，使呼市地的「挖肅」鬥爭的主攻方向，由此逐漸導致為挖「內人黨」。

一九六八年十一月三日，滕海清、吳濤參加八屆十二中會後返回呼市（滕是九月十三日赴京，同時召開核心小組擴大會和第四次全委擴大會，傳達貫徹黨的八屆十二中全會精神，並對高錦明自八月份以來出現的問題做為「右傾機會主義」進行了批判。在會議召開期間吳濤同志於十一月七日到內蒙軍區清隊與專案工作會議上大講：「軍隊內還有好多問題沒有好好解決，『內人黨』沒有完全突破，面積相當大。各分區、部隊要大搞，要大力突破，如果現在滅火剎車就是前功盡棄，等於夭折。三大戰役打完了，取得了決定性勝利，要不要過長江，取得全國勝利，就是要像毛主席講的『宜將剩勇追窮寇，不可沽名學霸王』。在這種思想指導下，這個會議還產生了《幾個月來清理階級隊伍和專案工作的基本總結和今後意見》，並以內蒙軍區黨委文件下達。在這份文件中，明確提出：「當前應當突出抓好叛國集團案件，這是當前我們清理階級隊伍和專案工作的重點。『新內人黨』及其變種組織分佈在各單位的組織系統要徹底審清。組織成員要全部挖出，迅速消除隱患」。接著，吳濤同志又在劉華香（內蒙軍區付司令員）主持的十一月十一日軍區司政後機關清隊座談會上發表長篇講話，他說：「內人黨的問題今年八月講過一定要突破，它不僅是軍區的問題，是全自治區的問題。」「內蒙多一個民族分裂問題，烏蘭夫的黑幫，內人黨問題，所以一定要搞好，搞不好反修第一線就發生問題，就要掉腦袋。個人死了是小事，但是對不起黨對不起人民，那罪過就大了。所以，要發揮積極性，向敵人發動進攻」，並指示：（為）保持部隊穩定，要用專案審查、學習班的辦法，各分區、師、獨立團、軍區都辦學習班現在就辦。」從此，各軍分區、師、獨立團以及軍區機關的以挖「內人黨」為主要內容的學習班相繼辦

了起來，在全軍區範圍的清隊工作被納入了挖內人黨的軌道。

十一月十八日，在自治區革委會第四次全委擴大會議進行期，烏盟革委會主任周發言（現六十五軍付軍長）、付主任趙軍（現包頭市委第一書記）等，又向滕海清、吳濤、李樹德彙報了關於內人黨的問題，他們說：「烏盟挖內人黨已經突破了，這一段火力比較集中，首先從盟委突開的，公署、農牧口也突開了，農村也有內人黨，現在內人黨全線崩潰。據十一月十四日統計，全盟揪出內人黨2400人，其中自動登記的是780人（盟直屬機關登記138人，其中骨幹22人）。彙報後滕海清說：「挖『內人黨』問題，你們的成績很大。要宣傳政策。凡自已登記的，召集他們開個會，告訴他們內人黨是幹什麼的，農牧民不清楚，他們上了當。交待了就好，把他們教育過來。」吳濤說：「要狠反三右，肅清高錦明宿右傾機會主義路線的流毒。要突破『二〇六』案件（即「內人黨案」），要狠狠搞，繼續擴大戰果。

十一月十九日，自三日開始的自治區革委會第四次全委擴大會閉幕，會議通過《紀要》中號召在貫徹八屆十二中全會精神時要開展對「高錦明右傾機會主義路線」的批判，指出「當前反右是主要的，但還防止階級敵人利用右的或形左實右的惡劣手段來攪亂我們的視線」。關於清隊問題，《紀要》的提法是：「我們要繼續在工廠、人民公社、機關、學校、一切企業單位，街道等各方面，充分發動群眾！認真做好清理階級隊伍工作，把混到廣大群眾中的一小撮反革命分子統統挖出來」。隻字未提「內人黨」問題。這次會議，實際上把批高錦明作為了主要內容，這就嚴重干擾了八屆十二中全會精神的全面貫徹。在清隊問題上，只注意了要繼續清下去的問題，至於敵情，前段清隊存在問題及其經驗教訓，特別是如何更好的執行政策問題，均未進行認真的研究；在另一方面，內蒙革委會的主票領導人對自十月下旬以來，在一些盟市逐浙把挖「內人黨」的問題做為清隊的主攻方向的動向未能引警惕，反而錯誤地認為挖「內人黨」的「戰果」，說明了批高右傾的必要。這樣不僅激發了滕海清左傾錯誤思想的惡性膨脹，在擴大化的道路上越陷越深，而且由於對高錦明的批判，以致掩蓋了高錦明在挖「內人黨」問題上應負罪責。

十一月二十三日，呼和浩特市公檢法三機關發出了關於「內人黨」限期登記的第二號通告，提出了圍殲「內人黨」的口號，限期一個月規定「內人

黨」黨徒必須於十二月十三日零點前登記。否則以頑固到底論處。就在這個時候，對批判高錦明本來表示不滿的內蒙革委會常委、內革委會政法委員會付主任郝廣德同志突然以個人名義發表了題為《高錦明之流鎮壓呼和浩特堅持挖肅的革命造反派鐵證如山》的頗為轟動的大字報，張貼於呼市街頭繁華之處，並以鉛印傳單形式廣為散發。大字報寫道：「烏蘭夫的暗班子（內人黨勢力），正在四面楚歌，全軍覆沒之中，為奪取我區無產階級文化大革命的全面勝利，鋪平了道路」。「當前就是要緊緊抓住兩條路線鬥爭不放，把高錦明之流盤踞在呼市地區的勢力徹底打垮。死死盯住烏蘭夫的暗班子『內人黨』不放，把他們一個個的揪出來，抓住這個主要矛盾，窮追猛打，毫不放鬆直至全勝。」並聲稱，寫這張大字報的目的，「就是為這場鬥爭烈火加上一把乾柴。」這樣，呼市地區到二月中下旬已經由挖「內人黨」代替整個清隊了，擴大化已成定局。

十二月十六日，烏盟革委會主任周發言等又一次向核心小組彙報「內人黨」問題。周發言在彙報挖「內人黨」的經過與對「內人黨」的分析之後說：「烏蘭夫搞政變，『內人黨』是核心，軍隊不少，地方也有」。烏盟還彙報說：「內人黨肯定有，不僅各級政權機構有，而且工廠、農村也有，內人黨是搞政變的，以共產黨為合法的保護，在共產黨支部、黨委中『內人黨』，紀律很嚴，一人供出，全家受難。『四清』是大發展時期」聽完彙報後，滕海清表示：「挖內人黨是清隊的一部分，不要放過其他。一是發動群眾，二是要講政策；要相信毛澤東思想改造人。對內人黨要交待政策，區別對待，抓頭頭，抓骨幹，既是共產黨的支書，又是『內人黨』的支書，那怎麼行？！一般成員是否學習班，交待就行了。」吳濤說：「要注意政策，打擊首要，爭取脅從，感化無知，政策攻心。」之後，內蒙革委會第二專案辦公室（即「內人黨」專案，成立於一九六八年十一月下旬）向核心小組彙報「內人黨」問題，聽完彙報後，滕說：「看來內人黨是一個龐大的與蒙修掛勾的間諜組織，烏蘭夫可能是總頭目，你們把它整理個材料。」隨即由李德臣負責準備。李德臣根據鮑蔭扎布、巴圖等人的口供以及收集到的內人黨歷史情況進行研究，最後寫成了關於內人黨問題的彙報提綱（即十二月彙報提綱）。提綱指出了「烏蘭夫是『內人黨』的總頭目」，並提出一九六〇年後，「內人黨」有個發展時期，

發展到文化大革命時期大約有三萬人。同時，還做出：「『內人黨』是一個龐大的國際間諜組織」的結論。這份提綱，對滕海清的影響很大，使他由原來對「內人黨」的零亂認識，形成為系統的概念，並據此下定了把「內人黨」搞下去的決心。

一九六八年十二月二十三日，滕海清帶上李德臣整理的關於「內人黨」彙報提綱赴京向中央彙報，去五十多天，到一九六九年二月八日返回呼市。滕走後吳濤坐鎮呼市，由李樹德主持常務，在關鍵時刻造成權力下放，敞開大幹，指揮失靈，各自為政的局面。也就是在這五十天裡，全區挖「內人黨」擴大化和逼、供、信達到了頂峰，定局。

一九六八年十二月三十日，滕海清在北京聽取了內蒙日報社一些同志關於擴大化和武鬥情況的彙報，據此提出了「嚴禁逼、供、信；旗縣以下不要搞了；工人、學生、貧下中農、（牧）、一般幹部不要動；要抓支書以上骨幹；採取學習班辦法解決」的五條政策，並對是否繼續挖「內人黨」猶豫。因此，滕海清打電話給在家主持工作的吳濤、李樹德徵求意見，提出上述「五條政策」是否與核心小組名義下達執行，並提出挖「內人黨」問題是否可以剎車了。吳、李不同意剎車，吳濤說：「不要剎車嘛！武鬥，逼、供、信主要是講政策，正面引導」。這樣，只決定下發政策，並由吳濤在呼市宣講。

一九六九年元月十日，吳海濤根據核心小組的意見，在呼市宣講政策，講完後，吳濤給滕海清去信，提出：「宣講政策後，武鬥、逼、供、信基本制止了，形式很好。」

元月二十五日，滕海清在北京召開彙報會，研究關於一九六九年工作安排，「內人黨」以及黨的一元化領導等問題。會議於二月六日結束。關於「內人黨」問題，李德臣根據他編纂的關於「內人黨」彙報提綱，在會上作了系統發言，從一九二五年起，一直講到文化大革命，還特別提出：有人說「內人黨」有六萬，這不符合事實，我看三萬差不多。」原內蒙革委會核心小組成員、包頭市革委會主任李質（現內蒙革委會祕書長）也在會上大講：「反革命組織「內人黨」已打入了包頭的黨政機關，要打一場人民戰爭。」並提出包頭挖內人黨的數字要翻一番。就在彙報會召開期間，中央首長於一九六九年二月四日接見了滕海清同志，周總理指出：「內蒙問題很複雜，敵情嚴重，全部解

決內蒙問題要一個時間，別的地方怕他們搞慢了，你們那裡就怕搞快，搞急了」。康老指出：「你們要警惕支流」。中央首長還特別指出要吸取江西蘇區打「AB團」、鄂豫皖打「改組派」教訓。

但是，由於滕海清同志嚴重的驕傲自滿、自以為是，不僅沒有根據中央首長的重要指示，對已經出現的逼、供、信和擴大化問題予以充分警惕並採取有力措施堅決糾正，反而在北京彙報會結束返呼後，在他的「左傾」錯誤思想指導下，繼續反右，繼續大挖「內人黨」。在二月六日的黨委擴大會議上他說：「在清理階級隊伍的鬥爭中，要抓重點，抓死角，深挖反革命集團特別是要深揭、深挖、深批內人黨，這一點要堅持下去，我們就是要把內人黨這個反黨叛國集團在組織上徹底推垮，在政治上徹底搞臭」，「我們不是說挖的越多越好，而是要實事求是，有多少就挖多少，特別是要看到敵人存在的嚴重危害性。內人黨是烏蘭夫反黨叛國的工具，是裡通外國的，讓這樣的人掌握槍桿子、印把子不害怕，群眾起來了出點問題有什麼可怕？廣大革命群眾就是好，他們掌握了毛澤東思想，有雄心壯志，特別好，好極了！內人黨到底有多少？群眾發動起來了，群眾心裡是有數的。我們領導也要心裡有數。如果你不是內人黨，難道群眾非要把你打成內人黨不可？」對於內人黨處理的辦法是：「要打擊首要分子，打擊骨幹中最反動的分子對內人黨一般黨徒要爭取、教育，挽救他們。」在這種「左」傾思想的鼓動下，終於在內蒙全區鑄成了嚴重的逼、供、信和擴大化的錯誤，給黨的事業造成了嚴重的損失，這是應該永遠記取的血的教訓。為糾正內蒙清隊擴大化的錯誤，一九六九年五月二十二日經偉大領袖毛主席親自批示「照辦」的中發〔69〕24號文件（即《五、二二批示》）所附中央同意的內蒙古自治區革委會核心小組《堅決貫徹執行中央關於內蒙當前工作指示的幾點意見》中指示：「在一九六八年十一月以來的一段時間裡，由於我們領導核心中資產階級「多中心即無中心論」的滋長，違背中央多次對內蒙工作的指示，尤其是關於清理階級隊伍方面要注意防止擴大化的指示，……在清理階級隊伍中，誇大烏蘭夫的影響，過重地估計敵情，特別是在挖「內人黨」的工作中，產生了「左」的傾向，犯了嚴重的逼、供、信和擴大化的錯誤」。我們認為這個歷史的結論是完全正確的。

在內蒙古地區，從挖「內人黨」的提出到擴大化的鑄成，有一個極為複雜的過程，我們就了解的情況，向首長另行報告。在這裡，我們只是講：

（1）對「挖肅」的問題，應用歷史唯物主義的觀點來看。由於內蒙革委會成立較早，在當時，除江青同志在首都文藝界提出要樹立革命隊伍外，中央對清隊工作尚無統一部署。因此，在當時的歷史條件下，根據內蒙的實際情況，提出了「挖肅」這個口號，把矛頭指向劉少奇、烏蘭夫，「指向那些混進黨內的叛徒、特務、反革命分子，指向一小撮階級敵人」，其實質就是清理階級隊伍，因此是有積極意義的，是符合毛主席的偉大戰略部署的。但是，它又有混亂的一面，既然是「挖烏蘭夫黑線」，就容易搞到那些與烏蘭夫有牽連，但並非壞人的頭上，這樣即使有政策界限，也不好掌握與控制。我們認為，在「挖肅」這個問題上的主要錯誤是：當一九六八年八月二十六日《人民日報》發表了毛主席關於「建立三結合的革命委員會，大批判，清理階級隊伍，整黨，精簡機構、改革不合理的規章制度、下放科室人員，工廠裡的鬥、批、該，大體經歷這麼幾個階段」的最新指示後，內蒙沒有按照中央的統一提法改過來，仍然沒用自己提出來的「挖肅」口號，搞了資產階級的多中心。同時，從一九六九年十一月起，有把挖「內人黨」做為「挖肅」的主攻方向，並且造成了擴大化與逼、供、嚴重錯誤。

（2）如前所述，所謂從一九六八年初開始的「挖肅」即挖「內人黨」的說法，是對歷史的有意歪曲。其目的，就是在製造「挖肅」即挖「內人黨」輿論的基礎上，通過否定「內人黨」的存在，來全面否定內蒙清隊的成果，否定內蒙革委會成立來的全部工作。這樣，也就否定了毛主席光輝的《五，二二指示》，否定了內蒙地區的無產階級文化大革命。

（3）值得注意的是，內蒙黨委的一些領導人，對於「挖肅」即挖「內人黨」的錯誤說法，不僅不予駁斥，而且還在支持縱容。內蒙黨委辦公廳信訪處於今年一月份提出的「清隊擴大化從一九六八年一月十七日，即內蒙革委會第二次全委擴大會閉幕之日起」，就是明證。我們認為，如果說尤太忠、鄧存倫等新來內蒙工作的同志因不了解情況，還有情可原的話，那些經歷了內蒙文化大革命全過程的吳濤、李樹德同志在這個問題上，卻又不能推卸的責任。

限於篇幅，對《聲明》中的其他錯誤觀點，容後批判。

以上當否，盼指示。

內蒙革委會常委　王金寶

內蒙革委會常委　邵夢權　高福瑞

一九七四年六月十日

90.內蒙古自治區黨委第一書記尤太忠同志、常委寶日勒岱同志接見師院、蒙專、內大等單位各族革命群眾時的講話（1974.06.15）

時間：一九七四年六月十五日晚十點至凌晨三點。

地點：自治區革委會禮堂會議室。

參加接見的還有自治區黨委落實政策領導小組付組長、落實政策辦公室主任王福林同志，自治區黨委落實政策領導小組成員、落實政策辦公室付主任忠乃同志，師院黨委付書記高源涵同志。

尤太忠：寶日勒岱同志說，師院和蒙專的同志要和我們談談情況。

先介紹一下各單位的代表，有沒有工農兵學員代表？你們自我介紹一下吧。

今天見一見同志們，你們來的有工農兵學員、教師、幹部。那麼同志們談一談吧，我們聽一聽。行不行啊，寶日勒岱同志。

寶日勒岱：行，我們聽一聽。尤司令員前幾天去過內大，還想去師院、蒙專，現在時間比較緊，以後要去。

尤：以後有時間去看一看。今天來了記錄的同志沒有？

寶：今天落辦兩個主任來了，還有祕書處的同志。

那仁巴圖（師院教師）：尤書記，我們是不是開始談？

尤：開始吧，談一談。

那仁巴圖：我們今天向黨委負責同志談四個方面的問題：

1 ·「四、一」政治事件遺留問題；

2 ·挖「新內人黨」問題；

3 ·全面落實民族區域自治政策問題；

4 ·提出幾點要求。

銀山（師院工農牧兵學員）、丹巴（蒙專教師）同志談「四、一」政治事件遺留問題（略）。

（當銀山同志談到中山東路派出所付所長、毆打工農牧兵學員的兇手張有財利用職權落黑戶口，亂搞男女關係，夥同中心糧站倒賣糧食犯高魯倒賣糧食

的問題時）

　尤：盜竊糧食多少？亂搞男女關係，落黑戶口，還有什麼問題？

　（當銀山同志談到，有人說目前社會秩序有些亂是由於我們工農牧兵學員抓張有財而造成時）

　尤：社會秩序不好，怎麼能說是工農兵學員造成的呢！這是誰說的！

　寶：是誰說的？

　劉成（內大教師）、巴雅斯古冷（師院教師）同志談挖「新內人黨」問題（略）。

　（當劉成同志談到滕海清挖的所謂的「新內人黨」即「47年『5、1大會後轉入地下的」，「以烏蘭夫為總頭目的」，「上有中央，下有支部的」，「黨政軍真是『三裡五界』都有的龐大的國際特務間諜組織」時）

　尤：他（指滕海清）怎麼知道的？

　（當劉成同志談到，「206」反動信件中，說什麼「內人黨」召開過第二次代表大會時）

　尤（笑）：在什麼地方、什麼時間召開的？

　（當劉成同志談到滕海清所挖的「新內人黨」整個證據站不住腳時）

　尤：你去過唐山學習班沒有？

　劉：我沒去，在中央學習班滕海清也承認，在沒有證據的情況下挖的。

　尤：聽說「九大」的時候還在挖「內人黨」？

　眾：還在挖，而且還提出以挖「內人黨」的優異成績向「九大」獻禮。

　尤：挖「內人黨」還向「九大」獻禮？為什麼不抓工農牧業生產向「九大」獻禮呢？

　（當劉成同志談到滕海清所挖的「新內人黨」的所謂證據是逼供信的產物時）

　尤：中央說清理階級隊伍要重證據，嚴禁逼供信嘛，為什麼那樣搞了？

　（當劉成同志談到，「206」反動信件，據有關人員分析，很可能是個別壞人為了攪亂階級陣線而作案時）

　尤：個別壞人是誰呀？

　（當劉成同志談到，挖「內人黨」時，把我黨我軍正常的軍事、外交活動

都當做「新內人黨」搞情報特務活動的證據時）

尤：71年我也參加過邊防會談，那麼再挖，我也是「新內人黨」頭子了（眾笑）。

（當劉成同志談到，挖「新內人黨」時，把很多工人、解放軍、幹部和貧下中農牧都打成「內人黨」時）

尤：呼鐵局挖「內人黨」時，把三個蒙族火車司機，一個正司機，兩個付司機打成「新內人黨」，說他們把火車開到蒙古去，不讓他們開火車，而讓他們燒鍋爐去了，這是錯誤的，要趕快恢復他們的工作，現在恢復了沒有？

眾：還沒恢復，阻力很大。

尤：敢不恢復，不恢復要犯錯誤的，我已經說三次了。

還有蒙族同志在一起開個會也不行，只有他們才是革命的，人家就不是革命的？包鋼寶力召、額爾敦布和同志被打成「新內人黨」，現在煉鋼連續工作48小時，多麼好的同志啊！我表揚了他們。

（當劉成同志談到所謂「新內人黨」變種組織五花八門，千奇百怪時）

寶：還有大車黨。

尤：不要說這些了，說了大家氣更大了。

高源涵同志對尤太忠同志說：那時滕海清同志跟江西比嘛，說我們才挖了八萬，不如江西。

尤：他說八萬有什麼根據？要重證據，重調查嘛。

眾：當時那能重證據，重調查呢，內蒙古日報還發表了「狠」字為基礎的社論。

尤：穩、準了以後才能狠起來嘛。

眾：當時「狠」字為基礎，打人很凶，可是滕海清把打人說成是樸素的階級感情。

尤：打我還是樸素的階級感情！在座的同志有沒有被打成「內人黨」的？

眾：我們都是被打成「內人黨」的。

尤：這麼年輕都被打成「內人黨」了？

（這時蒙專工農牧兵學員托門同志站起來說，我原來是師院附中的學生、呼三司紅衛兵，當時我才19歲，就被打成了「新內人黨」）

尤：現在毛主席革命路線勝利了，貧下中牧送你上大學，這是黨中央、毛主席的關懷。毛主席、黨中央是相信同志們的。

寶：黨中央、毛主席是相信群眾的。

尤：72年3月，政治局幾個同志對我講，68年牧區劃階級時，劃了牧主、牧富20％、30％、40％，要複查一下，我下了很大決心，調了一批人，進行複查，縮小到0．5％，蒙專同志高呼：毛主席萬歲！共產黨萬歲！團結了大多數嘛。

前幾天我去內大，內大的同志們提了很好的意見，說落實政策領導小組工作沒抓好。我們回來第二天就召集落實政策領導小組開了個會，聽取他們的彙報。現在正在抓，要把「新內人黨」問題搞清楚，我們要向中央報文，我們正在解決這些問題，要在一年半的時間內把這些工作做好。現在落實政策領導小組還要充實，落實政策辦公室正在調人。（向王福林）要調3個人，是不是？

同志們反映的情況都是重大的問題，我們要負責，而且要負責到底。

眾：落實政策辦公室必須有工農牧兵代表參加。

尤：現在正在考慮。

（當劉成同志談到滕海清挖「新內人黨」來龍去脈時）

尤：我看他剛來時也不知道。我跟他見了幾次，都說你怎麼不調查一下呢？走到群眾中去，幹部中去，深入一、二個點，找幾個蒙族同志談一談，調查一下，就犯不了這樣大的錯誤嘛。

寶：他就沒這樣做嘛，他本身就是工農兵，但不到工農兵中去，他不聽人家的意見。

（當劉成同志談到，在文化大革命初，林彪給內蒙軍區×××來電報說，內蒙有政變，要做好應變準備一事時）

尤：這個我已知道了。

（當劉成同志談到黃永勝對滕海清說過：「內人黨有多少，挖多少要挖盡」時）

尤：這是黃永勝什麼時候說的？

眾：68年12月。

（當劉成同志談到，滕海清挖「新內人黨」，情況不明，決心很大，想入

非非，盲目蠻幹時）

　　寶：這個帽子是不錯的，情況不明，決心再大也不行！

　　（當劉成同志談到有人曾挑撥東西部蒙族幹部關係時）

　　尤：我在這個問題上講一講，我們都是蒙族同志，不管是東部的蒙族還是西部的蒙族，都要團結，也和漢族同志團結起來，蒙漢族都要團結起來一起搞好批林批孔。我昨天跟伊盟的同志談了，不要分東部蒙族，西部蒙族，都要團結，搞好批林批孔。

　　（當劉成同志談到，在文化大革命前夕，有人就唱過與滕海清挖「新內人黨」很相似的調子時）

　　尤：叫他拿出證據來嘛。

　　（當劉成同志談到，在「挖肅」中，有人轉移目標，充當挖「內人黨」的先行官，把巴圖巴干等同志打成「新內人黨」時）

　　尤：巴圖巴干同志不是到伊盟當第一書記了嘛，烏蘭夫同志的大兒子布和同志也到包頭當市委書記去了，已經下達文件了。

　　（當劉成同志談到，策劃挖「內人黨」時，有人別有用心地說過：「挖十個，對了一個兩個，錯了八個九個，我寧願給那八個九個跪下來磕頭陪禮道歉，我們的成績還是很大的」時）

　　（高插話：這個話和蔣介石的「寧可錯殺一千，不能放走一個」的說法差不多）

　　尤（笑）：唉呀！偉大的！偉大的，現在工作還沒做完！工作都沒做好，還說是偉大的？

　　（當大家議論挖「內人黨」挖到蒙古包時）

　　尤：69年9月17日，我從南方來到華德縣、鑲黃旗，到蒙古包看時，牧民把我圍起來問我：你是外地人，還是本地人，你也是挖「內人黨」的吧。他們以為我也是挖「內人黨」的，我說不是，我是來視察邊防的。

　　（當劉成同志談到，挖「內人黨」時，烏蘭巴干到處作報告，造謠惑眾時）

　　寶：現在看來烏蘭巴干搞了不少鬼。

　　（寶跟尤說，烏蘭巴干還想找你談一談時）

　　尤：我不談，他找過幾次，要和我談，他那個人做了那麼多的壞事，我才

不跟他談，跟他談就抬高了他的身價。

（當巴雅斯古冷同志談到鄭維山來內蒙後，繼續挖「新內人黨」，把原內蒙公安廳一處處長滕和同志打死時）

尤：哪一年？

眾：70年5月19日。

（當巴雅斯古冷同志談到區黨委常委擴大會議紀要，我們是擁護的，但區黨委必須用實際行動來回答時）

尤：要用毛澤東思想、毛主席革命路線來回答。

眾：要看尤司令員的實際行動了。

（當巴雅斯古冷同志談到，在批林批孔中，有人還整理「內人黨」材料時）

尤：還有這個問題嗎？為什麼在批林批孔中還搞這個問題呢？

王見喜同志談全面落實民族區域自治政策問題（略）。

（當王見喜同志談到社會上個別人說我們是「搞新自治運動的」，「搞孟加拉的」，「是要人、要地、要權的」，「是北邊指揮的」，「是搞民族分裂的」等等時）

尤：都說些屁話！是什麼人說的！

（當王見喜同志談到我們並不想迎誰，趕誰，誰堅持馬列主義、毛澤東思想我們就擁護誰，誰搞修正主義我們就反對誰，有人說我們是「迎烏蘭夫的」時）

尤：烏蘭夫同志嘛，連同志也不稱呼了？

眾：多年不稱呼，不習慣了（眾笑）。

尤：毛主席還稱烏蘭夫同志嘛。

（當王見喜同志談到前門飯店會議對烏蘭夫同志的走資派錯誤，進行揭發批判是對的，但林彪和李雪峰的干擾是有的時）

尤：前門飯店會議，烏蘭夫同志在檢查中也承認，以毛主席為首的黨中央批評他的缺點錯誤是正確的，內蒙人民對他的缺點錯誤揭發批判是正確的。我們在「十大」期間看過他的檢查材料。

五月份「十大」籌備會議上，政治局幾位負責同志到我們華北組徵求意見，問譚震林、烏蘭夫、江華、江渭清、陶魯笳同志能否參加「十大」中央委

員會。那時李井泉、廖志高、李葆華同志已經參加了「十大」籌備工作，老幹部犯錯誤，按毛主席指示要「懲前毖後，治病救人」嘛，我們堅決擁護。

（當王見喜同志談到第二專案辦公室丁振聲等人從他們原定的108名所謂的「新內人黨」中央委員中，重新選定35人為「新內人黨」中央委員時）

尤：有你沒有？

王：我還不夠格。

高：他們給批准「新內人黨」中央委員會啊！

（當王見喜同志談到很多幹部都被打成烏蘭夫黑幫時）

尤：原伊盟第一書記暴音巴圖同志的結論已經討論了，沒什麼問題。還有錫盟高萬寶扎布同志也沒有什麼問題，但沒討論呢。

（當王見喜同志談到，陳伯達對鄭維山說，你去內蒙不是勝利者，而是征服者時）

尤：哪一年講的？

王：1969年12月21日。

（當王見喜同志談到挖「新內人黨」大搞武鬥時）

尤：1967年9月份林彪同劉豐有個談話，說好人打好人是誤會，壞人打壞人是以毒攻毒，好人打壞人是應該的。這是反動的嘛。

（當王見喜同志談到內蒙畜產品價格比鄰省低的問題時）

尤：這個問題已經向國家反映多次了，寶日勒岱同志在中央會議上都反映過。這些情況我都知道，我比你還了解，一匹馬花800元或850元買取，一轉手就賣1100元或1150元，一頭騾子花700元買取，一轉手就賣1100元或1200元。

寶：這個問題，現在中央已經解決了，要改。

（當王見喜等同志還談到畜牧業經濟、民族教育、出版、文藝、新聞等方面存在的問題後，那仁巴圖同志提出六點要求（略），並請尤太忠同志講一講時）

尤：沒有什麼講的了，今天晚上主要是寶日勒岱我們幾個同志來聽一聽大家的意見，搜集各方面的情況，常委研究一下。落實政策領導小組老王也來了，聽一聽群眾意見。「四、一」事件打了學生是錯誤的，學生家裡來人，路費、醫療費公安局都給報銷了。

王福林：同志們提出的問題都是重大問題，回去以後黨委再研究研究。

尤：同志們提出的要求，我們常委研究以後，給予答覆。

寶：怎麼樣，今天就談到這兒吧。

（記錄整理，未經審閱）

師院、蒙專、內大各族革命群眾

91.平反證明書（1975.12.15）

　　內蒙古自治區巴彥淖爾盟於一九六八，一九六九年間，在自治區革委會黨的核心小組主要負責人「左」傾錯誤思想指導下，在清理階級隊伍中，違背了黨的政策，搞了嚴重的逼供信，犯了擴大化的錯誤。

　　在這次清隊擴大化錯誤中，採取逼供信的方法，錯誤地將楊力生同志打成「新內人黨」黨魁

　　為了糾正這次清隊擴大化的錯誤，遵照偉大領袖毛主席批示「照辦」的中發〔69〕24號文件（即五·二二批示）對誤傷的好人要徹底平反的精神，現對楊力生同志給予徹底平反，恢復名譽。

　　對於本人被迫所寫的，他人提供的，組織上整理的，批准的等一切有關這方面材料要一律銷毀，今後如再發現一律無效。

　　特此證明

中共巴彥淖爾盟委員會（印）

一九七五年十二月十五日

92.關於印發尤太忠同志在自治區黨委常委擴大會議上的講話的通知（1978.05.05）

中共內蒙古自治區委員會文件

黨發〔1978〕30號

關於印發尤太忠同志在自治區黨委常委擴大會議上的講話的通知

各盟市，旗縣黨委，內蒙古軍區黨委，自治區黨委各部、革委會、辦、局黨組，各高等院校黨委，各大廠礦黨委，各人民團體黨組：

現將尤太忠同志的一九七八年四月三十日在自治區黨委常委擴大會議上的講話印發給你們，望認真貫徹執行。

中共內蒙古自治區委員會

一九七八年五月五日

尤太忠同志在自治區黨委常委擴大會議上的講話

一九七八年四月三十日

同志們：

我們這次會議傳達了英明領袖華主席、黨中央關於糾正挖「新內人黨」這一歷史錯案的重要指示和我們向華主席、黨中央的《關於進一步解決好挖「新內人黨」問題的意見的報告》。經過幾天的學習討論，大家很受教育，很受鼓舞，提高了認識，統一了思想。大家一致認為，華主席，黨中央親自批准自治區黨委徹底推倒挖「新內人黨」的歷史錯案，八十年來一直積存在內蒙人民心頭上的疑慮解除了，為廣大受害者粉碎了精神枷鎖，這是華主席、黨中央對我區八百萬各族人民的巨大關懷。一些被傷害的同志聽了傳達，熱淚盈眶，從內心裡無限感激華主席，感謝黨中央。他們顧大局，識大體，姿態很高，表示一

定要與共產黨員的廣闊性壞，從維護革命利益出發，堅決遵照華主席、黨中央規定的方針、政策，把工作做深做細做好，讓華主席、黨中央放心。會議開的很好。我們相信這次會議以後，大家一定能夠按照華主席、黨中央批准的文件精神，把解決挖「新內人黨」遺留問題的工作搞好。根據會議討論的情況和提出的問題，黨委進行了認真地研究，現在我把常委討論的意見講一下。

一、一定要用華主席、黨中央批准的統一我們的思想和行動。

《關於進一步解決號挖「新內人黨」問題的意見的報告》，是在中央領導同志的直接幫助下，經華主席親自修改、審定的，文字雖然樸素，但政策性很強，也很全面，及分析了情況，又確定了方針和政策，是指導我們做好這一工作的依據。我們一定要全面地、正確地領會文件的精神，把我們的思想和行動統一到這個《報告》上來，一定要以對黨對人民高度負責的精神揭黨性原則，不折不扣地按照文件辦事。這是做好工作的關鍵。要防止對文件片面理解或各取所需，防止用感情代替政策。關於對《報告》的理解，我想突出講一點：

一是《報告》正確地估計和分析了當時造成這一歷史錯案的情況，這是我們制定政策，解決好這一問題的基礎。這就是：造成這一歷史錯案的禍根是林彪、「四人幫」；責任在原自治區黨的核心小組幾個主要負責人；廣大幹部和蒙漢各族群眾對挖「新內人黨」是進行了抵制和鬥爭的；參與挖「新內人黨」活動的人，絕大多數是不明真相的，跟著他們犯錯誤的是少數；真正乘機進行階級報復的階級敵人、嚴重違法亂紀的刑事犯罪分子是極少數的。基於這樣一種情況，我們在落實政策中，必須始終堅持正確區分和處理兩類不同性質的矛盾，團結百分之九十五以上的幹部和群眾，懲辦的只是極少數，就是文件第四條指出的那兩種人。我們有了這樣一個共同的認識、就能堅定不移地按照華主席、黨中央制定的方針、政策，去正確處理各種問題，把工作做好。

二是要堅決按照既要解決問題又要穩定大局的方針，把工作做深做細。華主席、黨中央為我們確定的這個方針，是從內蒙當前的大局出發的，什麼是大局？就是《報告》中指出的：內蒙地處反修前線，保持安定團結，發展大好形勢，加強對敵鬥爭，盡快地把國民經濟搞上去，把內蒙建設好是革命的需要，是全區蒙漢各族人民的根本利益。這就是我們的大局，也是我們徹底解決挖「新內人黨」歷史錯案的根本出發點和落腳點。就是說，我們要從安定團結這

個大局出發，積極而又慎重地按照黨的政策，把工作做深做細，把這一歷史錯案的遺留問題解決好；同時，經過進一步落實政策解決好挖「新內人黨」的遺留問題，達到進一步增強各族人民的團結，發展大好形勢，加快革命和建設的步伐的目的。關於處理一些具體問題的規定，都是為了貫徹這一方針，從這個方針出發考慮的。我們在實際工作中會遇到很多具體問題，在研究和處理具體問題的時候，要堅決按照這個方針去解決。這樣，就會方向明，步子穩，處理得當。在這個問題上，各級黨委的領導同志一定要保持清醒的頭腦，千萬不可疏忽大意。

三是堅決按照《報告》中提出的三個「一定」來進行和檢驗我們的工作。文件中提出全區廣大黨員、幹部和蒙漢各族群眾一定會正確對待過去挖「新內人黨」的嚴重錯誤，共同處理好這方面的遺留問題；一定會提高警惕，排除干擾，嚴防國內外階級敵人乘機挑撥離間、破壞搗亂；一定會堅決響應華主席「團結、團結、再團結」的偉大號召，更高地舉起毛主席的偉大旗幟，緊跟華主席和以華主席為首的黨中央的戰略部署，堅決貫徹執行黨的十一大路線為實現新時期的總任務，建設和保衛號祖國北部邊疆，奮發努力，作出新的貢獻。這三個「一定」既是華主席、黨中央對我們的期望，也是對我們的要求。我們完全有條件和信心按照「三個一定」的要求做好這項工作。應該看到，在揭批「四人幫」取得偉大勝利，抓綱治國初見成效的大好形勢下，有華主席，黨中央親自為我們挖「新內人黨」的遺留問題確定的方針和政策；有幾年來落實政策的工作基礎；有經過文化大革命鍛鍊的廣大幹部和群眾。只要我們認真細緻地做好工作，講清道理，講明政策，相信群眾，依靠群眾，就一定能夠徹底解決好挖「新內人黨」的遺留問題。

二、在揭批「四人幫」第三戰役中，在狠批林彪「四人幫」的反革命修正主義路線和內蒙資產階級幫派體系的反革命罪行時，要結合批判幫派體系掛帥人物吳濤、黑幹將李樹德、雷代夫等人在挖「新內人黨」問題上犯下的嚴重罪行。

我們要狠批林彪、「四人幫」的反革命修正主義路線；批判他們鼓吹「懷疑一切」、「打倒一切」的反革命謬論；批判他們踐踏黨的民族政策，破壞中華民族大團結的反革命罪行。在批判資產階級幫派體系掛帥人物吳濤、黑幹將

李樹德、雷代夫等人緊跟「四人幫」，推行反革命修正中湖一路線，篡黨奪權罪行的同時，還要批判他們在挖「新內人黨」問題上所犯的嚴重罪行。在造成這一歷史錯案中，吳濤、李樹德、雷代夫等人起了極壞的作用。一九六八年正在大挖「新內人黨」的時候，吳濤就斷言：「新內人黨是現行反革命組織，是國際間諜組織，一定要摧毀。」當有人彙報發生逼供信的時候，他說：「死倒無所謂，為什麼要自殺呢？打中了他的要害嘛；再一個就是『內人黨』有規定，你暴露了就得完旦。」「要狠狠審訊」，「殺敵三千，還自損八百嘛」，要「防止右傾」，等等。必須深入揭批，剝掉他「一貫正確」和所謂「受害者」的畫皮，把他的醜惡面目暴露在光天化日之下。我們要通過揭批，進一步肅清流毒，分清是非，提高廣大幹部群總的覺悟，使廣大幹部、群眾把仇恨集中到林彪、「四人幫」身上上。

三、要層層做好思想工作和團結工作。

要看到，這一工作涉及面很大，情況錯綜複雜。進一步解決好挖「新內人黨」的遺留問題，還需要做許多艱苦的工作，特別是思想教育工作和各方面幹部、群眾的團結工作。

做思想工作要走群眾路線，把方針政策交給群眾，讓大家都來做思想工作。各級領導要主動地有針對性地向各方面的幹部和群眾做思想工作。要以極大的同情關懷和體貼受傷害的幹部、群眾及其家屬，把華主席的關懷和黨的溫暖送到他們的心坎上。參與挖的幹部和群眾絕大多數也是積極要求解決好這一問題，進一步加強團結。這部分幹部、群眾的數量是相當大的，忽視了這方面工作，也是不利於團結的。有些地方提出經過工作，開談心會、團結會，這個意見好，可以這樣做。對極少數犯錯誤、群眾意見較大的同志，要教育幫助他們進行自我批判，認真總結經驗教訓，主動做好團結工作。前一時期，有的這樣做了，效果也很好。總之，我們的工作要做到，是各方面的幹部和群眾消除隔閡，團結起來，深入揭批林彪、「四人幫」的反革命修正主義路線，共同處理好挖「新內人黨」歷史錯案的遺留問題。

四、有關落實政策的一些具體問題。

1、過去我們在「新內人黨」平反工作中，是包括「新內人黨」變種組織的，這次推倒挖「新內人黨」的歷史錯案，也包括這些變種組織。對這些錯

案，也連同「新內人黨」一起予以否定。還有所謂「反黨叛國集團」、「黃王劉張反黨集團」，根本不存在，都給予徹底平反。有些同志在過去的審查結論中有涉及這一類問題的內容，也都要在重新審查過去的結論中，把它刪掉。

2、對被誤傷的同志的檔案及其子女的檔案，要繼續進行徹底的清理，凡是涉及到挖「新內人黨」的材料，要進行銷毀。被打成所謂「新內人黨」的其他變種組織的同志，也要按此辦理。凡是受害者調離原單位的，調到哪裡，由原單位落實到哪裡；原單位撤銷的，由受害者所在單位進行落實。

3、對死者家屬、傷殘人員的實際困難，繼續按照自治區黨委一九七四年四十八號文件的有關規定辦理，進一步解決這方面的遺留問題。重點是解決基層單位受傷害的幹部、群眾，特別要注意幫助受傷害的農牧民解決實際困難。對有些生產隊死傷人員過多，集體負擔過重的，各地要盡快進行調查研究，實事求是的提出意見，由自治區統一研究具體解決辦法。對在牧區因錯劃階級、內遷造成生活困難的，也要經過調查研究，適當加以解決。

4、對少數在挖「新內人黨」中，犯了錯誤的同志，過去已經做過檢查，並得到群眾諒解的就不要再糾纏了。對於至今沒有認識錯誤的，群眾意見大的人，要幫助他們進行自我批評，認真總結經驗教訓，主動做好團結工作，取得群眾的諒解。凡是已調離的，不要再讓他們回原單位做檢查，可以把群眾的意見轉過去。對在支左中參與挖「新內人黨」的部隊同志，一律不要再讓他們回來檢查，可以把群眾的意見轉到內蒙軍區，這樣有利於保持軍隊穩定和軍政、軍民團結。對參與挖「新內人黨」的工農隊員、貧農隊員，也要按此精神辦理。

5、對於極少數證據確鑿、乘機搞階級報復的階級敵人和嚴重違法亂紀、民忿極大的刑事犯罪分子的處理，要重證據，重調查研究，查清一個，處理一個，絕對不能搞群眾運動。要嚴格地按照文件規定的審批權限，由政法部門處理。為了便於掌握這項政策，各盟市可報來一兩個典型案件，共同研究，進行處理。

6、要提高革命警惕，防止階級敵人的破壞搗亂。對於他們散佈謠言，分裂群眾，製造事端的破壞活動，要堅決給以打擊。對極少數正在審查的敵人和刑事犯罪分子，要採取妥善措施，加以控制，防止發生意外事件。

五、切實加強黨的領導，保證這一工作的順利進行。

解決挖「新內人黨」歷史錯案的遺留問題，一定要在黨的一元化領導下進行。首先，各級黨委要統一思想，回去後要召開黨委會，反覆學習、深刻領會文件精神，要做到統一認識，統一思想，步調一致地進行工作。各級黨委的主要負責同志要親自掛帥，重大問題黨委要集體討論決定，自己決定不了的要請示報告。傳達貫徹這一文件，要本著先黨內、後黨外，先領導、後群眾的原則，逐級傳達到幹部和群眾。部隊可按照實際情況，傳達到連以上黨員幹部，由團黨委和人武部掌握落實。各級黨委要對過去落實政策的情況和存在的問題，認真進行調查分析，做到心中有數，層層負責，把問題解決在基層。各級領導要深入到問題較多的地區和單位，切實抓好這些重點地區和單位的工作。工作量大的旗縣以上黨委要成立落實政策辦公室。落實政策要結合當前中心工作進行，通過落實政策，激發幹部、群眾的社會主義積極性，抓革命、促生產、促工作、促戰備。這項工作，大體安排在今年八月底以前基本搞完。

最後，講一下清查工作問題。

我們的清查工作取得了很大成績。但是，有些單位還存在不少問題。有的單位的清查工作，長期處於鬆鬆垮垮的狀態，最近不少單位的領導，對清查工作有所放鬆，清查工作人員產生畏難厭戰情緒；個別單位仍然在捂蓋子，壓群眾，保自己。這次清查會議準備具體地研究這些問題，同時要根據中央通知，研究分類排隊問題。希望盟市、旗縣和直屬機關主要負責同志都要認真地抓一下清查工作。對清查工作長期處於鬆鬆垮垮的單位，要採取有力措施，加強領導。對至今仍然捂蓋子、壓群眾的單位，要抓工作組，突破死角，打開局面。要嚴格掌握黨的政策，對該解脫的要及時給予解脫。對審查的重點對象，要進一步做好內查外調工作，為定案處理做好充分準備。總之，一定要加強領導，把清查工作搞到底。

同志們！徹底糾正挖「新內人黨」的歷史錯案，落實好黨的政策，是一項十分重要的工作。我們一定要把這項工作做好，進一步增強蒙漢各族人民的革命大團結，充分調動廣大幹部群眾的社會主義積極性，發展大好形勢。讓我們高舉毛主席的偉大旗幟，響應英明領袖華主席「學習、學習、再學習，團結、團結、再團結」的偉大號召，最緊密地團結在英明領袖華主席和以華主席為首

的黨中央周圍，堅決貫徹黨的十一大路線，為奪取抓綱治國的新勝利，為實現新時期的總任務，為建設好祖國的北部邊疆而努力奮鬥！

中共內蒙古自治區委員會辦公廳

一九七八年五月八日印發

共印八、五〇〇份

93.趙軍同志在市委常委（擴大）會議上的講話（1978.05.19）

中共包頭市委員會辦公室文件

包辦發〔1978〕22號

關於印發趙軍同志在市委常委（擴大）會議上講話的通知

各區、旗、縣委，中央內蒙企業黨委，大專院校黨委，市委、市草委會各部委會，市直屬各單位黨委、黨組：

現將趙軍同志五月九日在市委常委（擴大）會議上的講話印發給你們，望認真貫徹執行。

中共包頭市委辦公室

一九七八年五月十九日

趙軍同志在市委常委（擴大）會議上的講話

一九七八年五月九日

同志們：

市委這次會議傳達了英明領袖華主席、黨中央關於糾正挖「新內人黨」這一歷史錯案的重要指示和尤太忠，池必卿、侯永同志向華主席、黨中央的《報告》，傳達了自治區黨委常委（擴大）會議精神，反覆地進行了學習討論。大家聽到華主席和李先念、汪東興付主席以及中央其他領導同志在百忙之中親切接見自治區黨委負責同志，親自聽彙報，親自修改審定《報告》，並作了重要指示，深受感動，深受教育，深受鼓午。一致認為這充分體現了華主席、黨中央對內蒙各族人民的無限關懷。一致認為經華主席、黨中央同志的《關於進一步解決好挖「新內人黨」問題的意見的報告》，充分反映了全區八百萬各族人

民的共同心願，解除了多年來悶在心人們心裡的沉重負擔，砸爛了套在人們頭上的精神枷鎖。通過幾天的學習討論，大家提高了思想，統一了認識，表示一定要堅決按照華主席、黨中央和自治區黨委的要求，認真地解決好挖「新內人黨」的遺留問題，發展大好形勢，絕不辜負華主席、黨中央對我們的殷切期望和無限關懷，現在，根據大家的討論，講一下常委的意見：

一、全面、正確地領會文件的精神，統一好我們的思想和行動

在學習和討論中，大家一致認為，經華主席親自修改、審定的《關於進一步解決好挖「新內人黨」問題的意見的報告》，既全面、正確地估計和分析了挖「新內人黨」這一錯案的情況，又確定了徹底解決這一問題的正確方針、政策是我們做好這一工作的依據。現在的問題是：我們要通過認真學習，全面、正確地領會文件的精神，統一好我們的思想和行動，懷著深厚的無產階級感情，堅持黨性原則，堅決地、不折不扣地按照文件辦事。這是做好這項工作的關鍵。常委認為，在學習討論中要重點統一好以下三個方面的認識。

一是要充分認識挖「新內人黨」所造成的嚴重惡果，提高落實黨的政策的自覺性。正如《報告》所說「所謂『新內人黨』是根本不存在的，當時決定挖『新內人黨』是錯誤的是原自治區黨的核心小組幾個主要負責人，在林彪、「四人幫」反革命修正主義路線的影響下，主觀臆斷、盲目蠻幹、大搞逼供信造成的一大錯案」。這一嚴重錯誤，混淆了階級陣線，傷害了不少幹部和群眾，損害了各族人民的團結，挫傷了幹部和群眾的積極性，給內蒙古自治區的革命和生產造成了很大的損失。從包頭的情況看，據前幾年落實政策中不完全統計，全市被打成所謂「新內人黨」的達一萬七千三百零八人，被打成所謂「變種組織」的三百六十人，致死三百三十九人，致傷致殘三千六百零八人，其中完全喪失勞動能力的三百四十六人。在挖「新內人黨」期間查抄物資造成的損失也很嚴重，僅十七個重點單位統計，就達三十四萬多元。「五・二二」批示後，停止了挖「新內人黨」。「一二・一九」決定分區全面軍管後，特別是自治區新黨委成立以來，根據中央的一系列有關指示，全市各級黨委在糾正這一嚴重錯誤、落實黨的政策方面作了大量工作。對於被打成「新內人黨」的幹部和區群眾政治上給予平反，有關材料加以銷毀，對致死致殘的幹部、群眾

及其家屬，分別給以撫恤、治療和生活上的適當照顧，退還或補償查抄的物品。一九七三年以來，全市用於這方面的經費達六十萬元，安排受害者子女一千四百九十救人。但是，由於對內蒙自治區到底有沒有「新內人黨」沒有做出結論，造成這一錯案的禍根沒有挖出，所以對受害者在政治上的平反還不徹底，不少同志心有餘悸；對在挖「新內人黨」是乘機進行階級報復的階級敵人和嚴重違法亂紀刑事犯罪分子，還沒有懲處，民憤未平；一些受害同志的某些合理要求還沒有按規定解決好。因此這方面的工作不是「差不多了」，而是應該做的工作還很多，有些問題還需要我們認真加以解決。

二是充分認識華主席、黨中央高度重視這個問題的重大意義，堅決把工作做好。內蒙古自治區是一個少數民族地區，地處反修前線。毛主席、黨中央十分關心內蒙各族人民，十分重視內蒙的工作。在無產階級文化大革命中，毛主席一次又一次地為我們撥正航向。一九六九年，毛主席、黨中央嚴厲批評和制止了內蒙古自治區黨的核心小組幾個負責人大搞唯心論，大搞逼供信，挖所謂「新內人黨」所造成的問題。英明領袖華主席十分愛護、深切關懷內蒙各族人民。在抓綱治國初見成效的大好形勢下，華主席、黨中央親自指示我們要徹底解決挖「新內人黨」這一歷史錯案的遺留問題。華主席講的確確實實是內蒙古各族人民想的；華主席做的正是內蒙各族人民盼的，完全符合內蒙的實際情況，充分反映了華主席同內蒙各族人民心連心，充分說明了華主席不愧是毛主席的接班人，我們各族人民的好領袖。按照華主席，黨中央的指示進一步解決好挖「新內人黨」這一歷史錯案的問題，必將進一步加強民族團結，調動廣大幹部和群眾的積極性，對於加速自治區的革命和建設事業的發展，把內蒙建成反修防修的鋼鐵長城，有著極其重要的意義。我們一定要提高對這一問題的認識，克服怕麻煩的思想，堅決地按照華主席、黨中央的指示，把這一工作做好。

三是要充分認識解決這一問題的複雜性，嚴格按照文件規定辦事。進一步解決挖「新內人黨」的問題，政策性強，涉及面廣，情況相當複雜。這一錯案，當時是作為一個運動搞的，因此被傷害的同志很多，參與挖的人也很多。大量的是人民內部矛盾，也有敵我矛盾交織在一起，參與挖「新內人黨」活動的絕大多數人是不明真相的，有的是被迫的，這些同志是沒有責任的；跟著

跑，犯了錯誤的是少數；真正乘機進行階級報復的階級敵人、嚴重違法亂紀的刑事犯罪分子是極少數。各單位開展挖「新內人黨」活動的情況很複雜，被挖的人的情況和受傷害的程度也不同。對這些情況的複雜性，我們一定要有足夠的認識，要認真調查研究加以分析，絕不能簡單從事。「五·二二」批示下達後，內蒙的資產階級幫派體系和一一小撮階級敵人，利用這一複雜情況，挑起派性鬥爭，干擾破壞貫徹落實「五·二二」批示，搞亂了內蒙的局勢。批林批孔時資產階級幫派勢力又利用這個問題挑動是非，搞亂局勢。這些教訓絕不能忘記。我們一定要保持清醒的頭腦，決不可掉以輕心。在徹底解決這一問題時，一定要不折不扣地按照華主席、黨中央的指示辦。文件怎麼要求，我們就怎樣做。要嚴格區分和正確處理兩類不同性質的矛盾，擴大教育面，縮小打擊面，團結百分之九十五以上的幹部和群眾。要搞好調查研究，按照既要解決問題又要穩定大局的方針，把工作做細。決不能對文件片面理解，而取所需，不能用感情代替政策，以錯反錯。有些同志對解決這方面的問題有畏難情緒，擔心會把局勢搞亂。這種擔心不是完全沒有道理。因為情況確實複雜，如果麻痺大意、草率從事，就難免要出一些問題。但是如果我們認真對待，按華主席、黨中央批准的文件精神辦，堅決做好工作就不但不會出問題，而且一定會調動幹部群眾的積極性，推動我們的工作。所以，我們不能因為情況複雜就畏首畏尾，不敢抓。實際上，發生問題往往是領導的結果。我們應該看到，在揭批「四人幫」取得偉大勝利，資產階級幫派體系已經瓦解，抓綱治國已經進一步見到成效的大好形勢下，有華主席，黨中央親自為我們確定的方針、政策，有幾年落實政策的基礎經驗，廣大幹部和群眾經過文化大革命鍛鍊，有了正反兩個方面的經驗，現在解決這一問題的條件是很好的，時機是成熟的。只要我們認真細緻地做好工作，講明道理，講明政策，相信群眾，依靠群眾，就一定能夠按照予期的目的，解決好這一問題。

二、以揭批「四人幫」為綱，認真解決好挖「新內人黨」錯案的問題

當前，工作很多。進一步解決挖「新內人黨」遺留問題這項工作，應該怎樣做，位置怎麼擺，這個問題需要明確。

華主席一再指出，揭批「四人幫」是當前和今後一個時期的頭等大事，

是兩個階級，兩條道路鬥爭的中心，是一切工作的綱。解決挖「新內人黨」這個歷史錯案的遺留問題是內蒙落實黨的各項無產階級政策中一項極為重要的工作。這個錯案是在林彪、「四人幫」反黨集團，摧毀了「四人幫」在內蒙的資產階級幫派體系，挖掉了造成這一錯案的禍根，也為解決這一歷史錯案創造了條件。清查工作搞得越徹底，對林彪、「四人幫」得反革命修正主義路線批得越深，黨的政策就會落實得越好，挖「新內人黨」這個歷史錯案就會解決得越徹底。因此，我們一定要緊緊抓住揭批「四人幫」這個綱，在揭批「四人幫」的第三戰役中，解決好挖「新內人黨」的遺留問題。要繼續深入地開展揭批「四人幫」的偉大鬥爭。少數運動進展比較慢、清查搞得不夠好的單位，要抓緊搞好清查工作；清查工作搞得比較好的單位，要把揭批「四人幫」鬥爭的重點放在肅清「四人幫」的流毒上。各單位在揭批林彪、「四人幫」反革命修正主義路線和內蒙、包頭資產階級幫派體系的反革命罪行時，要狠狠揭批林彪、「四人幫」假左真右的反革命面目；批判他們鼓吹「懷疑一切」、「打倒一切」的反革命謬論；批判他們唯心主義，形而上學的世界觀；批判他們踐踏黨的民族政策，破壞各民族人民團結的反革命罪行；揭發批判吳濤、李樹德、雷代夫和包頭資產階級幫派體系在挖「新內人黨」問題上所犯的嚴重罪行；批判資產階級派性。要使廣大幹部和群眾人人都知道，林彪、「四人幫」是挖「新內人黨」這一歷史錯案的禍根，是破壞民族團結的罪魁禍首，把仇恨集中到林彪、「四人幫」身上。要放手發動群眾深入開展「雙打」，這是揭批「四人幫」鬥爭的一個重要組成部分。要認真學習、大力宣傳新時期的總任務。要使人人都知道，認真落實黨的各項政策，特別是解決好挖「新內人黨」遺留問題，使調動內蒙廣大幹部和群眾的革命積極性，為實現新時期的總任務而奮鬥的重要措施。要把對在挖「新內人黨」中死去的同志的懷念，對傷殘者的關心，化為抓革命、促生產、促工作、促戰備的實際行動，更加深入地開展工業學大慶，農業學大寨的群眾運動，堅決奪取三年大見成效的偉大勝利。

三、加強黨的領導，把工作做深做細做好

落實黨的政策，是一項十分重要的工作，而且工作量很大，情況又複雜。各級黨委一定要加強領導，在黨的一元化領導下把這項工作做深做細做好。

1、要抓好文件的學習，統一好各級領導和廣大群眾的認識。這次會後，各旗、縣、區、局和中央、內蒙企業都要盡快地召開黨委會或常委（擴大）會，反覆學習，全面地、正確地領會文件精神首先把各級黨委以至黨支部的認識統一到文件上來，同時要認真分析本系統、本單位的情況，研究貫徹意見。本著縣黨內、後黨外，縣領導、後群眾的原則，盡快地把華主席、黨中央的指示和尤太忠、池必卿、侯永同志向華主席、黨中央的報告，以及自治區黨委常委（擴大）會議和我們這次會議的精神傳達到全體幹部和群眾，並組織好討論。把廣大幹部和群眾的認識統一到文件上來，要使人人都清楚徹底糾正挖「新內人黨」這一歷史錯案，落實好黨的政策，是華主席、黨中央對內蒙各族人民的親切關懷；人人都清楚這項工作要在黨委一元化領導下，嚴格按照《報告》的精神做；人人都清楚「既要解決問題又要穩定大局」是解決這一問題的方針；人人都清楚「三個一定」既是華主席、黨中央對我們的期望，也是我們解決這一問題要達到的目的。

2、各級黨委的主要負責同志對這項工作一定要親自掛帥，重大問題集體討論決定，自己決定不了的要請示報告。旗、縣、區、局和中央、內蒙企業要抽黨性強、辦事公道、作風正派、便於做這項工作的同志組成辦公室。對一些重點單位要派人調查研究，加強領導。辦公室成立後要組織學習，規定制度和紀律，堅決不准濫用職權搞不正之風。

3、要搞好調查研究，摸清情況，做到心中有數。各級黨委要對本單位挖「新內人黨」（包括所謂變種組織）的情況和過去落實政策的情況以及存在的問題進行認真的調查研究，搞清楚本系統、本單位被打成「新內人黨」的有多少，致死、致殘、致傷、多少，傷到什麼程度；被誤傷的同志或家屬有什麼實際困難和思想情況，哪些問題解決了，哪些問題按規定應該解決還沒有解決；參與挖「新內人黨」的同志有些什麼想法，犯了錯誤的同志是否有了認識，吸取了教訓，同被誤傷的同志之間的隔閡是否已經消除；有無在挖「新內人黨」時乘機搞階級報復的階級敵人和嚴重違法亂紀的刑事犯罪分子等等。這是做好工作的基礎工作，一定要一個一個地搞清楚，才能把工作做深做細。

4、要主動地做好思想工作和團結工作，把問題解決在基層。解決挖「新內人黨」遺留的問題，落實黨的政策，要做許多艱苦的工作，特別是思想教育

工作和團結工作。各級領導一定要抱著對黨、對人民、對革命事業高度負責的精神，積極主動地做好幹部、群眾的思想工作和團結工作。要層層做，並發動群眾人人做。對受傷害的幹部群眾和他們的家屬，要以深厚的無產階級感情體貼和同情他們，要主動登門拜訪，同他們促膝談心，把華主席、黨中央的溫暖送到他們的心坎上，對他們的實際困難和要求，凡是政策預期允許的要積極加以解決，一時解決不了的，要耐心地解釋。要講明「內蒙地處反修前線，保持安定團結，發展大好形勢，加強對敵鬥爭，盡快地把國民經濟搞上去，把內蒙建設好，是革命的需要，是全區蒙漢各族人民的根本利益」，啟發他們從這個大局出發，正確對待過去的問題，繼續堅持高姿態，把仇恨記在林彪、「四人幫」身上。對參與挖「新內人黨」活動的幹部和群眾，要教育他們深刻認識挖「新內人黨」是一大歷史錯案，是在林彪、「四人幫」反革命修正主義路線影響下造成的，給內蒙造成了嚴重的後果，要提高認識，增強無產階級感情，放下包袱，同受害者一起積極揭批林彪、「四人幫」踐踏黨的民族政策，破壞民族團結的罪行，體貼和同情自己的階級兄弟，積極主動地做好團結工作。對少數犯錯誤、群眾意見較大的同志，要教育幫助他們認識錯誤，進行自我批評，認真總結經驗教訓。要有領導、有組織地安排他們同受害的同志談心，作自我批評，消除隔閡，搞好團結，共同對敵。

5、「政治和策略是黨的生命，各級領導同志務必充分注意，萬萬不可粗心大意。」在進行這一工作中，各級黨委一定要認真掌握黨的政策，嚴格區分和正確處理兩類不同性質的矛盾，擴大教育面，縮小打擊面。對於人民內部矛盾一定要本著「團結——批評——團結」的原則加以解決。對於少數乘機進行階級報復的階級敵人和嚴重違法亂紀的刑事犯罪分子，要追究，但要重證據，重調查研究，查清一個，處理一個，不搞群眾運動。要嚴格按照文件規定的審批權限，由政法部門處理。要教育廣大幹部和群眾提高警惕，排除干擾，嚴防階級敵人破壞乘機搞亂。對於階級敵人散佈謠言，分裂群眾隊伍，製造事端的破壞活動，對於乘落實政策之機，煽動派性，蓄謀弄事的資產階級幫派勢力的殘餘，要堅決打擊。

在這次會上，同志們還提出許多具體政策問題，過去已有規定按規定辦，過去沒有規定的，我們正在組織一些同志進行研究，報請自治區黨委批准後再

答覆。

　　另外，在文化大革命期間，全市搞了「寒墨黑幫」「寒墨吳反革命修正主義集團」等錯案，牽連傷害了一些同志。有些單位或群眾組織也了搞一些錯案，有些還經上一級組織批准。對這些錯案，這幾年實際上已經推倒了，在這次落實政策中，要按中央的指示，認真清理幹部檔案和文書檔案，一切誣衊不實之詞都應去掉（對於這方面的問題，按四月初思維召開的落實黨的幹部政策會議精神處理）。

　　總之，我們一定要以揭批「四人幫」為綱，結合中心工作，把這項工作做好。要通過解決挖「新內人黨」這一歷史錯案的遺留問題，落實黨的政策，進一步增強民族團結，充分調動人們的社會主義積極性，發展大好形勢，讓華主席、黨中央放心。

中共包頭市委員會辦公室

一九七八年五月二十五日發出

（共印一〇〇〇份）

94.內蒙古自治區黨委落實政策領導小組關於進一步解決挖「新內人黨」歷史錯案遺留問題的幾項具體規定（1978.06.27）

　　根據英明領袖華主席、黨中央同意的一九七八年四月十日《報告》精神，在最近召開的全區落實政策彙報會上，反覆討論了進一步解決挖「新內人黨」歷史論案遺留問題中的一些政策性問題，經我們研究作以下幾項具體規定。

一、關於平反範圍問題

　　這次平反範圍是「新內人黨」及其變種組織。在挖「新內人黨」時，任何個人凡是被強令登記，進了學習班，宣佈審查，被迫寫了交待和證明材料者，都屬被平反對象。

　　原來參與挖了別人，後來自己披挖了的，應作具體分析。挖了別人、犯了錯誤的，要認錯改錯，主動取得諒解；本人又被挖了的，要給予平反。

　　凡是被挖的人如果有其他政冶歷史問題，只平反其「新內人黨」問題，其他問題應按規定由有關部門實事求是地做出結論。

　　進一部解決挖「新內人黨」歷史錯案的遺留問題，一般的由本人原來所在單位負責，現在所在單位應積極協助；原單位已經撤銷的，由現在所在單位負責。

　　鑒於「新內人黨」的歷史錯案已經華主席、黨中央批准完全否定。因此對個人的平反不再另發平反證。

二、關於徹底清理和銷毀「新內人黨」的材料問題

　　各級黨委必須認真地清理和銷毀有關「新內人黨」的材料。處理的原則，凡是有關「新內人黨」的專項材料，統一由現在保存這些材料的黨組織負責清理，當眾銷毀。對個人檔案中有關「新內人黨」的材料，要由各級組織、人事

和勞動部門負責清理，然後當眾銷毀。個人所寫的材料，可退給本人。對於文書檔案和公安檔案中涉及「新內人黨」的材料，要加蓋作廢的印章、並寫出書面注銷意見存檔。今後要嚴格控制，不准查閱，不准摘抄。對個別繼續私藏、複製和轉移材料者，應按黨紀國法嚴肅處理。

三、關於致死者和遺屬的待遇問題

凡是挖「新內人黨」致死嚴重致殘久治無效病故者，一律按因公死亡待遇。對死者應按《報告》的規定做出全面的結論，並通知家屬及死者所在單位的群眾，恢復名譽。過去寫了死因的，今後要一律改成某年某月某日因公去世。

死者的工資，原則上從死後下月停發，同時發給喪葬費、撫恤費。個別死者當時沒有通知家屬的，可按通知其家屬的月份開始停發工資，發喪葬費、撫恤費。

死者遺屬的生活費，居住在城鎮的每人每月發給十五元，在牧區的每人每月十三元；在農村的每人每月十元，過去執行不一的，已發部分不再多退少補。其子女供養到十八周歲或獨立生活為止。

四、關於嚴重致傷、致殘者的治療問題

對於挖「新內人黨」時嚴重致傷、致殘者，不評傷殘等級，但應發統一的因公傷殘證明，傷殘證明必須經旗縣以上醫院證明，群眾評議，經相當於旗縣以上領導機關批准。致殘者經領導批准外出治療時工資照發；旅差費開支按因公出差待遇。實行勞保條例的單位，可按勞保條例執行。原來經醫療單位批准治療服藥者，有單據的按單據給予報銷。受害致傷致殘者符合調資條件的，這次不因長期治療而影響調資；已受影響者，如指標允許，應予調資。

五、關於查抄物資的退賠問題

首先應查明情況，弄清下落。原則上有原物的退原物（歸公的公家退，私人的的私人退），丟失的酌情補償。從中貪污盜竊的，查清後要嚴肅處理。

六、關於致死和嚴重傷殘者的子女安排問題

對致死和嚴重致傷致殘者的子女，國家招工時，符合條件的應按落實政策優先安排人。已調出的，由原單位出證明，現在所在單位給予安排。對於過去個別非受害者佔用落實政策勞動指標的，查清後不處理其子女，而對家長根據情節給予處理、今後再出現類此類同題，要嚴肅處理。夫婦雙方都嚴重致傷致殘者，各地可根據具體情況適當照顧。

七、關於打擊兩種壞人的問題

對於極少數證據確鑿借機搞階級報復的階級敵人和嚴重違法亂紀、民忿極大的刑事犯罪分子，應經盟市以上黨委審查批准，由政法部門依法懲處。應該捕、必須捕、不捕不足以平民忿的，要堅決捕起來。但捕人的面一定要嚴格掌握，不能過寬，可捕可不捕的堅決不捕。要重證據，重調查研究，嚴禁逼供信。要貫徹「坦白從寬，抗拒從嚴」的政策，穩準狠地打擊兩種壞人。

八、關於對待犯了錯誤的人的問題

應當指出，打人是錯誤的。在挖「新內人黨」時打過人的同志，一定要吸取教訓，主動認錯改錯，取得群眾諒解。對少數組織策劃者、參與製造假案者、直接指揮打人造成最嚴重惡果者，要給予適當的黨紀和行政處分。在挖「新內人黨」中犯有嚴重錯誤，後來入了黨的、提了職的、調了資的、進城當了工人、幹部的，應根據錯誤性質、情節輕重、認識態度，分別進行處理。總的原則，要有利於團結百分之九十五以上的部和群眾。

九、關於農民、牧民和城鎮居民生活困難和生產隊負擔過重的補助問題

對挖「新內人黨」致死的農民、牧民和城鎮居，其喪葬費、撫恤費還未發給的要發給。對死者遺屬和嚴重傷殘而完全喪失勞動能力者，可給予定期定量生活補助。標準是：城鎮每戶一口人的，每月可補八至十元；兩口人的十二至十三元；三口人以上的十五至十六元。農村每戶一口人的，每月可補助四至六元；兩口人的每月十元；三口人以上的每月十四至十五元。牧區略高於農付標準。子女發至十八周歲或獨立生活為止。

對傷殘者應按排力所能及的勞動，由於傷殘影響勞動或不人醫療造成家庭生活困難的，在學校分配時由生產隊給予適當補助工分。補助標準，以其家庭勞動所得工分，加上補助工分，使其生活不低於本隊社員中等生活水平。生產隊確實無力解決的，由落實落政策經費中適當給予樸助。對於孤兒和無人贍養的老人，應按「五保戶」對待。

十、關於團結問題

進一步解決挖「新內人黨」歷史錯案的遺留問題，是一項政策性很強的工作。各級黨委必須遵照華主席、黨中央關於既要解問題，又要穩定大局的方針，積極而又慎重地做好這項工作。對積極參與挖「新內人黨」、犯有嚴重錯誤的同志，要注意做好他們的政治思工作，使他們自覺地主動地向被傷害的同志賠禮道歉，並積極做好落實政策的工作，取得諒解。被傷害的同志是顧大局，識大體的，是會按照華主席、黨中英指示精神辦事的。要提倡向前看，絕不能再以錯誤的態度糾正錯誤。只有這樣，才能削除隔閡，增強團結，把仇恨集中到林彪、「四人幫」身上。要提高警惕，嚴防階級敵人乘機挑撥離間，破壞搞亂。

以上規定由文件下達之日起執行。過去有關這方面的文件，與上述規定有出入的，一律此精神執行。

一九七八年六月二十七日

95.消除影響通知書（1978.）

中國共產黨昭烏達盟委員會（印）一九七八年■月■日[1]

史鳳波同志：

我盟在一九六八年清理階級隊伍中，在原內蒙古自治區黨的核心小組幾個主要負責人錯誤領導下，大挖所謂的「新內人黨」及其變種組織，把史坤同志錯挖為新內人黨，反共救國軍，假黨員，使他蒙受了不白之冤，也使你受到了株連。

偉大領袖毛主席、黨中央一九六九年五月二十二日曾經批示，糾正這個錯誤。

英明領導華主席、黨中央一九七八年四月二十二日批准的《關於進一步解決好挖「新內人黨」問題的意見的報告》中明確指出：「所謂『新內人黨』是根本不存在的；當時決定挖『新內人黨』是錯誤的，是原自治區黨的核心小組幾個主要負責人，在林彪，『四人幫』反革命修正主義路線影響下，主觀臆斷，盲目蠻幹，大搞逼供信造成的一大錯案。」據此，經研究決定，對史坤同志的新內人黨，反共救國軍，假黨員問題予以完全否定，徹底平反，恢復名譽。並徹底銷毀有關這一錯案的全部材料（包括受株連親友檔案中的這類材料）。特告知你所在單位和你本人，消除影響，解除顧慮。

讓我們團結在華主席為首的黨中央周圍，更高地舉起毛主席的偉大旗幟，堅持無產階級專政下的繼續革命，加強各族人民之間的大團結，把前仇萬恨集中到林彪，「四人幫」身上。深入批判他們的反革命修正主義路線和破壞毛主席的民族政策的反革命罪行，為奪取抓綱治國的新勝利，建設和保衛好祖國北部邊疆，實現新時期總任務而努力奮鬥！

---

[1] 編按：此處史料辨識不清，以■代替。

96.中共內蒙古自治區委員會，內蒙古自治區革命委員會關於進一步解決冤，錯，假案政策問題的原則規定（1979.02.07）

黨發〔1979〕14號

內革發〔1979〕29號

通知

各盟市，旗縣委，各盟公署，各旗縣革委會，內蒙古軍區黨委，各大廠礦企業黨委，自治區黨委各部，委，自治區革委會各位委，院，辦，局黨組，各人民團體黨組，各大專院校黨委，呼鐵局黨委：

現將《關於進一步解決冤，錯，假案政策問題的原則規定》印發你們，請認真貫徹執行。

中共內蒙古自治區委員會

內蒙古自治區革命委員會

一九七九年二月七日

（本文發至公社，傳達到幹部和群眾，不登報，不廣播。）

中共內蒙古自治區委員會
內蒙古自治區革命委員會
關於進一步解決冤，錯，假案政策問題的原則規定

這些年來，由於林彪，「四人幫」反革命修正主義極左路線的干擾破壞，造成了一系列的冤案，錯案，假案。在我區影響最大，危害最深的所謂「烏蘭夫反黨叛國集團」，「內蒙二月逆流」和挖「新內人黨」三大案件，使全區廣

大幹部和群眾慘遭迫害，給自治區革命和建設帶來嚴重惡果。

遵照黨中央「有反必肅，有錯必糾」和「既要解決問題，又要穩定大局」的方針，首先著重於政治上徹底平反昭雪，實事求是地解決好遺留問題。從路線上分清是非，撥亂反正，這對於消除隔閡，增強團結，調動各方面的積極因素，加速現代化建設，具有重大意義。

在解決這些冤，錯，假案的過程中，必須引導廣大幹部和群眾認真學習黨的十一屆三中全會精神，正確認識造成這些冤，錯，假案的禍根是林彪，「四人幫」，責任在當時自治區的幾個主要領導人和極少數資產階級幫派體系的骨幹分子。廣大幹部和群眾是沒人責任的。

我們內蒙地處反修前哨，鞏固和發展自治區安定團結的大好形勢，是革命的大局，一定要從這個大局出發，向前看，著眼於分清大是大非，不要糾纏細節，不要計較個人恩怨。要自覺地增強革命團結，排除資產階級派性的干擾，警惕階級敵人的搗亂破壞，把黨的政策落到實處，把廣大幹部和群眾的注意力引導實現四個現代化這個目標上來。結合我區落實政策的實踐經驗，對解決上述三大案件以及其他冤，錯，假案政策問題的原則規定如下：

一、對於在冤，錯，假案中受破壞的幹部和群眾，從政治上一律徹底平反昭雪，強加的罪名和誣陷不實之詞統統推倒，做出事實求實的政治結論，恢復名譽。

二、有關冤，錯，假案的材料，各級黨委要成立專門班子，認真清理銷毀。個人和受株連的親友檔案中塞進的誣陷攻擊材料，一律銷毀。

三、對於因冤，錯，假案而受到刑事，行政，黨籍，團籍等處分的，要一律平反糾正，發給文字證明；沒有安排適當工作的國家職工，要抓緊安排；扣發工資的應予補發；由城鎮被強行遷往農村，牧區或由邊境遷往內地的，如本人要求，應允許遷回城鎮或邊疆落戶。

四、對於被查抄的財物，要積極退賠，有原物的退回原物，原物下落不明的，應逐級核實折價上報，由自治區統盤考慮，制定方案，逐步解決。對於證據確鑿，借查抄進行敲詐勒索，貪汙盜竊，混水摸魚，發橫財者，要嚴肅處理。

五、受害致死的國家或集體企，事業單位職工，按國家有關因公死亡規定

的原則辦理。受害致殘喪失勞動能力者，按因公負傷待迂，發給傷殘證明。

受害死亡的農牧民、城鎮居民家屬的生活補貼和嚴重致殘者的醫療費、生活補助，應由國家負擔，不能轉嫁給生產隊。國家每年撥付專項經費，由民政部門統一管理（死亡人員家屬子女生活困難的補助標準：牧民和城鎮居民每人每月十元、農民六元、子女發至十八歲或獨立生活為止）。

國家或集體在招工或補充自然減員中，對死者或嚴重致殘者，可按照招工條件，優先安排一名子女。

傷殘人員可持傷殘證明，在當地指定醫院治療，醫療費用參照公費醫療的辦法，由醫院列入計劃，進行核銷。

六、落實政策經費要拿出相當一部分用於扶持社隊或城鎮街道，就地興辦集體的生產或服務型企業，吸收受害致死和嚴重致殘者家屬或子女參加，進行生產自救，這是解決問題的長遠之計。

國家撥付的專項經費或勞動指標，任何人不准挪用。發現營私舞弊者，從嚴處理。

七、嚴格區分和正確處理兩類不同性質的矛盾，廣大教育面，縮小打擊面。主要打擊的對象是行兇殺人的刑事犯罪分子；搞階級報復的富反壞分子；搞挾嫌報復，後果嚴重，不處理不足以平民忿的分子；一貫搞打砸搶，情節惡劣，屢教不改的分子。對四中壞人也要實行「坦白從寬，抗拒從嚴」的政策。

對於犯有嚴重錯誤的人，要歷史地、全面地進行具體分析，要看主流，看本質。除極少數拒不檢查認錯，必須不放。

八、解決這些冤、錯、假案涉及面廣，政策性強，各級黨委必須加強領導，深入調查研究，堅持走群眾路線，嚴格按照法律程序和幹部管理權限辦事。要在黨內外幹部和群眾中做過細的思想工作。一定要防止簡單化、一般化和粗枝大葉的官僚主義作風。提倡開展談心活動，主動消除隔閡，增強團結，在實現四個現代化的新長征中，做出新貢獻。

一九六八年農村、牧區重劃階級是錯誤的，一律予以糾正。遺留問題按上述規定，妥善處理。

本規定自文到之日起執行。以前自治區黨委和革委會發出的有關解決冤、

錯、假案的試行規定一律撤銷。

一九七九年二月七日

中共內蒙古自治區委員會辦公廳

一九七九年二月十二日印發

共印二六〇〇份

97.平反通知書（1979.07.23）

趙德軒同志：

　　在林彪，「四人幫」反革命路線的殘酷迫害下，你曾被誣陷為所謂

「新內人黨」分子

　　根據黨中央「四‧二〇」，「一‧二一」兩次批示和自治區黨委有關指示，對強加給你的一切誣衊不實之詞，一律推倒，給予徹底平反，恢復名譽；並對受株連的家屬，子女，親友消除影響，恢復名譽。

　　謹向你表示親切的慰問。

　　特此通知

中共內蒙古自治區委員會辦公廳（印）

一九七九年七月二十三日

98.關於為原自治區黨委辦公廳在「烏蘭夫反黨叛國集團」、「內蒙二月逆流」、「新內人黨」等冤錯假案中受害同志徹底平反昭雪的決定（1979.07.23）

中共內蒙古自治區委員會辦公廳文件

黨辦發〔1979〕89號

在文化大革命中，林彪、「四人幫」、康生、謝富治、李雪峰及其在內蒙的追隨者滕、吳、高、權、李等人竭力推行其極左路線，從一九六六年五月華北局前門飯店會議上誣陷攻擊烏蘭夫同志開始，他們顛倒黑白，混淆敵我，倒行逆施，在全區上下大刮「懷疑一切，打倒一切」的反革命黑風，相繼製造了駭人聽聞的「烏蘭夫反黨叛國集團」、「內蒙二月逆流」、「新內人黨」三大冤錯假案，陰謀打倒烏蘭夫同志和一大批革命老幹部，特別是蒙古族老幹部，進行反革命奪權，並瘋狂鎮壓各族幹部和眾，開展了所謂「挖肅」運動，給全區各族人民帶來了極為深重的災難，影響所及，至今猶存。

原自治區黨委辦公廳主要負責人張魯等人，在前門飯店會議以後，秉承高權的黑旨意，捏造種種莫須有的罪名，以突然襲擊的毒辣手段，搶先在辦公廳及原調研室、機要局、檔案局等單位策劃、製造冤錯假案，把許多領導幹部和一些同志打成「烏蘭夫黑幫」、「代理人」、「死黨」、「黑幹將」、「黑爪牙」「民族分裂主義分子」、「修正主義分子」，進行殘酷鬥爭，橫加迫害。「四·一三」後，在大反所謂「為烏蘭夫翻案的二月逆流」中，又把一大批幹部和職工打成「保守派」，逼令人人「請罪」，把一部分領導幹部和群眾打成「復辟資本主義」的「急先鋒」、「黑幹將」、「壞頭頭」，無休止地批鬥，甚至實行「群專」和逮捕法辦。在所謂「挖肅」運動中把許多同志，特別是蒙族和其他少數民族同志打成了「新內人黨」的「黨徒」和「骨幹」，勒令登記，隔離審查，刑訊逼供，大搞武鬥，折磨和迫害無辜的幹部和群眾。與此同

時，還給一些同志戴上「走資派」、「叛徒」、「地主分子」、「蛻化變質分子」等種種政治帽子，進行了殘酷的批鬥。使許多好同志，由於殘酷鬥爭，無情打擊，身體致傷致殘，私人財物被抄家洗劫；他們的家屬、子女、親友受到株連和影響；這些同志由於在政治上長期受到不白之冤造成精神上的痛苦。總之，高錦明、張魯等人在辦公廳的所作所為，完全違背了客觀實際，混淆了路線是非，踐踏了黨紀國法，破壞了民族團結，分裂了革命隊伍，為內蒙那幾個追隨者，在全區上下掀起「打倒一切」的反動逆流，起了極壞的樣板作用。

以華國鋒同志為首的黨中央，先後於一九七八年四月二十日，一九七九年一月二十一日發出指示，徹底推倒了「新內人黨」、「烏蘭夫反黨叛國集團」、「內蒙二月逆流」三大冤錯假案，從路線上分清了是非，肯定了內蒙古自治區文化大革命前的十九年，恢復了歷史的本來面目，為受害同志徹底平反昭雪，恢復名譽，洗淨了蒙垢在受害同志身上的不白之冤，砸碎了禁錮和壓抑各族幹部和群眾多年的政治、精神枷鎖，這是林彪、「四人幫」及其在內蒙的追隨者罪行的重大勝利。

根據黨中央兩個批示精神和自治區黨委有關政策規定，給予原辦公廳、調研室、機要局、當案局等單位因三大冤錯假案及其他冤錯假案受害同志以徹底平反昭雪，恢復名譽，特作以下決定：

一、對強加給「烏蘭夫反黨叛國集團」、「內蒙二月逆流」、「新內人黨」三大冤錯假案受害同志的一切汙衊不實之詞，羅織的各種莫須有罪名，統統推倒，徹底平反，恢復名譽。

對於以其它各種所謂「罪名」受到批鬥和審查的，應予徹底平反，恢復名譽。

二、受害同志在受害期間形成的各種材料，本人被迫寫的，退還本人；黨政機關和群眾組織整理的，要當眾銷毀；尚未清理的，要抓緊進行。鄭重宣佈，今後此類材料不論散落在那裡的統統作廢一律無效。如發現仍有保存和利用這種材料的都是非法，要追究責任，情節嚴重的要予以處理。登載在各種報刊（包括當時群眾組織的小報）上的報導，文章或各種宣傳畫、漫畫、連環畫等，都是非法的，一律作廢。

三、對因上述各種冤錯假案受株連的家屬、子女、親友均應恢復名譽，並

向其所在單位發函或派人索回開出的各種證明材料，徹底消除影響。

四、按照自治區黨委、革委會《關於進一步解決冤、錯、假案政策問題的原則規定》及其《補充規定》精神，正確地逐步地解決受害同志特別是致傷、致殘同志的各種遺留問題。

五、各種冤錯假案的製造者是林彪、「四人幫」及其在內蒙的追隨者。當時參與活動的人，絕大多數是不明真相的，或被迫的，他們是沒有責任的。犯過些錯誤的同志，要總結自己經驗教訓，主動認錯改錯，作好團結的工作。對少數犯有嚴重錯誤的同志，要嚴肅批評教育，深刻檢查，至今堅持錯誤的，要嚴肅處理。對個別人違法亂紀的，要認真查證落實，夠四種人的，要依法懲辦。

讓我們緊密團結在華國鋒同志為首的黨中央周圍，在自治區黨委領導下，高舉馬列主義、毛澤東思想的旗幟，堅決貫徹執行黨的十一屆三中全會和五屆人大二次會議精神，進一步加強各族幹部、工人的親密團結，同心同德，為鞏固和發展自治區安定團結的政治局面，為繁榮自治區社會主義建設，為奪取實現四化的第一個戰役的勝利，為實現祖國社會主義四個現代化，為保衛祖國北平邊疆努力奮鬥。

中共內蒙古自治區委員會辦公廳

一九七九年七月二十三日

內蒙古文革檔案05　PC0950

新銳文創
INDEPENDENT & UNIQUE

有關內蒙古人民革命黨的政府文件和領導講話（下冊）

主　　編	楊海英
責任編輯	尹懷君
圖文排版	周妤靜
封面設計	蔡瑋筠

出版策劃	新銳文創
發 行 人	宋政坤
法律顧問	毛國樑　律師
製作發行	秀威資訊科技股份有限公司
	114 台北市內湖區瑞光路76巷65號1樓
	電話：+886-2-2796-3638　傳真：+886-2-2796-1377
	服務信箱：service@showwe.com.tw
	http://www.showwe.com.tw
郵政劃撥	19563868　戶名：秀威資訊科技股份有限公司
展售門市	國家書店【松江門市】
	104 台北市中山區松江路209號1樓
	電話：+886-2-2518-0207　傳真：+886-2-2518-0778
網路訂購	秀威網路書店：https://store.showwe.tw
	國家網路書店：https://www.govbooks.com.tw

出版日期	2020年7月　BOD一版
定　　價	380元

國家圖書館出版品預行編目

有關內蒙古人民革命黨的政府文件和領導講話 /
　楊海英主編. -- 一版. -- 臺北市：新銳文創,
　2020.07
　　冊；　　公分. -- (內蒙古文革檔案；4-5)
　BOD版
　ISBN 978-986-5540-03-6(上冊：平裝). --
ISBN 978-986-5540-04-3(下冊：平裝). --
ISBN 978-986-5540-05-0(全套：平裝))

　1.文化大革命 2.內蒙古 3.種族滅絕 4.內蒙古自
治區

628.75　　　　　　　　　　　　109007257

讀 者 回 函 卡

感謝您購買本書，為提升服務品質，請填妥以下資料，將讀者回函卡直接寄回或傳真本公司，收到您的寶貴意見後，我們會收藏記錄及檢討，謝謝！
如您需要了解本公司最新出版書目、購書優惠或企劃活動，歡迎您上網查詢或下載相關資料：http:// www.showwe.com.tw

您購買的書名：＿＿＿＿＿＿＿＿＿＿＿＿＿＿＿＿＿＿＿＿＿＿＿

出生日期：＿＿＿＿＿年＿＿＿＿＿月＿＿＿＿＿日

學歷：□高中 (含) 以下　　□大專　　□研究所 (含) 以上

職業：□製造業　□金融業　□資訊業　□軍警　□傳播業　□自由業
　　　□服務業　□公務員　□教職　　□學生　□家管　　□其它＿＿＿

購書地點：□網路書店　□實體書店　□書展　□郵購　□贈閱　□其他

您從何得知本書的消息？

　□網路書店　□實體書店　□網路搜尋　□電子報　□書訊　□雜誌
　□傳播媒體　□親友推薦　□網站推薦　□部落格　□其他＿＿＿＿＿

您對本書的評價：(請填代號　1.非常滿意　2.滿意　3.尚可　4.再改進)

　封面設計＿＿＿　版面編排＿＿＿　內容＿＿＿　文／譯筆＿＿＿　價格＿＿＿

讀完書後您覺得：

　□很有收穫　□有收穫　□收穫不多　□沒收穫

對我們的建議：＿＿＿＿＿＿＿＿＿＿＿＿＿＿＿＿＿＿＿＿＿＿＿

＿＿＿＿＿＿＿＿＿＿＿＿＿＿＿＿＿＿＿＿＿＿＿＿＿＿＿＿＿＿＿＿

＿＿＿＿＿＿＿＿＿＿＿＿＿＿＿＿＿＿＿＿＿＿＿＿＿＿＿＿＿＿＿＿

＿＿＿＿＿＿＿＿＿＿＿＿＿＿＿＿＿＿＿＿＿＿＿＿＿＿＿＿＿＿＿＿

11466
台北市內湖區瑞光路 76 巷 65 號 1 樓

秀威資訊科技股份有限公司　　　收

BOD 數位出版事業部

....

（請沿線對折寄回，謝謝！）

姓　　名：＿＿＿＿＿＿＿＿＿　年齡：＿＿＿＿　性別：□女　□男

郵遞區號：□□□□□

地　　址：＿＿＿＿＿＿＿＿＿＿＿＿＿＿＿＿＿＿＿＿

聯絡電話：(日)＿＿＿＿＿＿＿＿＿　(夜)＿＿＿＿＿＿＿＿＿＿

E-mail：＿＿＿＿＿＿＿＿＿＿＿＿＿＿＿＿＿＿＿＿＿